司法部国家法治建设与法学理论研究项目：
“数据要素市场化配置的法律保障研究”（编号：21SFB4015）

数据要素市场化配置的法律保障

刘 薇 钟晓雯 朱凤茹 著

SHUJUYAOSU SHICHANGHUA PEIZHI DE
FA LÜBAOZHANG

中国政法大学出版社
2025・北京

图书在版编目（CIP）数据

数据要素市场化配置的法律保障 / 刘薇，钟晓雯，朱凤茹著. -- 北京 : 中国政法大学出版社，2025. 1.

ISBN 978-7-5764-1905-4

Ⅰ. D922.174

中国国家版本馆 CIP 数据核字第 2025KR3577 号

出 版 者　中国政法大学出版社

地　　址　北京市海淀区西土城路 25 号

邮寄地址　北京 100088 信箱 8034 分箱　邮编 100088

网　　址　http://www.cuplpress.com (网络实名：中国政法大学出版社)

电　　话　010-58908586(编辑部) 58908334(邮购部)

编辑邮箱　zhengfadch@126.com

承　　印　保定市中画美凯印刷有限公司

开　　本　720mm×960mm　1/16

印　　张　15

字　　数　250 千字

版　　次　2025 年 1 月第 1 版

印　　次　2025 年 1 月第 1 次印刷

定　　价　69.00 元

目 录

第一章

数据要素市场化配置及其法律保障体系

第一节 数据要素市场概述

2022 年，我国数字经济规模达到 50.2 万亿元，同比名义增长 10.3%，已连续 11 年显著高于同期 GDP 名义增速，数字经济占 GDP 比重达到 41.5%，这一比重相当于第二产业占国民经济的比重（39.9%）。[1]数字经济飞速发展，个性化服务、自动驾驶、区块链技术、自动化决策……这些新型的算法技术无一不需要大量的数据收集和处理。数据已然成为我国数字经济发展的重要因素，其重要性不言而喻。2020 年中共中央、国务院发布《关于构建更加完善的要素市场化配置体制机制的意见》后，又于 2022 年发布《关于构建数据基础制度更好发挥数据要素作用的意见》（以下简称“数据二十条”），足见数据要素市场化配置改革在我国经济发展中的战略地位，数据要素已经渗透到国民经济各个环节和社会生活各个角落。在数字化浪潮席卷全球的今天，未来已不再是遥不可及的愿景，而是切实地降临在我们身边。这个时代，信息以光速传播，技术日新月异，我们正置身于一个前所未有的变革时代之中。未来已来，我们只有大力开采新时代的“石油”——数据的内生价值，才能把握住新时代的发展机遇。

一、认识“数据”

（一）数据的定义

进行数据要素市场相关研究，首先要对数据的概念进行界定。关于数据

[1] 参见 2023 年 4 月中国信息通信研究院发布的《中国数字经济发展研究报告》。

的定义要从数据的起源说起，“数据”的英文是 data，其源于拉丁文 datum，原意是“被给予的意义”。[1]在广泛意义上，数据可以理解为被给予的事实、活动等现象的意义。在《辞海》（第 7 版）中，数据是描述事物的数字、字符、图形、声音等的表示形式。然而时代不断更迭，数据的概念已经远超对词语本身的解读，可以做多面向的解释。

英国哲学家佛罗利迪（L. Floridi）被认为是当代信息哲学的开创者之一，他给数据下了一个定义：“数据是在某一情境下有关差异或统一性缺乏的推定事实。”此后，国外许多组织机构都尝试重新给“数据”下定义。国际标准化组织（ISO）认为，“数据是对事实、概念或指令的一种形式化表示，适于人工或自动方式进行通信、解释或处理”，其认为数据是人为创造的符号形式，是对它代表的对象的解释，同时又需要被解释；数据对事物的表示和解释方式必须是权威、标准、通用的，只有这样才可以达到通信、解释和处理的目的。国际数据管理协会（DAMA）则认为，“数据是以文本、数字、图形、图像、声音和视频等格式对事实进行表现”[2]，其指出了数据的不同形态，也认为这些形态的数据可以表现事实。不难看出，以上定义均达成一种共识：数据是一种形式多样的记录。该理解与我国法律法规中对数据的理解有异曲同工之处。根据《数据安全法》中给出的定义，数据是指任何以电子或者其他方式对信息的记录。

综上所述，从我国国情出发讨论数据要素市场化配置的法律保障，采用我国法律规定的数据定义最为妥当。即尽管数据记录和表达的形式所使用的科技手段会日趋复杂多样，但数据的本质为对事实的记录和描述，它是一切的基础。通过分析提炼数据得到信息，再将信息归纳演绎得出知识，对知识进行洞察总结形成智慧。

（二）数据的独特属性

正确认识数据的独特属性，才能更好地收集、存储并处理数据。

1. 虚拟性

数据是一种存在于数字空间中的虚拟资源，与房屋、汽车等看得见、摸

---

[1] ［荷兰］彼得·阿德里安斯、约翰·范·本瑟姆：《爱思唯尔科学哲学手册：信息哲学》（上），殷杰、原志宏、刘扬弃译，北京师范大学出版社 2015 年版，第 4 页。

[2] DAMA International：《DAMA 数据管理知识体系指南》，马欢等译，清华大学出版社 2012 年版，第 1 页。

得着的物理存在不同。对数据的占有使用也不像传统意义上的物理支配。正如国际数据管理协会数据管理知识体系对数据虚拟化的定义，无须对数据执行物理仓库技术，而是虚拟地执行数据提取、转换和集成。

2. 低成本复制性

数据的符号都可以用二进制的数字符号统一表示并存储于虚拟空间中，因此省去了许多现实成本。数据作为数字空间中的存在，表现为数据库中的一条条记录，数据库技术和互联网技术又能使这些记录在不同的数据载体之间不断地传递、复制、再复制，以相对较低的成本被使用和再使用。

3. 时效性

数据的价值会随着时间的流逝而有所降低。[1]数据收集和处理的过程中会涉及时间因素，即数据的产生、采集和存储时间都会影响数据的价值与可信度。

举例来说，假设一家电商平台想要了解用户对当前热门商品的搜索与购买行为，其从自己的数据库中提取了最近一个月内的数据进行分析。但是由于这些商品的市场需求和消费者的趋势在不断变化，数据分析结果可能已经无法反映当前和未来的趋势和实际情况。如果该电商平台想要更为准确的数据分析结果，需要及时更新和收集更新的数据。

再比如，一个国家的人口普查数据，如果是10年前进行的，那么这些数据就已经无法真实反映该国家当前的人口状况和结构。因此，数据的时效性对于数据分析和决策非常重要，需要定期对数据进行更新和监控，以便及时调整策略和措施。

二、数据要素市场的基础概念

（一）作为要素的数据

《中共中央关于坚持和完善中国特色社会主义制度　推进国家治理体系和治理能力现代化若干重大问题的决定》首次明确将数据纳入生产要素的范畴之中。生产要素是经济学的基本概念，指进行生产经营活动时所需要的各种基本要素。数据作为新型生产要素，其与劳动、土地、资本、技术等传统生产要素既有相似又有不同。共同点在于它们都在经济活动应用中具有很重要的地

〔1〕［英］维克托·迈克-舍恩伯格、肯尼思·库克耶：《大数据时代：生活、工作与思维的大变革》，盛杨燕、周涛译，浙江人民出版社2013年版，第130~135页。

位；但不同点亦是作为要素的数据的独特之处，具体包括以下三点：

1. 非消耗性

数据具有非消耗性，这点与传统要素如资本、劳动和土地等不同。形态上，数据并不会随时间自然逐渐地衰减或耗尽，多个主体对数据的同时使用也不会导致数据量和质的损耗。恰恰相反，在使用的过程中新的数据会不断产生，数据体量也会不断变大。这种特点使得数据成为独一无二的“资产”，数据能够随着技术的进步而获得更多的价值。在日趋完善的物联网时代，设备与传感器不断产生大量实时数据，而这些数据的分析和利用又会产生出全新的数据。这些数据可以帮助企业进行精细化管理、改善产品质量、优化生产线等方面，为企业带来更多的竞争优势与商业机会。

2. 非排他性

数据的非排他性是指数据持有者所拥有的权益并不像物权等对世权有绝对的排他性。实践中，数据通常不具有排他性，一个数据可以被多个用户、进程或设备同时访问、修改或共享。这种非排他性能够提高数据的可用性、互操作性和共享效益。然而，在某些情况下，数据也具有一定的排他性，即只能由某些对象独占或专属使用。例如，一个文件在同一时刻只能由一个程序打开，并且在文件锁未释放之前，其他程序是无法再次读写该文件的；一些计算任务需要对某种硬件资源（如 GPU）进行独占式申请，以保证计算正确性和效率等方面的需求。

需要注意的是，即使存在一定的排他性，数据仍然往往只具有部分的排他性，而不是绝对的排他性。这是因为，对于同一个数据而言，不同用户或场景可能会具有不同的访问权限、目的和行为方式。例如，一个小说文本对于作者来说，可能是关键作品的核心资产，需要保密和授权管理；而对于读者来说，只需符合版权规范就可以正常阅读，没有特别限制。这种相对性、排他性需要在实际应用中根据具体情境加以考虑和权衡，并制定相应的策略和措施。

一方面，数据的非排他性有效促进数据的利用与流通；另一方面，这一特性也给数据的保密性、安全性和完整性带来了挑战。因为任何人都可以访问或修改数据，所以如果没有足够的权限控制和风险管理策略，就很可能会面临信息泄露、篡改、破坏或丢失等风险，因此数据仍然需要进行适当的管控和治理。

3. 异质性

数据要素的异质性是指不同时间、空间、领域或目的下，同一数据的价值可能天差地别。这种异质性是数据多样性的重要体现，也是数据分析、挖掘和应用中常遇到的一个难点。

例如，同一份经济数据，在不同国家、地区或年代，其名称、单位、取值范围、计算公式等可能会有所不同。对于一项创新技术的数据来说，在研发测试阶段需要关注其准确度、可靠性和安全性等技术要素；而在市场推广和商业化阶段，需要更多地关注用户需求、商业模式和品牌形象等商业要素。此外，数据要素的组合方式和优先级也往往因人、场景和目标的不同而异。比如，在进行互联网广告投放时，广告主可能需要同时考虑受众定位、广告展示时段和广告素材等各个要素，以谋求最大化转化率和投资回报率（ROI）。但对于不同产品、地域和目标群体，则可能需要调整某些要素的比重和策略。

因此，理解数据要素的异质性，用均质的资本实现收益最大化，是进行有效数据处理和决策分析的先决条件，需要考虑数据本身和应用场景的各种变化和特点，并采取相应的技术和方法进行处理和优化。

（二）数据要素市场的参与主体

数据要素市场是一个复杂的生态系统，其参与主体包括数据生产者、数据消费者、数据服务提供商、数据交易平台和监管机构等。在数据要素市场中，这些参与者相互关联，共同推动数据要素市场的发展和运行。

1. 数据生产者（Data Provider）

数据生产者，又称数据提供商，是数据要素市场的源头，主要包括企业、政府、研究机构、个人等。数据生产者通过各种手段收集、整理、分析数据，将原始数据转化为有价值的数据要素。数据生产者为数据要素市场提供了大量的数据资源，是数据要素市场发展的基础。

企业作为数据生产者，通过市场调研和消费者行为分析等手段，收集大量的经济数据，如销售额、市场份额、人员结构等，为市场参与者提供商业决策的依据。政府作为数据生产者，收集各种社会经济指标、人口统计数据、环境监测数据等，为政府决策和公共服务提供支持。研究机构通过科学实验、调查研究等方法，产生大量的学术研究数据，推动学术进步和科学创新。个人通过日常生活中的记录、社交媒体等方式，产生个人数据，为个人决策和与他人互动提供信息基础。

总的来说，数据生产者为数据要素市场提供了丰富的数据资源，是数据要素市场发展的基础。数据生产者通过数据的采集、整理、分析和加工，使原始数据具备了商业和社会应用的价值。数据生产者的贡献不仅满足了市场主体对数据的需求，也推动了数字经济的发展和社会的进步。

2. 数据消费者（Data Consumer）

数据消费者是数据要素市场的最终用户，包括企业、政府、研究机构等。这些主体主要通过购买或订阅的方式获取数据，它们使用数据来进行商业分析、风险评估、市场营销、人工智能等各种领域的研发，从而应用于各个行业和领域，提高运营效率、优化决策、创新商业模式等。数据消费者的需求推动了数据要素市场的发展和繁荣。

3. 数据服务提供商（Data Service Provider）

数据服务提供商是数据要素市场的中间环节，常被比作数字化供应链体系中的“心血管系统”。其功能就是把各个方向的数据如同血液和养分一般输送给各器官和肢体末梢，将数据生产者的数据产品转化为数据消费者易于获取和使用的数据要素。数据服务提供商的核心功能包括数据整合、数据加工、数据分析、数据可视化等，旨在帮助数据消费者更好地理解和应用数据。数据服务提供商在数据要素市场中发挥着承上启下的作用。现今的数字化供应链已经出现许多出色的数据服务提供商，例如微软的 Azure，其同时也是 OpenAI 的独家云服务提供商。国内还有很多本土大数据技术服务公司，如达观数据、数极客、深圳市四维图新科技股份有限公司等。

4. 数据交易平台（Data Exchange Platform）

数据交易平台为数据生产者和数据消费者搭建了沟通和交易的桥梁。数据生产者可以通过数据交易平台发布数据产品，数据消费者可以在平台上浏览和购买所需的数据要素。数据交易平台通过提供便捷、安全、透明的数据交易服务，降低了数据市场的交易成本，促进了数据要素市场的流通和交换。

在此有必要对同样起到桥梁作用的数据交易平台和数据服务提供商进行区分。二者的区别主要在于所提供的服务和功能。数据交易平台主要是一个中介平台，它为数据提供者和数据使用者提供一个共享、购买、出售和交换数据的场所。数据交易平台的核心功能包括数据发布、数据搜索、数据交易、数据传输等。在这类平台上，数据提供者可以分享或出售数据，同时数据使用者可以购买或订阅这些数据。而数据服务提供商主要是提供与数据相关的各种服务，例如数据处理、数据分析、数据可视化、数据存储等。数据服务提供商可以帮助客户解决数据问题，提高数据价值，实现数据驱动的决策和业务发展。

目前常见的数据交易平台主要包括数据交易所（Data Exchange）、数据信托（Data Trust）和数据经纪人（Data Broker）。平台的核心功能都是为数据提供者和数据使用者提供一个数据交流的场所，但不同平台在具体运作方式和焦点上有所不同：

数据交易所类似于股票交易所，为各类数据提供一个中心化的交易平台，实现数据的买卖、发布和传输。数据交易所通常会实施一定的数据质量、安全和合规性要求，以确保数据交易的稳定和可靠。

数据信托是一种数据共享和管理的组织形式，通常会为参与各方提供数据保管、访问和使用的规则和政策。数据信托的重点在于确保数据的安全、隐私和合规性，以实现数据的共享和价值创造。

数据经纪人主要是作为数据市场的中介和代理，负责联系数据提供者和数据使用者，并协助双方完成数据交易。数据经纪人通常会为客户提供一定的数据筛选、质量评估和市场推广服务，以帮助客户实现数据的价值。

5. 监管机构

监管机构负责制定和实施数据要素市场的法律法规和政策，保障市场的公平竞争和数据安全。监管机构在数据要素市场中发挥着保护消费者利益、维护市场秩序、处理市场纠纷等职能。有效的监管机制对于数据要素市场的健康发展至关重要。

综上所述，数据要素市场的参与主体之间存在密切的关系。数据生产者、数据消费者、数据服务提供商和数据交易平台互相衔接，共同构成了完整的数据要素市场的生态系统。在数字经济时代，各参与主体需要不断创新和合作，共同推动数据要素市场的发展。

（三）数据要素市场的运行机制

数据要素市场是一个涉及数据采集、处理、交易和应用的生态系统，以数据要素市场五大主体的视角出发，数据要素市场的运行机制主要包括以下环节：

1. 数据采集

数据生产者（如企业、政府部门、研究机构、个人等）从各种来源收集原始数据。例如，电商平台可以收集用户的购物数据，社交媒体可以收集用户的互动数据，传感器和物联网设备可以收集环境和设备数据。

2. 数据处理

数据服务提供商负责数据的清洗、整理、分析和加工，将原始数据转化为有价值的信息。例如，一家数据分析公司可能会为电商平台分析用户消费行为和趋势，以便平台改进产品和营销策略。

3. 数据交易

数据交易平台（如数据交易所、数据信托、数据经纪人等）为数据提供者和数据使用者提供一个买卖数据的场所。举例来说，Quandl 是一个提供经济、金融、人口等领域数据的交易平台，它可以让数据提供者发布数据产品，数据使用者购买所需数据。

4. 数据应用

数据使用者（如企业、政府、研究机构等）根据购买的数据制定决策、优化业务流程、开展研究等。例如，金融机构可以利用购买的金融数据开展风险管理、投资策略优化；智能出行公司可以利用交通数据优化路线规划和调度算法。

5. 数据评价与监管

在整个数据要素市场中，还需要第三方评价机构对数据质量、安全性、合规性等进行评估，同时政府部门也需要制定和执行相关的法规，以保障数据交易的合法性、安全性和可持续性。

值得注意的是，与传统意义上的主体功能一一对应、各司其职不同，数据要素市场运行机制中常常会出现一家企业兼具两种以上主体功能的情况。以 Uber 为例，这家公司依赖大量的地理、路况、交通和用户数据来提供出行服务。在数据要素市场中，Uber 既是数据提供者（收集司机和乘客的行程数据），也是数据使用者（分析和利用数据优化调度和定价策略）。此外，Uber 还与数据服务提供商（如地图和导航公司）合作获取地理信息，或通过数据交易平台购买交通数据。在市场交易中，Uber 需要遵守各国和地区的数据隐私和安全法规，确保其业务合规可持续发展。

总之，数据要素市场的运行涉及多个环节和主体，其核心目标是实现数据的有效流通、价值创造和可持续发展，从而带动整个社会和经济的数字化进程。

三、数据要素市场化配置的意义

（一）促进创新和经济增长

1. 数据要素市场激发创新

数据要素市场化配置提供了一个创新生态系统，激发了数据的创造、收集、处理和应用。创新型企业和个人可以通过数据交易平台获取所需数据，开展新产品、服务和业务模式的研发。

2. 数据要素市场推动经济增长

数据是新时代的生产要素之一，数据要素市场化配置能够促进企业的发展和社会经济的增长。数据的流通和价值实现，可以提高企业生产效率、优化商业模式，进而推动经济的发展。

（二）提高数据资源的配置效率

1. 数据要素市场优化了资源配置

数据要素市场化配置可以将数据资源从数据提供者流向数据使用者，通过市场机制使数据流动起来，实现资源的优化配置、分散风险。数据供需双方可以在市场上自由交易，提高数据的利用率和效益。

2. 数据要素市场降低了交易成本

市场化配置能够减少数据交易的中介环节，降低交易成本，提高数据交易的效率。数据交易平台充当数据买方和卖方之间的中介，提供数据搜索、匹配、评价和传输等功能，简化了数据交易流程。

（三）推动数字化转型和智能化发展

1. 数据要素市场助推数字化转型

数据要素市场化配置是数字化转型的重要推动力量。通过数据的市场化交易，企业可以获得更多优质的数据资源，加速数字化转型，实现业务升级和创新。

2. 数据要素市场促进智能化发展

数据要素市场为人工智能、大数据分析、物联网等技术的应用提供了必要的支撑。数据的市场化配置可以为智能化发展提供更广阔的空间，促使各行业智能化应用的落地和推广。

第二节　数据要素市场化配置现状

一、国际现状分析

2008 年全球金融危机之后，数字经济迎来了爆发式增长，国外数据要素市场逐步兴起，主要体现在三个方面：一是市场规模日益扩大，数据要素供应商增多，包括大型科技公司、数据分析公司、金融机构等，供应商提供各种类型的数据要素，满足不同行业和企业的需求。二是数据要素的种类越来越多样化。除了传统的金融数据要素，如股票行情、汇率等，市场上还涌现了大量新型数据要素，如社交媒体数据、物联网数据、地理位置数据等。这些多样化的数据要素为企业和机构提供了更多的选择和创新空间。三是数据要素市场的治理愈发被重视。为了保证数据要素市场的健康发展，已经有30多个国家出台了推动数字经济发展的制度和政策，以规范数据要素的采集、处理和使用，保护数据主体的权益，防止数据滥用和泄露。[1]将国际典型区域的数据要素交易发展现状进行比较分析，可从两个层面进行总结：

（一）数据要素市场实践现状

1. 多样化的数据交易中心

数据要素市场日渐成熟，各种数据交易中心如雨后春笋般涌现。其中有些数据交易中心承担综合性功能，有些数据交易中心的业务范围分布在财务、商业、健康及消费者行为等细分领域，呈散点式不断往外扩散。在美国，综合性的数据交易中心主要包括 BDEX、Ifochimps、Mashape、RapidAPI 等。以 BDEX 为例，这是一家以提供市场营销数据为核心的综合性数据交易平台，其关注点在于帮助商家或营销师找到市场上对应的人群，其服务被称为 DaaS（Data as a service）。BDEX 以 DaaS 服务为核心，进而延伸出分析服务、客户拓展服务等项目。该平台自称其帮助企业客户每个月认证验证全美用户 4.7 亿次身份。即在用户使用产品的过程中，用户的行为记录通过此平台被认证和记录，并且供商家分析使用。

除综合性数据平台外，还有一些专注细分领域的数据平台，例如专注位置数据的 Factual、专注金融领域的 Quandl、专注工业领域的 GE Predix、专注个人领域的 DataCoup、Personal 等。除此之外，亚马逊、微软、谷歌、甲骨文等 IT 巨头也依托其自身强大的资源库开设了数据交易平台，知名的如 AWS Data Exchange、Oracle Data Cloud 等。

2. 多元化的数据交易模式

越来越多的数据交易模式在实践中应运而生，比如 C2B 分销模式、B2B

---

〔1〕 田杰棠、刘露瑶：《交易模式、权利界定与数据要素市场培育》，载《改革》2020 年第 7 期，第 20 页。

集中销售模式、B2B2C 的分销集销混合模式等。其中第三种交易模式在国外发展较为迅速，目前已经形成相当市场规模，塑造了在美国数据产业中占据重要地位的数据经济产业。

这种交易模式中出现了一种全新的身份，即数据经纪人（Data Brokers）。美国佛蒙特州颁布的《数据经纪人与消费者保护法》将数据经纪人定义为“收集、出售或向第三方授权使用与该企业没有直接关联的消费者个人信息的公司”，其不是直接从用户处收集数据，而是主要从政府来源、商业来源和其他公开可用来源三种渠道来获取大量的个人和商业数据，并将其整合、分析后出售给其他企业，知名的数据经纪人包括 Acxiom、Experian 等。

这个全新的身份激活了数据市场的同时，也给个人数据安全带来了挑战。2022 年 10 月 2 日，美国参议员提出了两党《数据删除和限制广泛跟踪和交换（DELETE）法案》（以下简称《删除法》）。《删除法》对《加州消费者隐私法案》（California Consumer Privacy Act of 2018，“CCPA”）作出的修订中允许并授权美国人要求数据经纪人删除自己的个人数据。法案中提到“委员会必须建立一个集中系统，允许个人提出删除数据经纪人（或附属法律实体）持有的任何个人信息的请求。每个数据代理必须在提出请求后 31 天内删除个人信息。提交删除请求的个人也必须添加到禁止跟踪列表中，并且禁止注册数据代理收集有关该个人的个人信息”。[1]相关条款修订后，美国舆论存在两种完全相反态度。一方面，部分言论认为该法案落实了消费者个人信息删除权。加州参议员乔希·贝克（Josh Becker）介绍该法案时表示“本法案基于一个非常简单的前提，加州消费者应该可以控制谁访问他的个人信息以及利用他的个人信息的行为”。CCPA 授予了消费者个人信息删除权，但前提是消费者可以知悉处理其个人信息的公司名称、联系方式等信息，并单独联系每个这样的公司对其个人信息进行删除，这显然可操作性很低。另外，部分言论认为由于个人信息大量流通导致了当前日益严重的隐私犯罪。另一方面，部分学者认为该法案将严重打击数据经纪人产业。部分数据经纪人表示，他们通常只提供无法识别到个人的信息数据，该法案无法改变隐私泄露相关问题，并且会很大程度上限制行业的发展。另外，联邦执法人员协会主席拉里·

〔1〕《S. 3627-DELETE ACT 117th Congress（2021-2022）》，载 https://www. congress. gov/bill/117th-congress/senate-bill/3627，最后访问日期：2023 年 7 月 12 日。

科斯梅（Larry Cosme）表示该法案将对刑事调查产生严重影响。国土安全部退休人员相关人员表示，来自数据经纪人服务的信息帮助解决和预防剥削儿童的相关案件，而此删除机制可能导致该目的无法实现。DELETE 法案热烈讨论的实质，是关于数据经纪人权利边界的问题，而这仍是一个待解之谜。

（二）数据要素市场治理路径比较分析

各国的数据要素市场日渐成熟的背后离不开相应法律政策的保驾护航，但同时也应注意到，各国有关数据要素市场出台的政策法规是因地制宜的，各国的国情不同，相应对于数据要素交易、跨境流通、监管的态度倾向也各不相同，短期内难以达成规则共识，这也是未来打通跨境数据壁垒的一大难关。接下来将对典型国家的数据要素市场治理路径进行比较分析。

1. 美国：以实用主义为原则的分散式立法

作为数字经济和人工智能的世界强国，美国多年来一直引领全球数字化潮流，其有明显的先发优势。因此，美国在数据要素治理方面，首要目标是维持其主导地位，坚持通过鼓励技术创新、市场积极性和地方自主性来持续增强其数字化能力和综合国力。其数据要素制度整体采取实用主义，回避了数据所有权问题，亦未对数据进行综合立法，只对跨境数据主权、行业隐私、消费者隐私等分别立法。

美国的数据规则制定主要集中在个人隐私保护领域，以隐私权为基础构建了个人数据保护法律体系。现行的国家安全与个人信息领域数据保护立法或草案包括：《服务条款标签、设计和可读性法案》（the Terms-of-service Labeling, Design and Readability Act, TDLR）、《信息透明度和个人数据控制法案》（提案）（The Information Transparency and Personal Data Control Act, ITPDCA）、《国家生物识别信息隐私法》（提案）（National Biometric Information Privacy Act）、《数据保护法案》（提案）（Data Care Act）、《国家安全和个人数据保护法案 2019》（提案）（National Security and Personal Data Protection Act of 2019, NSPDPA）等。还有 2022 年重新被提起的“DELETE 法案”对《加州消费者隐私法案》（CCPA）作出的修订，亦体现了美国在数据产业快速发展的同时对个人隐私的重视和保护。除此之外，美国各州立法也对各种数据处理活动进行规制，出台了一些影响较大的法律文件，在此不作列举。

跨境数据流通方面，从 2021 年发布的《保护美国人的数据免受外国监视法案》（草案）（The Protecting Americans' Data from Foreign Surveillance Act）

可看出，美国在限制自身数据外流的同时，对域外的数据流通进行“长臂管辖”，允许政府跨境调取数据。

2. 欧盟：以 GDPR 为核心，区域内统一立法

欧盟作为由发达国家组成的区域性经济组织，近年来在数字化转型中多管齐下，一方面提升其数字经济和人工智能水平，另一方面加强数据确权和安全保护。在此过程中，欧盟路径的监管色彩愈发浓厚，这与其重视公民权利的人文传统密切相关。欧盟通过统一立法，形成了系统化的法律体系，从而对数字经济和人工智能领域进行严格监管。

1995 年，欧盟颁布并实施了《数据保护指令》，随后，欧盟又相继出台了《隐私与电子通信指令》《欧盟数据保护改革》等法律。2018 年 5 月 25 日，欧盟《通用数据保护条例》（GDPR）正式实施，规定了数据主体拥有的各项权利。该条例对欧盟成员国的法律具有指导性作用，其作出的判例亦代表了未来欧盟数据要素保护的倾向。欧盟《通用数据保护条例》（GDPR）在个人信息保护方面取得的进展一直是学术、产业研究的热点。

数据确权方面，欧盟与美国采取的做法不同。首先，欧盟将数据分割为“个人数据”和“非个人数据”，并且在 GDPR 中将数据主体分为“数据控制者”“数据处理者”与“第三人”三大类，再分别赋予不同主体不同权利。值得注意的是，当欧美国家的学界讨论数据确权、数据财产权问题时，其讨论层面与国内大多数通说是不一样的。欧美国家大多学者所说的数据财产权，大多数情况下指的是个人对于自己个人信息的所有权，而不是企业的数据所有权。[1] 从目的出发进行分析，讨论赋予数据主体权利，本质不是为了设立一项新型的权利或权利束，而是为了把企业数据也转移到个人数据层面来进行保护和规制，从而有效促进数据利用和流通。

数据流通方面，欧盟推动在“欧洲数据自由流动倡议”框架下消除非个人数据在储存和处理方面的地域限制，加速欧盟范围的数据资源自由流动。一方面在内部积极推动成员国之间的数据自由流通，力促单一数字市场形成，另一方面对于境内数据向欧盟境外传输却有着严格的管控。2022 年 6 月欧盟《数据法案》正式生效，欧盟委员会认为新规则将使更多的数据得到利用，并将确保数字环境的公平性，刺激数据市场竞争，使所有人更容易获取数据。

---

〔1〕 周汉华：《数据确权的误区》，载《法学研究》2023 年第 2 期，第 7 页。

2022年11月颁布《数字市场法案》《数据服务法案》，对平台企业竞争和数字中介服务作出规定。总的来说，2020年后，欧盟《数据治理法案》《数据法案》《数据市场法案》《数据服务法案》等一系列法案的制订，让我们看到了欧盟在全力支持数据流动和价值创造方面的野心，体现了欧盟在数据政策上，既要保护、又要发展，两手都要抓、两手都要硬的战略意图。

3. 日本：对内立法保护，对外双边协定

日本作为数据要素市场发展成效显著的代表性国家，治理路径与美国有些类似。

（1）注重个人信息保护。日本个人信息保护立法具有三个特点：第一，《宪法》中的隐私权和《个人信息保护法》并立，后者旨在规制企业和其他实体，《宪法》中的隐私权和《个人信息保护法》相互独立。第二，个人信息保护的法律体系反映了日本政府组织的部门主义传统。第三，对企业经营者而言，法律制裁相对宽松，其主要会受制于舆论和其他形式的声誉影响。与欧盟的GDPR不同，日本法律中的个人信息与隐私权并不完全重合，即个人信息并不是上升到基本人权的层面予以保护，但关于个人信息保护的立法仍在不断发展变化中。2021年对其新修订的要点包括个人权利的扩大化，鼓励企业主动加强信息保护，明确企业在信息保护中的应责方式、数据利用的基本政策、数据违规的赔偿标准以及境外法律适用和跨境信息传输规则。

（2）数据跨境流动。随着美国数据跨境流动政策的推进，日本也紧跟其步伐，对外积极参与双边、多边合作机制，大力提倡“可信赖的数据自由流动”（DFFT）理念，促进在互信的基础上实现数据跨境自由流动。日本积极参与跨太平洋伙伴关系协定（TPP）以及APEC、CBPRS等数据规则体系，签署《日美数字贸易协定》。同时日本积极弥合与欧盟在数据流通及数据保护规则方面的差异，实现与欧盟GDPR完成数据保护“充分性”的相互认定，签署《日欧EPA协定》等。

除此之外，日本政府还要求涉及国家安全的数据必须实现本地化储存，但对其他数据不作特别限制。提出“基于信任的自由流通体系”（Data Free Flow with Trust，DFFT），提倡在保护个人隐私基础上，打造共享、安全、互信的数据自由流通空间。

二、国内现状分析

2014年，大数据首次被写入政府工作报告，这一年也标志着进入大数据元年。2019年11月《中共中央关于坚持和完善中国特色社会主义制度　推进国家治理体系和治理能力现代化若干重大问题的决定》首次将“数据”列为生产要素后，数据要素市场的培育和数据要素交易发展开始全面铺开，我国开始摸索数据要素市场化改革的内容和方向。2020年5月11日国务院发布的《中共中央、国务院关于新时代加快完善社会主义市场经济体制的意见》中提出了数据要素市场培育的具体要求：完善数据权属界定、开放共享、交易流通等标准和措施，加强数据有序共享，依法保护个人信息。2022年我国“十四五”发展规划进一步强调，要充分发挥数据要素作用，加快数据要素市场化流通和开发利用机制，加快构建数据要素市场规则，到2025年初步建立数据要素市场体系。

在这样的政策背景下，各地方政府均开展了对数据要素市场化机制体制的探索，大数据交易所在全国各地陆续铺开。据统计，截至2024年3月底，全国共有49家大数据交易所。[1]来自《中国数据交易行业发展现状研究与投资前景预测报告（2023—2030年）》的数据显示，未来场外交易转向场内交易是大势所趋，预估到2050年，场内交易占比会达到1/4～1/3。因此，数据交易所也恰在成为一个足够有价值的观察对象。接下来将对各数据交易所发展情况展开分析。

（一）各数据交易所发展情况

1. 贵阳大数据交易所

贵阳大数据交易所是全国第一家数据流通交易场所。2022年5月27日，贵阳大数据交易所正式发布《数据要素流通交易规则（试行）》等8个系列文件，分别从交易主体登记、交易标的上架、交易场所运营、交易流程实施、监督管理保障五个不同维度构建国内首套数据交易规则体系，为国内探索数据流通交易新模式、新路径作出贡献。

2023年4月25日，贵阳大数据交易所监督并协助完成了中国首例个人数

〔1〕《2024年中国五大数据交易所发展现状对比　深圳交易所累计交易额位居五大数据交易所之易》，载 https://www.sohu.com/a/778734860_114835，最后访问日期：2024年7月29日。

据的场内交易。此次交易是在征得个人用户同意后，贵州当地科技公司“好活”收集用户的简历并将信息处理成“数据产品”，通过加密计算等技术确保可用性和隐私。好活公司将数据产品上架贵阳数据交易所，用人单位可以在交易所购买数据，而个人用户可以通过平台获得其个人简历数据产品交易潜在的利润分成。这一案例的成功无疑是贵阳交易所探索 B2B2C（网络购物商业模式）数据交易全新模式的一大进步，同时也预示着个人数据的应用流通将成为行业趋势。

2. 北京国际大数据交易所

2021 年 3 月 31 日，在北京市人民政府的大力推动下，北京国际大数据交易所正式挂牌成立。北京国际大数据交易所发展情况可总结为四点创新。

（1）观念创新。北京国际大数据交易所以“数据可用不可见、用途可控可计量”的理念为基础，突破了传统数据交易模式的束缚。通过采用隐私计算、区块链等创新技术手段，该交易所成功分离了数据的所有权、使用权和隐私权，实现了数据的安全、隐私保护和交易可控。这种观念创新为数据交易市场带来了更高的安全性和可信度，为数据交易的快速发展提供了保障。[1]

（2）技术创新。为了实现数字经济更安全的目标，北京国际大数据交易所采用了金融科技领域率先落地的监管沙箱机制。通过在监管的合规框架下进行技术创新和试验，该交易所为数据交易市场的规范发展提供了重要保障。同时，该交易所还依托金融科技的优势，将区块链等技术手段应用于数据交易，提高了交易效率和安全性。

（3）模式创新。北京国际大数据交易所通过建设国际数字贸易港和推动国际合作机制，借助国际资源和市场机会，为企业诉求的解决提供了新的途径。这种模式创新使得该交易所具备了国际影响力，为数据交易市场的发展注入了新的动力，同时也为数据跨境流通提供了重要的枢纽。

（4）规则创新与生态创新。在规则方面，该交易所建立了一整套透明、公正、可信的交易规则，为数据交易市场的健康发展提供了依据。在生态方面，该交易所以数据要素赋能产业升级为目标，着力破解数据交易痛点问题，借助“两区”优势资源打造国内领先的数据交易基础设施，为数据交易市场的全面发展提供了基础支持。

---

〔1〕参见范文仲：《北数所讲实现“数据可用不可见，用途可控可计量”》，载 https://www.financialnews.com.cn/sj_142/202104/t20210402_215642.html，最后访问日期：2024 年 7 月 28 日。

3. 上海数据交易所

2021 年 11 月 25 日，上海数据交易所正式揭牌启动。这是由上海市人民政府的相关部门和机构推动组建，旨在推动数据要素流通、释放数字红利、促进数字经济发展的重要功能性机构。该数据交易所与其他数据交易所相比，有其得天独厚的优势。

首先，上海作为中国的经济中心之一，与国际市场和机构有着紧密的联系。上海数据交易所能够借助这一优势，积极推动国际合作机制的建立，与国际数据交易所建立合作伙伴关系，促进数据跨境流通和国际交易。该交易所能够充分利用上海的国际化资源，打造国际重要的数据跨境流通枢纽。

其次，上海是中国最大的城市之一，拥有庞大的市场和雄厚的经济实力。上海数据交易所具有更大的规模和影响力，能够吸引更多的参与者和交易项目，为数据交易市场注入更大的流动性和活力。该交易所的发展成就在于其积极推动数据交易市场的规模扩大和专业化发展，提供更多高质量的数据服务。

有赖于数字经济环境与国家数据港战略地位支持，上海数据交易所在推动数据交易市场发展的道路上取得不少成绩。2023 年 6 月 9 日，上海数据交易所官网正式上线“数商生态”服务平台，内容涵盖数商类型、数商权益、数商活动、数商案例等，以通过更多元化的途径协助数商开展业务，将服务渗透到数据交易的各个环节。

4. 总结

诚然，新事物的成长之路总是布满荆棘与挑战。我们在取得诸多成就的同时，必须正视国内数据交易市场现存的不规范与低效率问题。然而，令人鼓舞的是，随着大数据交易所在全国范围内的蓬勃兴起，这一领域正经历着显著的变革。

在政策的积极引导下，国内对数据交易的需求如同雨后春笋般迅速增长，展现出强劲的市场活力。值得注意的是，这些新兴的交易所中，不乏拥有国资背景的坚实力量，它们以其深厚的行业背景和资源优势，为数据交易市场的规范化与规模化发展奠定了坚实基础。同时，我们还能见到一些具有海外 IT 巨头背景的交易所，如阿里数加、腾讯大数据、百度 AI 交易平台等，它们依托母公司的强大技术支持和丰富的数据资源，正逐步在数据交易市场中占据一席之地。

这些交易所大多采用了先进的 API 式数据交易模式，这一模式以其高效、便捷的特点，为数据交易双方提供了极大的便利。然而，尽管管理模式相对简单，但在数据来源方面，我们仍需看到其局限性。目前，数据交易市场上的数据大多仍来自少数主流数据供应商，这在一定程度上限制了数据交易的多样性和创新性。因此，如何打破这一瓶颈，构建更加多元化、高附加值的数据交易体系，成了摆在我们面前的重要课题。

综上所述，进一步规范和提升数据交易市场的发展，不仅关乎市场的健康与繁荣，更直接影响我国大数据战略的深入实施与数字经济的高质量发展。我们需要以更加开放的心态、创新的思维和务实的行动，共同推动这一领域的持续进步与繁荣。

（二）数据要素市场发展面临的法律困境

1. 数据权属的法律困境

（1）当前我国在数据领域的法律法规相对滞后，缺乏专门的数据权属法律框架。由于数据具有不可见性、不可分割性和不可消耗性等特点，传统的物权权属制度难以完全适用于数据的保护与管理。因此，亟须建立一套完善的数据权属法律制度，明确数据的产权归属、转让、使用和保护等方面的规定，以应对市场化配置中出现的各种问题。

（2）数据权属的法律困境还体现在数据产生主体的模糊性和多元性。在数据市场化配置中，数据的产生涉及多个主体，包括个人、企事业单位以及政府机关等。然而，目前我国法律对于数据产生主体的界定和权益保护并不明确，导致数据产生主体的权益无法得到有效保护，也给数据交易和利用带来了一定的风险和不确定性。

（3）数据权属的法律困境还表现在跨界数据交易和利用中的纠纷处理上。随着数据市场化配置的深入推进，跨界数据交易和利用的情况愈发普遍。然而，由于国内外数据法律制度的差异、国际数据流动的监管等问题，跨界数据交易和利用中往往会出现不同国家或地区间的法律冲突。因此，在数据权属的法律困境中，解决跨界数据交易和利用中的纠纷问题具有重要意义，需要在法律层面上加强国际协作和制度建设。

综上所述，数据权属的法律困境是国内数据要素市场化配置中需要面对的重要挑战。在解决这一困境的过程中，应当通过建立完善的数据权属法律制度，明确数据产权归属和主体权益保护等方面的规定，加强国际协作，提高数据交易和利用的安全性和可靠性。只有这样，才能促进数据要素市场化配置的健康发展，推动我国数字经济的繁荣。

2. 数据共享的法律困境

（1）数据的所有权和知识产权问题有待解决。在数据共享过程中，不同主体可能拥有对数据的不同权益，包括数据的所有权、使用权和控制权等。因此，需要建立明确的法律框架来规定数据的权益归属以及数据使用的条件和限制，以保护各方的合法权益。

（2）数据隐私和安全问题也是数据共享面临的法律困境之一。在数据共享过程中，个人和组织的隐私权需要得到充分保护。这涉及对个人身份信息的保护、数据安全的保障以及数据在共享过程中的合规性审查等方面的法律问题。在推动数据共享的同时，必须确保数据的隐私和安全得到有效保护，避免个人信息泄露和滥用的风险。

（3）数据共享还涉及跨境数据流动的问题。由于不同国家和地区的法律制度和监管机制存在差异，跨境数据流动往往受到一些限制。因此，需要建立国家间的数据共享合作机制，加强跨境数据流动的监管，以促进数据要素市场化配置的国际合作和共享。

综上所述，数据共享在数据要素市场化配置过程中，面临着一系列复杂的法律挑战。为应对这些挑战，亟须构建一个清晰、具体的法律框架，以切实保障数据的所有权与知识产权，同时确保数据的隐私性与安全性得到全面保护。此外，还需强化对跨境数据流动的监管与管理力度，以防范潜在的法律风险与安全隐患。唯有通过法律的严格规制与有效保护，方能促进数据共享的稳健发展，进而推动数据要素市场化配置的顺利实施与深入发展。

3. 数据交易的法律困境

近年来，随着数据的快速发展和广泛应用，数据交易逐渐成为一个热门话题。然而，数据交易过程中涉及的法律问题也日益显现，给数据交易带来了诸多困境。

（1）数据的所有权问题。在市场化配置的过程中，数据的所有权归属常常不明确。不同数据主体之间可能存在对数据所有权的争议，这给数据交易的合法性和有效性带来了阻碍。

（2）隐私保护的法律困境。随着个人信息和敏感数据的交易增多，隐私泄露的风险也随之增加。然而，当前的隐私保护法律体系并不完善，难以有效保护个人数据的隐私安全，这给数据交易的合规性和合法性带来了挑战。

（3）数据安全的法律困境。在数据交易过程中，数据的安全性是至关重要的。然而，目前我国的数据安全法律法规还不够完善，数据的存储、传输、处理等环节存在空白，数据泄露和数据滥用等问题未能全面进行规制，给数据交易的可靠性和安全性带来了威胁。

(4) 跨境数据流动的法律困境。随着全球化的发展，数据跨境流动日益频繁。然而，不同国家和地区的数据法律法规存在差异，数据交易涉及跨境时很容易引发法律冲突和纠纷，给数据交易的顺利进行带来阻碍。

在面对这些法律困境时，需要加强数据交易的法律规范，明确数据的所有权归属和保护个人隐私的权益，加强数据安全保护，建立跨境数据交易的法律框架等，以促进数据交易的合法化、规范化和安全化。只有这样，才能更好地推动数据交易的发展，实现数据驱动的创新和经济增长。

4. 数据监管的法律困境

数据监管的法律困境主要涉及数据的收集、使用、传输和保护等方面的问题。随着信息技术的迅猛发展，大量的数据被不同主体持有和处理，这给数据监管带来了诸多法律困境。

(1) 数据源头的监管难题是数据监管的重要环节。因为数据的产生和收集往往是由不同的个人、企业或组织进行，不同主体所持有的数据具有不同的性质和用途。如何确保数据源头的合法性、准确性和可靠性，是数据监管中的首要问题。

(2) 数据的使用和传输过程中存在着隐私保护和安全性的困境。数据的使用涉及个人信息的收集和利用，而个人信息的泄露和滥用是一个亟待解决的问题。同时，数据的传输涉及数据的安全性和防护措施的制定，但在实际操作中存在技术手段的限制和监管的灰色地带。

(3) 数据跨境传输已成为一个亟待解决的法律问题，对数据监管构成了显著困扰。随着互联网的普及和全球化的趋势，数据在国家间的传输变得日益频繁。然而，不同国家和地区对于数据的法律规定和要求存在差异，如何协调各方的权益、保护数据的安全和隐私，成为数据监管的难点。

(4) 数据的监管主体和责任界定问题是数据监管的另一个法律困境。数据的监管涉及多个主体，包括政府、企业、个人等。在具体的监管实施过程中，各主体之间的监管责任和权力划分存在模糊不清的问题，这给数据监管带来挑战。

综上所述，数据监管的法律困境涉及数据源头的监管、数据的使用和传输、数据跨境传输以及监管主体和责任界定等方面的问题。在应对这些困境的过程中，需要综合考虑法律法规、技术手段和监管机制，以保护数据的安全、隐私和正常使用。

第三节　构建数据要素市场化配置的法律保障体系

一、体系构建之前提：赋权的必要性分析

（一）两种模式的比较

选择符合我国国情的数据要素治理模式是系统构建数据要素市场化配置法律保障体系的关键。从前文关于国内外数据要素市场发展现状的总结不难看出，数据要素的治理模式可分为两种：赋权保护模式和行为规制模式。赋权保护模式认为构建数据财产权是必要的，应该通过赋予数据持有者所有权来激励数据的生产和利用。而行为规制模式则认为给数据赋权并不能解决现存问题，且立法成本极高，应该通过完善行为规制的方式来保护数据权益。故选择治理模式的关键是对数据赋权的必要性进行分析。

支持赋权保护的学者们主要从以下两方面对赋权的必要性进行论述：

（1）仅靠目前的法律制度无法解决数据要素发展的新型问题，急需对数据进行专门立法。申卫星教授认为，当数据权属纠纷确实发生时，现存法律法规的适用都欠妥当。在目前的司法实践中，法院通常采用商业秘密或反不正当竞争法的相关规定处理数据权属纠纷。前者较为牵强，而后者在适用时通常使用一般条款，其中涉及的“诚信原则”“商业道德”等判断标准弹性较大，在认定时容易产生分歧。为解决无法可依、司法判决结果参差不齐的窘境，应及时对数据赋权予以立法统一规定。[1]无独有偶，程啸教授针对数据权属问题也提出自己的观点，他指出以合同、反不正当竞争制度、知识产权或商业秘密制度对数据权益进行保护，存在被动性、事后性等缺陷，难以满足当下对于数据权益保护以及发展的需求。[2]以合同为例，传统的合同相对性原则要求合同双方需达成合意，然而在新型数据关系中有多方主体，如

[1] 申卫星：《数据产权：从两权分离到三权分置》，载 https://mp.weixin.qq.com/sljceEg4xle22MisuSANqiow，最后访问日期：2023 年 12 月 24 日。

[2] 程啸、栗长江：《论大数据时代的个人数据权利》，载《Social Sciences in China》2019 年第 3 期，第 175 页。

果要求各方在实行行为前先达成一致意见既浪费人力物力，又阻碍了数据的快速流通增值。龙卫球教授指出，数据利益关系调整的需求是复杂的，现行解决问题的方法难以满足。唯有赋予数据活动关系人自决等主动权，再辅以其他管理规范，方能有效实现数据要素发展之目的。[1]

(2) 数据赋权是数据要素市场培育的必然趋势，法律应顺应国家的要求、政策的导向。有学者总结，近年来中央连续出台与数据要素有关的政策，证明政府极其重视数据要素在新时代中发挥的重要作用。政府治理数字化转型的核心是数据对治理主体的赋权。[2]例如，《中共中央关于制定国民经济和社会发展第十四个五年规划和二〇三五年远景目标的建议》明确提出，建立数据资源产权、交易流通、跨境传输和安全保护等基础制度和标准规范，推动数据资源开发利用。2022年6月22日，中央全面深化改革委员会第二十六次会议审议通过《中共中央、国务院关于构建数据基础制度更好发挥数据要素作用的意见》(以下简称《意见》)，承认和保护数据要素各参与方的合法权益，合理界定数据要素市场各参与方的权利和义务，通过权利分割的方法实现数据分类确权与授权，充分凝聚当前共识，也为未来国家立法机关出台数据产权的法律制度开辟道路、打下社会基础。法律需积极响应国家政策的号召，各地方日益创新有关数据的立法。选择赋权保护模式，不仅是为了更好地保护数据，也是为了能促进市场资源的有效利用，进而改善数据市场运作，从而贯彻落实国家大力发展数据要素市场，推动数据要素市场的发展。

当然，反对数据赋权的学者们针对支持者们的理由提出了相反意见。

(1) 面对数据要素发展中的新难题，数据赋权并不是最优解。首先，许多学者认为，数据确权在现实层面较难做到。数据本身的特性决定其不适用赋权模式进行保护。互联网时代强调互联互通，“分享”成为必然趋势，共享才能共赢。在这一时代下应运而生的数据要素具有一脉相承的分享特性，越流通价值越高。若将数据圈在某种权利的范围内，恐与其特性相违背，最终难以发挥其独有的时代特征优势。[3]其次，对一种新型权利进行立法需考量成

---

〔1〕 龙卫球：《数据新型财产权构建及其体系研究》，载《政法论坛》2017年第4期，第66页。

〔2〕 申卫星等：《数据确权的立法方向》，载 https://mp. weixin. qq. com/s/Uh7XDal 2HarUAA5pLyOEMQ，最后访问日期：2023年7月12日。

〔3〕 梅夏英：《在分享和控制之间　数据保护的私法局限和公共秩序构建》，载《中外法学》2019年第4期，第847页。

本收益，而数据赋权带来的问题可能远大于其带来的收益。目前对于数据要素应被赋予何种权利尚未有定论，因此立法达成一致的难度较大。若选择民法上的权利，则会对现存制度带来极大挑战——民法保护的客体范围大大拓宽，对物权具有对世性的传统观念亦产生冲击。〔1〕还有学者指出数据权利制度的构建可能遇到多个难以解决的理论问题。例如，梅夏英指出，数据权理论难以解释企业数据在无偿分享时其数据权是否存在的问题；〔2〕金耀、刘琳亦指出，由于数据处于动态变化之中，数据财产权的客体边界难以确定，且由于数据权利的内容和范围难以公示，第三人的权利和义务内容也难以确定，因而无法满足财产权构建的必要条件。〔3〕数据要素确权是把双刃剑，保护数据权利的同时亦有可能构建数据排他性、巩固大型平台竞争力，产生垄断的风险。最后，从法律技术角度来看，学者们提出了许多除赋权外的解决现今数据问题的主张。例如可以采用责任规则而非财产规则进行规制，还可以对数据进行“行为规制”，即以数据的共享与流通为出发点，在现有的知识产权制度框架下对其提供保护等。换言之，部分学者主张对数据采集、处理等行为进行事后规制，即仅在侵犯利益时，才有必要要求相应主体承担侵权责任。〔4〕

（2）数据要素市场与数据赋权之间并无强关联性，赋权反而有可能与预期目的背道而驰。胡凌指出，国家关于要素市场化配置的政策目标是培育和建立数据要素市场，而有效的市场运行不一定需要严格意义上的数据确权。他首先揭露了数据要素市场构建的内核：数据交易和交换的过程就是数字市场不断生成的过程，互联网平台企业塑造的架构空间也是一种广义的数据交易所。再由此引出，无论是何种数据在交易流通时，都以数据集合的方式出现，严格确权不利于大量数据的流动，最终会有损公共价值。〔5〕

（二）模式比较下的权衡

比较分析以上两种截然不同的观点，选择赋权模式对数据予以保护是有

〔1〕 刘琳：《大数据时代商业数据财产权理论的勃兴与批判》，载《华中科技大学学报（社会科学版）》2022 年第 2 期，第 102 页。

〔2〕 梅夏英：《在分享和控制之间 数据保护的私法局限和公共秩序构建》，载《中外法学》2019 年第 4 期，第 849 页。

〔3〕 金耀：《数据治理法律路径的反思与转进》，载《法律科学（西北政法大学学报）》2020 年第 2 期，第 83 页。

〔4〕 戴昕：《数据界权的关系进路》，载《中外法学》2021 年第 6 期，第 1569 页。

〔5〕 胡凌：《数据要素财产权的形成：从法律结构到市场结构》，载《东方法学》2022 年第 2 期，第 127 页。

必要的。无论是支持者还是反对者，都一致认可数据要素市场发展的关键不仅在于对数据要素进行保护，更在于促进数据交易和利用。而反对者们提出的对现存制度的完善和改进显然无法完全解决现今的所有问题。究其原因，是因为缺少了最基础的一环：对数据进行赋权。数据要素市场中的行为不管是诉诸反不正当竞争法、合同法、侵权法还是著作权法，均需要以确权为前提。如果没有立法对新兴权利的正当性予以认可，则法律保障体系将失去构建的理论基础，后续对行为的规制将成为空中楼阁，所有的方案也将变成无本之木。

再观反对赋权的学者们的其他意见。诚然，这些批判指出了现今大部分赋权模式构想的局限之处，数据的特性与确权模式之间的不兼容、权利属性的复杂认定、与现实发展目的的融合等，都是尤为重要且仍在探讨中的问题。但并不能因此一叶障目，全盘否定赋权模式的可取之处，亦不应该因噎废食，对赋权可能带来的问题过度担心。实际上，不管是“公地悲剧”还是“反公地悲剧”，本质上都是数据保护的边界不清晰、程度范围不恰当所致，并非确权所带来的必然后果，反对者们一味批判数据赋权，有错误归因之嫌。

回到我国数据要素市场发展的需求本身。中共中央、国务院于 2022 年 12 月 19 日发布“数据二十条”。该文件在国家政策层面提出了二十条举措，致力于从数据产权、流通交易、收益分配和安全治理等方面构建我国数据基础制度的“四梁八柱”，并提出了数据资源持有权、数据加工使用权和数据产品经营权三权分置的新模式。“数据二十条”关于数据产权的规定在学术界引发了广泛的讨论与热议，从中可以清晰洞察到，我国正致力于将政策层面的新型权利转化为现实法律框架下的新型权利，采取赋权模式无疑是这一过程中的必要且合理之举。

二、体系构建之重点：赋予何种性质的权利

选择以赋权保护模式作为数据治理模式，需进一步明确数据产权的属性，从而为后续数据产权的制度设计提供框架性参考。关于数据权利属性的讨论，学界主要形成了两种路径：第一种路径是遵循既有的法学逻辑体系和结构，试图将数据纳入传统物权、人格权或知识产权体系中，采取“套模具”的方法建构数据产权制度，主要包括“物权说”“人格权说”“新型财产权说”三种主流观点；第二种路径是立足于数据区别于传统客体的可复制性、非排他性、无形性等特征，以“权利束”理论为核心，认为数据产权并非单一的结

构，而是可以同时负担多个物权、债权、其他权利甚至包括无权利基础占有，而其实质是权利竞合或权利冲突，[1]相关观点可以概括为“权利束说”。

（一）数据权利属性之辨

尽管这些数据确权路径存在差异，但其本质上具有共通之处，那就是均在认可数据具有财产利益的基础上，将不同利益主体的利益期待在“数据财产权”框架内进行讨论，分析和判断是否可采用“数据财产权”来容纳数据之上不同的利益期待：若可以，则借助于传统理论建构单一化的静态财产权结构；若不可以，则借助于“权利束”理念和利益衡量理论主张进行开放式和个案式的动态财产权模式。[2]下文将这两种路径下的四种主要观点进行逐一梳理和评析。

1. 物权说

此观点可区分为“早期物权说”与“后期物权说”，其中“早期物权说”主张在物权体系下创设一项独立的包括数据在内的网络虚拟财产权。[3]“后期物权说”则引入“用益权”机制的修正方案，以财产法上的权利分割思想（Abspaltungsgedanke）为理论依据，提出数据所有权与数据用益权协同的二元结构，认为可借助自物权—他物权的权利分割思想，根据不同主体对数据形成的贡献来源和程度的不同，设定数据原发者拥有数据所有权，而数据处理者拥有数据用益权，其中数据用益权派生于所有权，包含控制、开发、许可、转让四项积极权能和相应的消极防御权能。[4]

2. 人格权说

此种观点认为，数据权利与自然人人格密切相关，因此具有人格权属性，是一种具有财产属性的新型人格权。[5]具体而言，李爱君指出，自然人的数据有人脸识别、姓名、身份证号、家庭住址、信用状况、运动轨迹、各类证照号、收入、爱好等方方面面。这些内容中所包含的内容与姓名权、肖像权、

---

〔1〕 参见许可：《数据权利：范式统合与规范分殊》，载《政法论坛》2021 年第 4 期，第 91 页。

〔2〕 参见张新宝：《产权结构性分置下的数据权利配置》，载《环球法律评论》2023 年第 4 期，第 15 页。

〔3〕 参见杨立新、王中合：《论网络虚拟财产的物权属性及其基本规则》，载《国家检察官学院学报》2004 年第 6 期，第 3~13 页。

〔4〕 参见申卫星：《论数据用益权》，载《中国社会科学》2020 年第 11 期，第 110~112 页。

〔5〕 李爱君：《数据权利属性与法律特征》，载《东方法学》2018 年第 3 期，第 68 页。

名誉权、荣誉权、隐私权相对应，体现其人格尊严和自由意志。[1]学者张黎同样持有新型人格权的观点，并强调人格利益主要是指个人数据权。与之相对的非个人数据，即与个人无关的数据，强调其具备经济价值。人格权说具有一定的合理性，但主要是针对个人数据，然而并非所有数据均包含个人信息，不能一概而论。因此，尽管人格权说能够较好地保护个人数据不被滥用，但该观点也受到不少学者的质疑。例如，钱子瑜认为，人格权说完全限制了数据的进一步交易，不利于数据产业的发展。[2]

3. 新型财产权说

此种观点认为，数据权与人格权、物权、债权、知识产权等传统权利性质均有区别，其属于一种新型的财产权。持这一观点的学者有程啸、龙卫球、郑佳宁等。这些学者均认为，数据财产权应当具有排他性和支配性的权利，尽管数据财产是无体物，但仍然可以参考物权模式。[3]关于数据财产权的取得，学者们的看法之间存在分歧。还有学者认为，数据权利系基于特定法律行为的原始取得，只是权利的行使需要尊重在先权利。[4]这对于后续讨论数据权利的归属有一定的影响。考虑到数据的特殊性质——关联性、共享性、开放性、非竞争性等，持新型财产权说的学者们还在参照物权模式的基础上提出改进变通的想法。例如，周林彬认为，数据作为权利客体具有特殊性，一方面其属于稀缺资源，需要赋予相应的产权，另一方面，由于数据所具有的特征，过度强调私有产权会产生“反公地悲剧”。[5]

4. 权利束说

此种观点认为，“新型财产权说”中赋予数据财产排他性的看法并不准确。事实上，虚拟世界的数据并没有排他性的功能。为突破传统财产权的研究范式，国内学者提出了权利束说。“权利束”理论来源于霍菲尔德（Hohfeld）对权利的分析。他认为，财产权的本质并不是人对物的关系，而是人

---

〔1〕 李爱君：《数据权利属性与法律特征》，载《东方法学》2018年第3期，第68页。

〔2〕 钱子瑜：《论数据财产权的构建》，载《法学家》2021年第6期，第79页。

〔3〕 参见杨立新、王中合：《论网络虚拟财产的物权属性及其基本规则》，载《国家检察官学院学报》2004年第6期，第3~13页。

〔4〕 参见杨立新、王中合：《论网络虚拟财产的物权属性及其基本规则》，载《国家检察官学院学报》2004年第6期，第3~13页。

〔5〕 周林彬：《数据权利配置的立法思路》，载《人民论坛》2021年第15期，第83页。

与人之间的法律关系，是由一系列复杂权利构成的关系集合。[1]这与新型财产权仍以具有支配性、绝对性的物权为权利构造蓝本所不同，“权利束说”摒弃了对经典的完全所有权概念的执念，转而以权利集合的视角对数据产权的属性进行分析。[2]王利明教授认为，将数据看作某一类单一的权利失之偏颇，应认为数据权益是多项权益的集合。对数据权益的赋权来自多个领域的法律，侵害了特定部分的数据权益时，就会触发相应部门法的损害赔偿责任。例如，在侵害了数据的财产权益时，就触发了侵害财产的损害赔偿责任；在侵害了数据的人格权益时，就涉及侵害人格权的责任；如果以侵害知识产品的方式窃取具有独创性的数据，就会受到知识产权法等法律的规制。[3]对于权利束说，许可表达了自己中立的态度。他认为该权利构想有其独特的优势，即能够摆脱“客体”的窠臼，打破传统对世权排他性的迷思，并为权利分化提供了可能。[4]但与此同时，“权利束”亦有其致命的缺陷。在数据的流通利用中，随着数据新型利用方式和价值的发现，权利束的数量将不断增长，权利束必然走向开放，但其也带来空洞化的问题，或有损数据法体系的稳定性。[5]泛化的赋权约等于没有赋权，最终有可能使得赋权模式的目的落空。

（二）数据权利属性之评

根据前文，四种学说的优劣之处分析如下：

“物权说”可区分为“早期物权说”与“后期物权说”，其中，“早期物权说”采用的是单一赋权模式，能够使传统民法体系得以延续，且有利于处理第三人侵害个人数据引发的法律纠纷，但单一赋权模式下的数据所有权或被赋予数据的用户，或被赋予数据集成的平台企业，极易导致数据专有垄断，从而阻碍数据要素流通，影响数据要素市场的发展。“后期物权说”的出现正是为了破解数据专有垄断问题。在“后期物权说”下，数据要素市场流通交易的是数据用益权，不会出现单一赋权模式所导致的数据专有垄断问题，但其在理论证成上仍然面临以下三方面困境：（1）数据用益权作为数据所有权

〔1〕［美］霍菲尔德：《基本法律概念》，张书友编译，中国法制出版社2009年版，第144页。

〔2〕包晓丽、熊丙万：《通讯录数据中的社会关系资本——数据要素产权配置的研究范式》，载《中国法律评论》2020年第2期，第149页。

〔3〕王利明：《论数据权益：以“权利束”为视角》，载《政治与法律》2022年第7期，第102页。

〔4〕许可：《数据权利：范式统合与规范分殊》，载《政法论坛》2021年第4期，第91页。

〔5〕许可：《数据权利：范式统合与规范分殊》，载《政法论坛》2021年第4期，第91页。

的派生，其在法学理论与权利分割思想中属于他物权。从权利的权能行使角度分析，一般情况下，他物权应当优先于所有权实现，盖因他物权的初始设立目的即为对所有权进行限制。这一理论反映到数据所有权与数据用益权中即会出现：当个人数据所有权与企业数据用益权产生冲突时，立法呈现出优先保护企业数据用益权而忽视个人数据所有权的逻辑悖论。(2) 学者们提出的数据用益权包括“控制”权能的理论超出了“用益权”的理论基础。在大陆法系中，占有权从来没有发展成一种单独的物权，迄今为止，将物权分为自物权和他物权仍然是大陆法系民法典共同遵循的准则，而他物权从来不包括占有权。[1]数据作为无形的比特流，不同于传统的物，其占有体现为对特定数据的存储和控制，而在“数据用益权”中设定“控制”权能实则已经与传统所有权中的“占有”权能的意义相一致，这就违背了他物权不应当包括占有权的理论基础。(3)“数据用益权”的提出与他物权产生的制度价值相背离。他物权的制度价值是为了在保护所有权人权益的基础上提高个体对于他人财物的利用程度。而在数据用益权的理论下，由于数据具有可复制性，数据用益权人可以在所有权人不知情的情况下进行无限次重复复制，这就极有可能导致原本出于方便他人利用数据之初衷而创设的数据用益权反向侵害了数据所有权人的权益，这显然是对他物权制度价值的背离。

“人格权说”的优势在于其能够较好地保护个人数据不被滥用，在一定程度上有效规避了现今肆虐的数据泄露、个人隐私泄露、大数据杀熟、算法歧视等问题。然而，人格权说的劣势在于其局限性。赋予数据人格权，主要从用户个人角度出发，针对个人数据，却无法适用于所有数据，因为并非所有数据都涉及个人信息。

“新型财产权说”的提出，弥补了现行法律对数据权利保护的不足：传统的财产权概念无法完全适用于数字化时代的数据，而新型财产权的提出填补了这一空白。通过将数据赋予财产权的概念，可以明确数据的所有权和使用权，从而更好地惩治非法收集、使用和滥用数据的行为。这有助于提高数据的安全性和隐私保护水平，保护个人和企业的合法权益，促进数据的交易和流通，最终推动数字经济的健康发展。然而该学说也有其局限性。一是未能完全摆脱传统物权对新兴数据权利的桎梏，二是偏重于非个人数据的流通利

---

[1] 参见徐洁：《论用益权的物权属性》，载《政治与法律》2003 年第 1 期，第 56~57 页。

用，而忽略了附着在个人数据上的人格权属性。

“权利束说”的优势在于其结合了对数据人格权属性和财产权属性的考量，并给未来数据发展中可能附加的权利提供了空间。然而，过度的开放兼容会带来致命的缺陷——缺乏稳定性的法律难以在实践中得到适用，最后导致赋权模式流于形式，成为一纸空文。

总的来说，现行学界关于数据权利性质的四种主流观点均有一定的合理之处但又都不够准确。“物权说”“人格权说”“财产权说”都总结了数据权益的某种属性，它们都围绕某一性质，从某一个角度提出了各自的一套分析框架，局部而言不可谓不正确。权利束说虽试图全面概括数据的权利性质，奈何一揽子总括的形式对于纷繁复杂的数据要素市场发展现状并不适用。解决数据权益问题时需要综合考虑不同学说的观点，并根据具体情况选择合适的权益保护措施。

三、体系构建之亮点：分类分级的确权授权制度

从上文可以看出，数据种类日益复杂，将所有数据一揽子打包，放在同一种赋权模式下予以保护，恐难以兼顾数据要素市场发展的多重目的。在此情况下，将数据进行分类讨论不失为一种有效方法。这一观点早在前几年就有学者提出。丁晓东教授认为，对平台数据进行确权，应当遵循场景化的规则制定方式，非寻求数据的统一性规则。在实体判断上，应当综合考虑平台性质、数据爬虫行为等多种因素。[1]有学者从公共数据资源、企业数据资源和个人数据资源三个层面分析了确权的依据。[2]李晓宇贯彻了分类思想，认为个人数据、企业数据、公共数据等不同类型的数据之间的法律适用、权属等方面都存在着差异。[3]适逢“数据二十条”提出要“建立公共数据、企业数据、个人数据的分类分级确权授权制度”，基于此，下文将从数据生成场景的角度，将数据分为个人数据、企业数据和公共数据三部分进行权属规则的

〔1〕 丁晓东：《数据到底属于谁？——从网络爬虫看平台数据权属与数据保护》，载《华东政法大学学报》2019 年第 5 期，第 80 页。

〔2〕 杜振华、茶洪旺：《政府数据开放问题探析》，载《首都师范大学学报（社会科学版）》2016 年第 5 期，第 78 页。

〔3〕 李晓宇：《大数据时代互联网平台公开数据赋权保护的反思与法律救济进路》，载《知识产权》2021 年第 2 期，第 34 页。

讨论和探究。

（一）三种不同数据类型的区分

根据现行法律法规政策和实际情况，个人数据、企业数据和公共数据可以通过以下四个方面进行区分：

1. 数据涉及内容

个人数据属于个人拥有，是与个人身份相关的数据，如个人身份证号码、银行账户信息等。企业数据属于企业拥有，是与企业业务相关的数据，如客户信息、销售数据等。公共数据是指公共机构或组织收集的、供公众共同使用的数据，如政府公告、统计数据等。

2. 数据使用目的

个人数据主要用于个人的身份验证、个性化服务等个人需求。企业数据主要用于企业的运营管理、市场分析等商业目的。公共数据主要用于公众服务、决策支持等公共目的。

3. 隐私程度

这也是三种数据需要区分保护的原因之一。个人数据通常包含敏感的个人隐私信息，需要得到严格地保护，以防止非法访问和滥用。企业数据可能包含客户信息、商业机密等，也需要受到保护。公共数据通常是匿名化或去标识化的，不涉及个人隐私，但仍需保护以确保数据的准确性和可靠性。

4. 数据的权限控制

个人数据所有者有权决定谁可以访问和使用自己的数据，并可以撤销或修改访问权限。企业数据通常由企业所有者或管理员控制和管理，权限由企业内部设定。公共数据通常是公开和共享的，任何合法的公众都可以访问和使用。

（二）三种不同权属的界定思路

1. 个人数据

个人数据是可识别特定个人信息的数字化载体。个人数据承载的内容包括但不限于人的姓名、生日、地址、联系方式、身份证号、银行账号、邮件、个人照片、健康或医疗信息、工作和教育信息等。在互联网时代，浏览记录、购物记录、位置信息等电子记录也可以被视为个人数据的内容。

实践中经常混用“个人信息”和“个人数据”两个概念，故在此有必要对“个人数据”和“个人信息”进行区分。个人信息是内容，个人数据是内容的载体，是经过数字化技术处理后的个人信息，以二进制计算的方式存在，二者是“神”和“形”的关系。由于个人数据承载的内容与个人信息具有高度相关性，有时甚至涉及敏感个人信息，因此有关个人数据的保护常与人格权益紧密结合。但此处理方式似与个人信息保护采取的措施有重合之处。《民法典》中关于个人信息的规定及《个人信息保护法》都体现了对个人信息偏向于人格权的保护，凸显了我国对数字化时代人格尊严和人身安全的重视。

然而如果赋予个人数据人格权的属性，既有造成赘余之嫌，又无法涵盖对于个人数据财产权益的保护。再观《民法典》和《个人信息保护法》中对个人信息的定义，赋予个人信息财产利益内涵既不符合已有法律规则，也不现实可行。由此可知，个人数据作为一个尚未明确定义，并在学理上存在争议的概念，承担财产权利属性的可行性较大。综合来看，个人数据应被赋予财产权属性。以个人数据作为保护财产利益的法律概念，可以突破个人信息所承载的类人格权不可转让、事后救济的被动性，从而对权利主体赋予积极的财产权利，为数据交易奠定基调。

在权利归属方面，采取数据主体所有说较为合适。数据主体所有说是指个人享有数据持有权，可以选择让渡部分权利给企业。基于充分保护个人数据以及尊重个人作为数据源泉等因素，将数据的所有权分配给作为数据主体的个人，进而基于个人的同意或授权，将数据用益权、数据开发权等其他权利分配给数据收集者。劳伦斯·莱斯格亦认为，通过法律经济学分析，授予个人以数据所有权能够使数据经济更有效率。〔1〕在分配的具体制度设想上，申卫星教授提出的“数据所有权+数据用益物权”模式更加具有可借鉴之处。首先，赋予作为数据原发者的个人以数据所有权，符合数据财产权缘起的客观事实，且有利于个人数据的有序流动。〔2〕其次，充分尊重对数据进行采集、加工的数据平台企业的投入，赋予其一项数据用益权，该权利的授予需要经过数据所有权人的知情同意。〔3〕

2. 企业数据

2021年9月1日施行的《数据安全法》第3条第1款规定：“本法所称数据，是指任何以电子或者其他方式对信息的记录。”截至目前，企业数据包括

〔1〕［美］劳伦斯·雷席格：《网络自由与法律》，刘静怡译，商周出版社2002年版，第396页。
〔2〕参见许可：《数据权利：范式统合与规范分殊》，载《政法论坛》2021年第4期，第91页。
〔3〕许可：《数据权利：范式统合与规范分殊》，载《政法论坛》2021年第4期，第91页。

两种，一是企业自身的财务数据、运营数据等及其衍生数据，二是企业经过合法程序收集、整理、利用的个人或公共数据及其衍生数据。由于第一种属于企业内部数据，大多为不可外传的商业机密，与数据要素市场化配置并无太大关联，因此本文着重讨论的是第二种数据。

关于企业数据的权利属性问题。根据《民法典》第五章中对“民事权利”作出的规定，[1]该规定进一步明确了需要对企业数据予以民事权利层面的保护。但具体而言，企业数据权利属于何种性质的民事权利，在我国现行的法律法规中并未明确规定。企业通常是以知识产权、商业秘密、反不正当竞争等司法个案的形式寻求企业数据资产的保护。由此可见，对企业数据保护的主要目的应从保护个人人身安全和人格尊严转移为有效促进数据要素市场中的数据流通和交易利用。

实践中，企业数据多以数据集的形式存在，属于被加工过后的个人信息，其本质是被代码化的数据。根据洛克的财产权劳动理论，对财产的私有权产生于劳动，劳动的正当性成为私有财产正当性的前提。个人对财产的拥有是通过自身的劳动将自然资源转变为个人所有的产物，从而赋予其财产权。[2]由此类推，无限的数据资源在被企业加工之后应被认定为企业的“劳动成果”，理应作为财产归属于企业。因此，可将企业数据权利定义为新型财产权，并将数据资源持有权、数据加工使用权和数据产品经营权纳入其中，作为该权利的固有范畴。这样可以为企业数据权利提供进一步的法律保障。

在权利归属方面，采用数据收集者所有说较为准确。平台企业等数据收集者才是个人数据的制造者，基于数据流通和经济效率等考虑，应当将数据所有权归属于数据收集者，而个人仅在此基础上享有对违法收集、侵权等行为寻求救济等防御性权利。不少学者支持该学说的观点并提出了自己的理由。例如，周林彬认为，数据具有规模效应，单一的数据并不具有过多的实际价值，单独收集、处理等成本较高。而将初始数据权利配置给数据收集者，能够降低数据流转的交易成本，并且能将数据价值最大化，符合经济学原理。[3]高富平

〔1〕《民法典》第127条的规定：“法律对数据、网络虚拟财产的保护有规定的，依照其规定。”
〔2〕［英］洛克：《政府论》，叶启芳、瞿菊农译，商务印书馆1964年版，第18~19页。
〔3〕周林彬：《数据权利配置的立法思路》，载《人民论坛》2021年第15期，第83页。

亦认为，基于数据生产理论，个人数据并不归属于个人。[1]同样，纪海龙认为，以数据制造者判断数据文件所有权是唯一可行的标准，同时亦能够激励数据信息的创造。[2]

3. 公共数据

公共数据是指各级党政机关、企事业单位依法履职或提供公共服务过程中产生的数据，它是为了公共利益而产生和共享的数据资源，具有广泛的应用领域和社会影响力。公共数据具体包括但不限于：（1）政府统计数据：政府部门收集和发布的人口普查、就业数据、经济指标等，用于制定政策、规划资源分配和进行社会研究。（2）地理空间数据：地理信息系统（GIS）提供的公共地图数据、空间坐标和地理特征，可以用于城市规划、交通管理、环境监测等领域。（3）公共健康数据：卫生部门收集的疾病发病率、病例分布、卫生设施分布等数据，用于疫情监测、公共卫生政策制定等。（4）环境数据：气象数据、水质监测数据、空气质量数据等，可用于环境保护、气候变化研究和灾害预警。总体而言，公共数据是以公共利益为导向、由政府或公共机构收集、管理和共享的各种数据资源。它具有广泛的应用领域，为政府决策、公共服务提供支持，并促进社会创新和可持续发展。公共数据的开放与共享有助于增加透明度、促进公众参与和社会发展，但也需要注意隐私保护和数据安全等问题。

在数据要素市场化配置改革初期，学者们都着重于研究个人数据和企业数据的权属界定。然而随着市场的发展，学者们逐渐发现公共数据法律领域存在巨大空白——公共数据权属界定不清晰既影响公共数据开发利用的规范展开，也有碍数字经济发展、数字政府建设及数字社会治理的全面推进。

公共数据亦同样适合参照新型财产权的赋权保护模式，但有必要先将其与企业数据区分开来。公共数据与企业数据的主要区别在于其数据用途、目的不同。企业数据，又名商业数据，强调的是数据用于商业目的或市场竞争，而公共数据强调的是公共利益，目的是维持数字社会的公共秩序稳定运行。

在明确概念后对公共数据进行管理。“数据二十条”提供了一种较为合理

[1] 高富平：《数据生产理论——数据资源权利配置的基础理论》，载《交大法学》2019年第4期，第17页。

[2] 纪海龙：《数据的私法定位与保护》，载《法学研究》2018年第6期，第83页。

的解决思路，通过“三权分置”的权属设计有效推进了公共数据进入要素市场流通的进程。类似地，有学者主张，应当为公共数据建立所有权、控制权和收益权等权利体系，并根据管理和利用的需求，将相关权利分配给相应的主体。这样做的目的是在推动公共数据的开发和利用的同时，让政府能够通过行使其相关权力，有效地规范公共数据的使用行为。

在赋权的基础上探讨：公共数据究竟属于谁？从数据收集使用的目的出发，公共数据归国家所有最为妥当。多位学者均认为，公共数据由政府在履行职责过程中收集，且公共数据开放是基于公共利益之目的，将其所有权归属于国家，能够提高公共数据的利用效率，防止垄断与市场失灵，因此公共数据应当为国家所有。〔1〕吕富生教授提出，国家是公共数据的形式所有者和主导者，具有对公共数据的控制权。这种数据控制权是政府履行其信托义务的一个重要方式。又如，申卫星基于数据原发者享有所有权的观点，认为非源于个人的数据之所有权，应当归属于国家，而数据用益权属于合法的数据采集企业。〔2〕

（三）小结

分级分类的确权授权制度是根据数据的不同类型和性质，对数据进行分级分类，并制定相应的权属规则。根据上文可知，可以将数据分为个人数据、企业数据和公共数据。在权利归属方面，可以采取数据主体所有说，即个人享有数据持有权，并可以选择将部分权利让渡给企业。具体的制度设计可以包括赋予个人数据所有权、数据用益权等，同时需要经过个人的知情同意来授予数据平台企业相应的权利。对于企业数据和公共数据，需要根据其不同的使用目的和性质进行相应的权属规定和授权机制的设计。

这种法律保障体系建构的亮点在于能够根据数据类型的不同，分别制定适合的权属规则和管理方式，兼顾不同数据类型的特点和需求。通过将数据进行分类讨论，可以更好地保护个人数据的隐私、保护企业数据的商业机密，同时也可以推动公共数据的开发和利用，提高公共数据的利用效率，防止垄断与市场失灵。这种方式能够有效规范数据的使用行为，推动数据要素市场的繁荣和数字经济的稳健发展。

---

〔1〕齐英程：《作为公物的公共数据资源之使用规则构建》，载《行政法学研究》2021 年第 5 期，第 142 页。

〔2〕参见徐洁：《论用益权的物权属性》，载《政治与法律》2003 年第 1 期，第 56~57 页。

第二章

数据交易

第一节 数据交易概述

一、数据交易的相关概念

（一）数据交易的定义

数据交易区别于传统有形商品的交易，作为市场经济条件下数据要素在市场上流通的基本方式之一，对其研究应从其基本内涵开始。

国内学界对“数据交易”定义的研究主要形成两种观点，“产品交易论”和“服务交易论”。产品交易论认为，数据交易是交易数据及其衍生产品的行为。如梁继认为，数据交易是数据主体让渡数据使用价值的行为。[1]郑磊认为，数据交易是数据主体对数据商品的交易行为。[2]服务交易论认为，数据交易主要交易的是数据的加工与服务行为。如丁晓东认为，现实中数据交易并非将数据作为具有财产属性的商品进行交易，数据交易是一种基于数据的服务交易。[3]在上述争论的基础上，也有学者取折中的观点，如李雄一认为，将数据交易定义为交易双方对原始数据、数据产品以及数据服务互通有无的

〔1〕 梁继、苑春荟：《数据生产要素的市场化配置研究》，载《情报杂志》2022年第4期，第173页。

〔2〕 郑磊：《开放不等于公开、共享和交易：政府数据开放与与相近概念的界定与辨析》，载《南京社会科学》2018年第9期，第85页。

〔3〕 丁晓东：《数据交易如何破局——数据要素市场中的阿罗信息悖论与法律应对》，载《东方法学》2022年第2期，第145页。

行为和过程。[1]通过梳理发现，国内学界关于数据交易的概念仍存在不同观点。

官方政策文件对“数据交易”的定义主要采取“产品交易”的观点。《信息安全技术—数据交易服务安全要求》（GB/T 37932-2019）对数据交易的定义为数据供方和需方之间以数据商品作为交易对象，进行的以货币交换数据商品，或者以数据商品交换数据商品的行为。[2]《数据资产管理实践白皮书（5.0版）》对数据交易的定义为，数据交易是指交易双方通过合同约定，在安全合规的前提下，开展以数据或其衍生形态为主要标的的交易行为，不论是传统的点对点交易模式，或是数据交易所的中介交易模式，由“以物易物”延伸的“以数易数”或“以数易物”同样可能存在。[3]《数据产品交易标准化白皮书》对数据交易的定义为，在我国法律规定范围内，以安全交易环境和交易合规监管为保障数据需方向数据供方以货币购买或者交换的形式获取数据产品的行为。

本书采取“产品交易论”的观点，即认为数据交易是对数据产品进行交易的行为。数据产品是指经过数据采集、传输、计算、存储等过程形成的有经济价值的产出物。

（二）数据产品的定义

数据经过资源化、资产化、商品化后成为数据产品。数据的资源化是指采集、汇聚、处理、存储、分析后得到的数据，经过数据管理与治理、数据资源库建设与数据价值挖掘等，数据形成数据资源；数据的资产化是指数据资源经过数据库建设与数据资产运营后形成数据资产；数据的商品化是指对数据要素进行确权和定价的行为和过程，是数据交易市场得以有效形成的基础，也是数据要素参与分配的条件。数据资产经过评估、定价等商品化处理，提供数据包、数据API、数据报告、解决方案等，最终数据资产形成不同的数据产品。

交易的数据产品类型主要包括基础数据、数据产品、定制化产品。基础

[1] 李雄一等：《数据交易市场双边匹配模型与决策方法研究》，载《科技进步与对策》2018年第19期，第25页。

[2] 参见2019年全国信息安全标准技术委员会制订的《信息安全技术—数据交易服务安全要求》（GB/T 37932-2019）。

[3] 参见2021年中国信息通信研究院发布的《数据资产管理实践白皮书（5.0版）》。

数据主要是指基础数据库或以 API 方式访问的数据；数据产品主要是基础数据经过分析或挖掘后形成的结果，如用户画像、信用评估等需求广泛的标准化商品，通常是以报告或反馈分值的形式呈现；定制化产品是非标准化产品，在已有数据或产品的基础上再开发。

数据产品的特征主要有合法性、产权明晰、匿名性以及非敏感性等。合法性包括来源合法和内容合法。前者指的是交易数据应合法取得，后者强调附着在数据上的信息应符合法律规定。产权明晰是可交易数据的另一重要特征，如赵豫生从产权明确性角度界定数据交易范围，认为具有完全产权的可视化数据可自由交易，具有相对产权的结构化数据受限交易，而产权难以界定的元数据严禁交易。[1]匿名性指的是交易数据无法识别出个体属性。通过技术处理抹除个体属性的过程被称为匿名化。[2]非敏感性主要是针对数据内容而言的。敏感数据也包含多种类型，如个人敏感数据、企业敏感数据和公共敏感数据等，个人的基因数据、企业的商业秘密等都属于敏感数据范畴，一旦敏感数据被泄露将会引致严重后果，如个人隐私泄露会损害企业合法权益甚至是对国家安全也会产生一定威胁。

二、交易数据的类型

“数据二十条”中明确，按照数据生成来源为标准，数据主要分为公共数据、企业数据和个人数据。在对数据进行分类的基础上，对不同种类的数据有不同的政策指向，确立不同的确权授权制度。

（一）公共数据

公共数据是各级政府部门、企事业单位在依法行政履职或提供公共服务过程中产生的数据。“依法行政履职”或“提供公共服务”的政府部门与企事业单位都是生产和持有公共数据的主体（下称“公共服务主体”）。公共数据既可以支撑公共服务主体的公共管理活动和公共服务决策行为，同时也可以为整个社会提供公共可重用的数据资源，成为重要的数据要素供给来源。

对于公共数据，要加强汇聚共享和开放开发，强化集中授权使用和管理，

---

〔1〕 赵豫生、林少敏：《大数据交易困境与产权界定：基于效率的政府角色》，载《兰州财经大学学报》2020 年第 1 期，第 42 页。

〔2〕 张涛：《欧盟个人数据匿名化治理：法律、技术与风险》，载《图书馆论坛》2019 年第 12 期，第 90 页。

推进互联互通，打破“数据孤岛”。为了进一步提升公共数据的开放率，有必要统筹和完善公共数据授权运营制度，建立明确的开放规则，保障公共数据的有序开放与利用。此外，公共数据的充分发展还需要依托公共数据平台的建立，完善开放目录，提升用户对于公共数据平台的体验。在公共数据领域，同样需要关注其隐私安全问题。公共数据影响的范围更广，对于其安全监管也更有必要采取分级分类监管的方式，根据影响个人隐私和公共安全的程度，采取不同的开放利用政策，并遵守“原始数据不出域、数据可用不可见”这一重要原则，持续向社会输出更多高质量的公共数据，激发数据要素市场的活力。

（二）企业数据

企业数据是企业在生产、经营、管理过程中生成并控制的、不涉及个人信息和公共利益的业务数据。企业数据一般被企业所实际管理、控制，但是在使用中往往被公开，因此不完全属于商业秘密范畴。企业可利用内部数据同时融合外部数据进行计算分析，支撑企业智能决策，促进创新，具有明显的经济价值。

对于企业数据，需要充分保障市场主体对数据依法享有、使用、处理等合法权益，保障其投入的劳动和其他要素贡献获得合理回报，鼓励探索企业数据授权使用新模式。只有多措并举方能充分调动企业挖掘利用数据的积极性。企业数据确权授权打通了企业数据利用壁垒，促进了数据在不同企业间的流通共享，有效增加了数据要素市场供给，推动完善数据要素市场建设。

（三）个人数据

个人信息数据是依据数据集中是否包含个人信息所进行的分类。个人信息是与已识别或者可识别的自然人有关的各种信息，其中有些信息本身指向个人或者直接关联到个人，如姓名、身份证、指纹、面部信息、数字 ID 等（称为识别符），其余的信息本身不具有识别个人身份的属性，但通过结合分析或关联分析也可以使信息或数据集指向某特定自然人。个人信息上承载着人格权益和个人信息权益，保障这些权益不受侵害是一切数据利用行为的前提。

对于个人数据，要规范个人信息数据处理活动，不得采取“一揽子授权”、强制同意等方式过度收集个人信息，探索由受托者代表个人利益，监督市场主体对个人信息数据进行采集、加工、使用的机制。

第二节　数据交易模式分析

一、交易模式

（一）交易模式概述

交易模式可以被分为场内交易和场外交易。场内交易，也称平台交易，是指数据交易双方在数据交易平台内达成交易。场外交易，也称非平台交易，指不经数据交易场所而由企业或个人之间自主产生的数据交易。目前我国的交易市场仍处于探索和培育阶段，由于数据交易的相关法律法规不完善、缺乏监管等问题，许多数据的安全性和合法性无法得到保障。但是这些缺乏安全性和合法性的数据产品仍然能产生较大的商业价值，因此催生了数据交易的灰色地带，许多数据交易的双方不通过正规的交易平台完成交易。

中国信通院数据要素市场研究团队发布的《数据价值化与数据要素市场发展报告（2023年）》显示，我国数据流通交易仍以场外交易为主，场内交易加速推进。根据此前披露的数据，2021年我国数据交易规模超500亿元，其中数据交易平台主导的场内交易占比仅2%，由企业等主导的场外交易占比98%。[1]场内交易是我国今后发展的重要方向，在此对其进行重点介绍。

（二）场内交易

场内交易，又称平台内交易。近年来，随着大数据技术的蓬勃发展，我国多个省市进行了数据交易的有益探索和实践。

1. 数据交易平台的两大发展阶段

我国数据交易平台的发展至今经历了两大发展阶段。第一阶段为2015~2020年，第二阶段为2020年至今。2015~2017年是我国数据交易平台的第一轮快速发展期。2015年党的十八届五中全会正式提出“实施国家大数据战略，推进数据资源开放共享”，随之数据交易机构数量猛增。该年4月，国内第一家大数据交易所——贵阳大数据交易所成立，这标志着全国数据交易中心建设正式进入第一阶段，仅2015年成立的数据交易平台就有7家。随后的2018~

〔1〕《数据交易迎来新一轮发展浪潮，预计2025年市场规模将超2200亿元》，载https://baijiahao.baidu.com/s?id=1763203817159466599&wfr=spider&for=pc，最后访问日期：2024年5月6日。

2020年，由于数据权属不清等问题未解决，数据交易平台发展速度放缓。这几年间，全国多地陆续建立20多家数据交易平台，这被业内认为是第一波数据交易平台的建设热潮。

第一阶段对数据交易平台的探索与实践具有重要意义，填补了我国在数据要素市场上的空白。但该阶段平台建设存在一些问题，导致后期平台发展速度放缓。原因大致可以分为以下三点：首先，缺乏相关法律规定，导致数据交易安全缺乏保障。在数据交易早期，我国数据相关法律法规还不健全，平台也未探索出相关规定，难以为数据交易双方提供安全合规的保障制度和技术手段，双方出现的数据交易纠纷、安全方面等问题较难通过交易所解决。其次，鉴于交易平台成立的历史背景，当前可供交易的数据资源相对有限，成功案例的数量也较为稀缺，这在一定程度上导致了交易双方对该平台信任度的不足。

最终，平台往往仅承担提供数据属性信息的角色，而数据交易的双方，在通过交易所了解数据的具体属性后，更倾向于选择直接进行交易，而非通过交易所签订正式的交易合同。

2019年10月，党的十九届四中全会提出将数据作为生产要素参与分配，2020年3月，中央全面深化改革委员会审议通过《中共中央、国务院关于构建更加完善的要素市场化配置体制机制的意见》，数据交易再度成为热点。2021年，北京国际大数据交易所、上海数据交易所的成立标志着数据交易平台迎来新一轮的发展热潮、全国数据交易平台建设进入第二阶段。截至2022年8月，全国已成立40多家数据交易机构，多个省市进行了数据交易的有益探索和实践。本轮成立的数据交易平台主要是政府牵头、国资引领和企业化运营的平台，有着更加明确数据要素的应用场景。

数据交易平台发展的第二阶段是在目前的数据发展环境下，吸收第一阶段经验做出的模式探索。与此同时，数据采集、存储、清洗、分析、管理、传输等细分领域也获得进一步发展。数据交易行业发展势头迅猛，区域分布广泛，交易产品、交易模式、收入方式等趋于多样化，助推了我国数据流动交易和数据交易市场发展。[1]数据正在成为越来越重要的生产要素参与到我国的数字经济建设中。

---

〔1〕 陈舟、郑强、吴智崧：《我国数据交易平台建设的现实困境与破解之道》，载《改革》2022年第2期，第78页。

2. 数据交易平台的类型

数据交易平台的业务类型、盈利模式、产品形态等多样化，如果以建设主体角度为标准进行分类，现有的数据交易平台大致可分为以下三类：分别是政府主导的大数据交易所和交易平台、企业主导的数据服务平台、产业联盟性质的数据交易平台。数据来源通常包括数据供给方提供的数据、网络爬虫、政府公开数据等。产品类型通常有 APT 数据包、解决方案、云服务等。

政府主导建立的大数据交易所和交易平台，以贵阳大数据交易所、上海数据交易中心为代表。该模式下以“国有控股、政府指导、企业参与、市场运营”为原则，一般采用会员制，制定一系列涉及数据交易和会员管理的规则，强调整体交易规则构建。该类平台的数据来源主要为政府的政务数据和公共数据，它们组织数据交易，并提供公开政务数据的储存、分析等相关服务。但由于政府提供的公共数据更新不及时、数量少、质量不高，因此数据价值相对较低，数据资源不够丰富且数据供应不足，常常无法满足需求方的实际需求，交易成功的案例较少。

企业主导的数据交易平台可以细分为大型互联网企业派生的数据交易平台和数据服务商两种类型。前者的代表为京东和阿里巴巴，后者的代表为聚合数据、数多多和数据堂。大型互联网企业派生的数据交易平台主要依赖于母公司拥有大量数据资源，如业务产生的、覆盖电商、金融和行为数据等的数据进行数据分析，产出数据产品。数据服务商则通常以公开渠道收集、爬取的数据、原始业务积累的海量数据为基础，通过开放接口或将数据加工处理后提供给数据需求方。其提供的数据产品的针对性、独特性和多样性较强。

产业联盟数据交易平台的代表是交通大数据交易平台和中关村大数据产业联盟。该类平台本身不参与数据交易的储存和分析，而主要为行业内的数据供需方提供开放的数据交易渠道，其服务和商业模式更为综合，涵盖数据汇聚、开发共享、投资等多种服务。[1]

3. 场内交易的交易流程——以上海数据交易中心为例

数据供给方将数据产品在数据交易中心进行确权登记后，向数据交易中心申请挂牌。数据交易中心接到挂牌申请后，对数据产品的数据交易资格进

[1] 参见之江实验室、浙江大学、浙江大数据交易中心等发布的《数据产品交易标准化白皮书（2022）》。

行认定，认定通过则可以挂牌，数据产品可以入场进入交易环节。数据需求方在数据交易中心中寻找自己所需的数据产品，并与卖方进行协商交易。双方交易确认后，数据交易中心会发放证明数据产品合法性的文件，并对此次数据交易进行登记备案。在平台上的交易受到政府相关部门的全流程监管。

二、数据交易平台发展现状与困境

(一) 数据交易平台的区域分布

目前我国尚未形成全国性的数据交易平台，现存各数据交易平台分布比较广泛，我国华北、华东、华中、华南、西南、西北和东北地区各地区皆有分布，主要设立在直辖市和省会城市。数据交易平台的发展很大程度上受当地政府的支持力度和数据产业的发展基础的影响。华北地区的数据交易平台代表是北京大数据交易服务平台、京东万象等；华东地区的数据交易平台代表是上海数据交易中心、聚合数据等；华中地区的数据交易平台代表是河南中原大数据交易中心、阿凡达数据等；华南地区的数据交易平台代表是数多多、iDataAPI 等；西南地区的数据交易平台代表是贵阳大数据交易所、SHOWAPI 等；西北地区的数据交易平台代表是西咸新区大数据交易所、美林数据等；东北地区的数据交易平台代表是哈尔滨数据交易中心等。[1]

(二) 数据交易平台的交易模式

从各地数据交易平台的实践来看，场内交易存在两种最主要的交易模式，数据撮合交易模式和数据增值服务模式。数据撮合交易模式指交易内容以粗加工的原始数据为主，原始数据经过收集和整合后便直接出售。数据交易平台仅提供供需撮合服务，并对数据进行必要的实时脱敏、清洗、审核和安全测试，不对数据进行任何预处理或深度的信息挖掘分析，也不参与供需双方的数据交易、定价等过程。在数据增值服务模式下，数据交易平台根据用户需求，对原始数据进行清洗、分析、建模、可视化等操作，形成定制化的数据产品，再提供给需求方，而非简单地将买方和卖方进行撮合。[2]

---

〔1〕 陈舟、郑强、吴智崧：《我国数据交易平台建设的现实困境与破解之道》，载《改革》2022年第2期，第77页。

〔2〕 田杰棠、刘露瑶：《交易模式、权利界定与数据要素市场培育》，载《改革》2020年第7期，第10页。

（三）数据交易平台建设存在的问题

目前我国政府主导的数据交易平台数量多，但交易并不活跃，并没有很好地发挥促进数据交易市场发展的作用，主要存在数据交易平台重复建设、交易模式不成熟等问题。

1. 交易平台同质化

政府盲目建设交易平台，各平台同质化严重，制定的交易标准不一。2015年《促进大数据发展行动纲要》提出要开展数据交易市场试点后，各地短时间内成立了大量交易平台，对数据来源、交易规则、数据定价、技术支撑、数据生态构建等方面进行了积极探索。但这些平台大多缺乏明确定位，交易对象和客户群体同质化严重。部分城市甚至有多个数据交易平台，如武汉市在2015年内新建了长江大数据交易所、东湖大数据交易中心、长江众筹金融交易所等5家交易平台。我国目前没有形成全国性的数据交易平台，数据交易的相关法律法规也不完善，各地建立的数据交易平台在自行探索数据交易的相关制度和标准。这有助于解决数据交易标准不清的问题，但也导致了各平台制定的标准不统一。企业在不同的数据平台上进行交易时要遵守不同的交易规则，这增加了企业的负担和交易风险。数据标准和交易规范不清，导致不同交易市场之间数据流通性和融合度低，数据交易所的平台优势难以发挥。[1]

2. 数据交易平台模式不成熟

数据交易平台的交易模式不成熟，大部分平台提供的服务局限于中介撮合。首先，这种撮合式交易需要获取大量数据资源，在此过程中，个人的信息保护往往难以有效实现。当出现数据交易纠纷、安全等方面的问题时，如数据提供方所提供数据的质量不符合约定或存在篡改、造假等问题而使购买者的数据利用目的无法实现甚至引发相关财产损失，平台无法为双方提供安全合规的保障制度和技术手段。其次，数据平台为交易双方提供的增值服务有限，各机构成立之初设想的确权估值、交付清算、数据资产管理和金融服务等一系列增值服务未能落地。交易双方在数据交易平台上获知数据的属性后，通常会选择场外直接交易，而非再通过平台进行交易。对于需求方而言，

[1] 许伟、刘新海：《中国数据市场发展的主要障碍与对策》，载《发展研究》2022年第7期，第50页。

得到原始数据后，还需要耗费时间和人力物力成本进行后期的提取和分析，以得到精加工数据来满足商业决策或研究意义上的需求，这也降低了企业通过平台进行交易的交易意愿。

3. 相关法律法规不够完善

从数据交易平台的发展历程来看，数据交易平台经过探索之后，逐渐开始提供数据增值服务的交易模式。数据增值服务模式的优势在于，首先，数据交易平台替客户从原始数据中提取密度高、价值大的数据并进行分析，产出数据产品，为客户节省了大量的时间和分析成本。对于许多中小企业而言，对原始数据进行深度挖掘和分析是一笔另外的人才或技术投资。因此，若能够购买分析处理后的数据产品，就可以省下大笔开支，是性价比更高的选择。〔1〕其次，由数据交易平台提供加工后的数据产品，确保了数据的合法性，能够有效降低数据需求方的法律风险。目前，我国在数据交易上的法律法规仍有欠缺，因此仅靠数据需求方和供给方进行交易，可能存在一定法律风险。但当平台介入数据处理环节，无形中保障了数据需求方获取数据的合法性，有效规避数据隐私保护等的交易风险。

第三节　数据产品交易的现实难题

一、数据产品交易的困境

（一）数据权利归属不清

合法合规是数据市场快速健康发展的重要前提。《网络空间安全法》《数据安全法》《个人信息保护法》构成我国数据交易市场的基本法律框架，但仍缺乏更细致的分类和指引，数据交易底线不清晰。在数据权利归属方面，目前我国尚未有法律对数据权利归属做出明确规定，实际交易中对数据权利归属的判断建立在基础法律理念及朴素的法感情之上。

近年来，现实中关于数据的争议问题层出不穷，如新浪诉脉脉案、大众点评诉百度案等。这类案件的共同点在于，都发生了一个软件通过技术手段

---

〔1〕田杰棠、刘露瑶：《交易模式、权利界定与数据要素市场培育》，载《改革》2020年第7期，第11页。

获取了另一个平台的数据的行为。类似的数据纠纷在司法实践中不断出现。而目前，我国法律对于数据权利未进行明确规定，涉及数据的纠纷在司法实践中多通过现有的合同制度、知识产权制度或商业秘密制度、反不正当竞争法三种方式来进行保护，但司法实践并未对数据权属问题作出明确回应，原告通常只能就数据权益享受一种受法律保护的纯粹经济利益。

（二）数据产品价格难以确定

目前我国数据交易市场发育并不完全，交易规模未成型、市场竞争不充分、供求关系不对等不透明，单纯依靠市场定价容易形成有价无市或有市无价的局面。同时数据与传统的生产要素有很大区别，数据由于其自身的特性，其产生的经济效应难以被确定。因此，目前实践中尚未形成稳定的定价机制。

数据交易和传统物品交易的一个重大区别是，数据价值的确定主要依赖于需求方，而非成本加成。由于数据没有独立的经济价值，需要协同其他要素才能产生价值，因此数据的价值难以直观体现，如何在实现的总价值中剥离出数据价值，仍没有合理依据。[1]对于数据需求方来说，也无法事先精准地评估数据的价值。因为只有当需求方获得数据并加以使用后，数据才会发挥价值，而其发挥的价值高度依赖于使用场景。由于数据的使用场景较为复杂，相同的数据在不同的买方、不同的使用场景以及不同的制度或政策条件下，其发挥的价值亦不相同。所以容易形成千人千价的状况，而难以确定一个市场的参考定价。数据使用所创造的价值或价值实现的范围，而非成本，决定了数据的定价，这呈现出事后定价的特点。

数据的价值与其本身的质量、时效性、整合程度之间虽然存在一定关联，但仍存在不确定性，且高度依赖其使用场景。通常情况下，数据产品的价值与其包含的有效内容的数量成正比，其包含的有效内容越多，则价值越大。但是，在把数据产品运用到预测以及决策改善之时，一旦数据量越过了某一峰值，其价值反而会降低。在一些要求强时效性的应用场景中，只有最新的数据才有价值；而在一些研究场景下，历史数据和当前数据的价值相差无几，甚至历史数据的价值可能更高。数据的价值还与数据的可替代性、更新频率、数据颗粒度、完整性、可获得性等特征有关。

---

〔1〕刘金钊、汪寿阳：《数据要素市场化配置的困境与对策探究》，载《中国科学院院刊》2022年第10期，第1441页。

（三）公共数据信息开放程度不足

国内公共数据主要掌握在政府、国有企业手中，集中度比较高，但开放共享程度较低。[1]目前我国搭建的云计算平台中，数据管理比较分散，各部门系统自建各种管理平台，各平台互相叠加、互不连通，缺乏统一的开放共享平台，导致数据调取不畅，应用困难。能够获得的数据颗粒度、时效性也不够。同时政府内部数据处理设备硬件更新滞后，难以支撑高级别的数据分析与处理复杂的数据格式。

（四）数据产品交易监管体制不成熟

行政管理部门上，我国未设立监管数据产品交易或数据要素流通的专门监督管理机构。数据产品和数据要素流通涉及互联网信息办公室、发改委、市场主管部门等各政府部门，各部门之间的监管职责不明晰，目前难以发挥其监管效力。2023 年 3 月，中共中央、国务院印发了《党和国家机构改革方案》，组建国家数据局，国家数据局的组建有望能够改善这一局面。

（五）数据产品交易生态体系不成熟

目前我国数据交易生态初步形成，但数据交易生态体系仍不完善。数据资源只有经过深度加工，才能发挥其最大的价值。但当前我国数据交易平台挖掘有效信息和加工的能力不足，数据应用技术的成熟度和适用性不够，开展数据业务仍以买卖和撮合交易为主，应用场景并不丰富，市场产品不丰富，深度不够。导致该局面的原因是我国数据交易平台承担了部分数据商应承担的功能，然而又无法兼顾自身发展。目前数据商业务范围的开发仍不够深入，有待进一步培育。

（六）交易安全问题

安全高效的传输、存储设施是数据交易的硬件要求，但是目前交易的基础设施和技术能力较为缺乏，交易风险贯穿于数据交易的全过程。为了维护交易安全，企业需提前支付相关成本。但不同企业之间技术互操作性不足、架构不统一、数据高度复杂，这给各方的专业能力提出较高要求的同时也增加了数据交易流通的成本，进一步致使企业的交易意愿降低。

交易风险的普遍存在阻碍了交易双方达成交易。当前数据交易依赖的安

---

〔1〕许伟、刘新海：《中国数据市场发展的主要障碍与对策》，载《发展研究》2022 年第 7 期，第 51 页。

全可靠的交易环境，是基于密码学原理和安全硬件的隐私计算技术建立的，能够一定程度上确保数据产品交易的安全性，保护数据主体的权利不受损害。但是由于计算复杂度、多方交互效率、模型性能等的限制，还没法支持海量数据的场景。随着数据交易市场的不断发展壮大，数据交易的规模也日趋庞大，交易背景也更丰富多样。目前常用数据匿名化处理机制来防止个人隐私泄露，保护信息主体的个人信息。但是这种匿名机制可能被反向识别技术破解，匿名化处理过的个人信息可能被再次恢复，从而导致个人隐私的泄露。而对于高并发和高实时性要求的场景而言，单一的隐私计算技术难以满足业务要求。对于多方安全计算、可信执行环境类隐私计算产品而言，往往采用不同技术路线来进行隐私计算，但实现技术的底层思路截然不同，导致产品难以实现互联互通。

（七）标准化不足

在数据产品交易的过程中基础标准、技术保障标准、交易管理标准、交易安全标准、交易监管标准等大量标准是缺位的。如数据的电子格式和其非电子形式不一致，会阻碍数据的流通。不同企业的数据集和信息系统之间缺乏兼容性和可识别性，企业想要聚合数据以提取其价值，往往被其混乱的排列逻辑所阻碍。数据需求方为了满足自身业务要求，往往需要集成来源不同的多个行业或多个类型的数据。而缺乏相应的技术标准，导致数据需求方需花费另外的成本来整合、统一规范不同格式、形式的数据，增加了企业的成本。因此，缺乏明确、可执行的标准，仅靠市场推动数据交易是不现实、不可行的。

二、数据产品交易困境产生的原因

（一）数据权利归属不明确的原因

数据权利归属难以界定的原因在于，在数据的产生、加工等过程中，数据的信息主体、存储者、加工者等各主体均对数据产品的产出有贡献。这些主体的类型包括自然人、法人、其他社会主体等，十分多样，因此无法简单地将数据权利归属于某一单一主体。

数据权利归属不清晰是导致我国数据交易发展不如预期的一个重要因素。数据权利归属不明晰导致数据交易主体和授权交易资格的合法性得不到确认，交易资格是否具备、交易安全如何维护等一系列延伸性问题无法得到实质性破解。数据的拥有方从事数据交易活动的意愿不强。有些企业不想或不敢将数据用于交易，因为数据一旦被盗用或侵犯，很难通过法律途径进行维权，数据拥有者因此面临很大的数据隐私安全和商业风险。数据产品与普通商品不同，大数据种类繁多，权属差异较大，如果对内容、用户、权利、加密使用方式的分类原则不明确，就会导致数据服务商的交易与发展预期不确定、企业合规成本显著上升。〔1〕这严重影响数据交易的规模与范围。确权是任何资源市场化利用的前提，没有权利就没有交易，市场交易就是权利的交易。根据科斯定理，当市场交易存在成本时，如果初始的权利界定不当，很可能影响资源的最终配置并带来社会福利损失。因此，数据权利归属于平台、个体或者政府的初始配置将影响数据市场的发展和社会福利水平。〔2〕数据的确权和交易需要平衡数据市场发展和个人权利保护。实际参与交易的数据市场准入限定在产权判断明了、清晰的极少数数据中，严重影响数据交易的规模与范围。理论中，针对数据权属的判断存在极大的争议。数据与传统的民法客体不同，它具有可复制性、非独占性，因此针对“数据”本身的法律性质尚且难以在理论上定性。数据买卖转移的是数据的所有权利抑或数据的使用权利，也有待规范明确。

在上位法尚未明确权利归属之前，各地数据交易平台都在摸索解决这一问题，如贵阳大数据交易所向交易双方提供确权服务，客户可以通过交易所的数据平台，登记数据所有权，然后对数据的使用权等进行公开竞价，以实现数据的登记确权及变现。浙江大数据交易中心曾推出过数据确权平台，该平台主要用来保证数据所有权人权益。它通过为数据记录者和数据存储者建立数据银行，以保证数据资产交易安全合法转移。但是这些尝试收效有限。外地企业对平台的认可度较低。一方面，因为数据交易平台只能依据平台自己制定的规则来进行确权，确权结果无法发生法律上的效力，无法为交易双方提供担保；另一方面，各地平台都有自己的规则，在某一平台进行确权认证的权威性不高。

（二）数据产品价格难以确定的原因

由于数据具有非独占性且复制的边际成本接近于零，买方一旦获取数据

---

〔1〕许伟、刘新海：《中国数据市场发展的主要障碍与对策》，载《发展研究》2022年第7期，第49页。

〔2〕熊巧琴、汤珂：《数据要素的界权、交易和定价研究进展》，载《经济学动态》2021年第2期，第145页。

就可以无限地复制，且这种复制不影响数据的价值。[1]因此供给方不会轻易把数据展示给潜在的买家，存在卖方不信任的现象。但这又导致了买方无法在交易前详细了解数据的相关信息，无法准确预估数据能带来的效用价值，存在买方不信任的现象。[2]数据交易过程中的不信任现象，制约着数据交易的发展。

目前常见的定价模式包括免费、免费+付费增值、按需收费、固定费率等方式。免费数据主要为政府、公共事业单位或其他公共机构的公开数据，通常及时性不强，颗粒度较粗。免费+付费增值主要是用免费数据吸引潜在客户，尔后价值更高的数据或数据增值服务，客户需要付费购买。按需收费是指按照具体使用量收费，一般通过 API 接口传输数据，常见于金融等高频场景。固定费率则是客户购买账号，然后获得一定期限内的数据使用权。按需收费和固定费率也可以结合起来用于数据定价，形成两部定价模式。但是由于数据的独特性和定价的复杂性，在全球范围内的实践都没有形成较为成熟的价值评估体系。国内目前各数据交易平台摸索出来的定价机制主要有三种，分别是基于数据特征的第三方定价模型、基于博弈论的协议定价模型和基于查询的定价模型。如贵州大数据交易所制定了协议定价、固定定价、实时定价三种数据定价模式，并设立了数据交易撮合部，以协调交易价格，这是根据数据品种、数据深度、时间跨度、数据的实时性、完整性和数据样本的覆盖度等来指定的。华东江苏大数据交易中心主要采用协商定价的方式。但总的来说，我国尚未形成统一的数据定价机制，实践中通常以数据特征定价和供需协议定价机制为主。各具体的定价方法，都遵循了“价格反映价值”的核心原则，遵循真实性、收益最大化、收入公平分配、无套利、隐私保护和计算效率等六项基本原则，在这些原则的基础上进行取舍和融合，[3]进行数据定价，多源数据定价机制并行。

总之，数据价值受制于数据量、种类、颗粒度、完整性和及时性等自身

---

〔1〕 熊巧琴、汤珂：《数据要素的界权、交易和定价研究进展》，载《经济学动态》2021 年第 2 期，第 145 页。

〔2〕 李刚、张钦坤、朱开鑫：《数据要素确权交易的现代产权理论思路》，载《山东大学学报（哲学社会科学版）》2021 年第 1 期，第 88 页。

〔3〕 刘金钊、汪寿阳：《数据要素市场化配置的困境与对策探究》，载《中国科学院院刊》2022 年第 10 期，第 1442 页。

特点，同时与数据融合、算法、需求场景也有很大关系，因此需要积极探索合理的定价机制，以做到公平公正定价。

（三）公共数据信息开放程度不足的原因

导致公共信息开放壁垒的原因主要有五个方面，分别是技术上的短板、数据安全的担忧、数据分块化管理、合法合规的考量，问责的规避。

1. 存在技术上的短板

目前我国很多政府网站的功能只停留在分类搜索阶段，数据整合水平低、数据输出质量低、数据关联价值援取不足。目前也未制定统一的政务数据标准、格式和架构，这导致数据在编目、归类、采集、汇集等方面，因指标口径的差异和技术标准的不一致而无法有效地互通、共享、整合。数据的兼容性、流通性差，就会导致数据封闭的现象。建好大数据处理工具与基础设施，才能打通数据流通。

2. 出于数据安全的担忧

我国目前正处于大数据发展的初期阶段，公共数据的开放与共享制度仍有欠缺，没有统一标准、细化规定来界定公共数据的隐私和数据安全保障，在数据流通的每一个环节中都存在数据泄露的风险。这个安全风险既来自计算机的软硬件方面，比如计算机系统的脆弱性、网络病毒的泛滥、黑客的攻击，也可能来自内部工作人员的违规、非法或者失误操作等。如果在没有界定清楚数据公开的类型与标准的时候盲目开放公共数据，就可能导致损害公民利益，扰乱社会秩序，甚至危害国家安全。随着技术的发展，不法分子盗取政府数据的渠道与手段也越来越多样化。由于数据安全建设的不完善，目前政府对数据泄露的应对水平有限，因此政府会出于对安全的担心而拒绝数据开放与共享。

3. 数据管理分块化

在政府的日常信息管理中，各地区各部门往往自成体系，缺乏统一规划，呈现明显的部门化格局，海关、税务、通信、医疗、信用、社保等不同领域的数据很难相互打通，大部分数据不共享或只在有限范围内共享，难以发挥大数据的优势。在推进数据共享的过程中，有的地方由于经济、科技发展条件较好，容易形成数据共享的意识，也具有数据共享的软硬件基础；而经济、科技发展较弱的地方，可能需要花费大量的金钱和精力来改造升级达到数据共享所需的软硬件基础，也缺少进行数据共享的共识，推动数据共享的积极性不足。

政府的不同部门所关注和掌握的数据极为繁杂，但通常都与其职权紧密相关，且侧重于某一方面的局部数据以及碎片化数据，倘若要达成数据的最大化利用，那么数据整合便是极为关键的一步。然而强势部门与弱势部门之间，常常难以开展合作。通常情况下，强势部门掌握丰富而又重要的数据，认为自己依靠自身的信息优势，就可以完成业务。同时也会担心，数据共享后，会丢失信息垄断的优势，影响自身利益，因此不愿共享。而弱势部门推进数据共享，想要请求开放数据接口或调用数据，得不到强势部门的配合。同时，部门在日常服务中获取的信息数据，往往是部门的心血，与部门职权密切相关。许多政府官员容易把部门数据看成本部门的私有物品，一旦数据流失，会导致权力丧失，因此习惯于将本部门手中的资源封闭起来，宁愿将其束之高阁。甚至为了强化自身利益，一些地区和部门会构筑数据共享的壁垒，加大了统一推进数据共享的难度。在缺乏相关责任制的情况下，部门领导为了省事，容易走“形式主义”道路，用局部开放或低关联度开放的方式敷衍了事，导致最终难以完成数据的整合与开放。由此可见，部门管理分块化以及部门利益是造成公共数据整合共享障碍的原因之一。

4. 出于对开放数据合法合规的考量

目前有关公共数据开放、整合等问题，仍缺乏相关法律法规规定。政府公共数据往往涉及国家安全、商业秘密、个人隐私，而某些与数据共享密切相关的事项，如网络互通与局部隔离、电子文档的共享与保密等没有相关的具体规定，在实际工作中难以把握数据开放的程度。另外，政务数据往往来源于对每一个公民的信息收集。这种收集的合法性来源于本人的授权，但是该授权是否包括授权未知的、多样的数据开放用途，仍存在疑问。同时，尽管个体产生的数据多以匿名化的方式存在，但将其放在公共数据库中进行交叉比对时，这种匿名化很容易被破解，可能造成个人隐私的泄露。目前我国数据权利归属不清晰，个人对这些公共数据是否享有权利，享有多大程度的权利，具体权利边界为何，仍是未知数。因此，在没有具体法律法规的情况下，贸然开放公共数据，可能造成个人隐私泄露，侵犯个人权利。一些部门出于数据安全、规避风险的角度考量，常常以“不宜共享”为由，排斥数据共享。如何在数据权利保护和最大化发挥数据价值中找到平衡点，仍然需要不断探索。

5. 对问责的规避

数据公开意味着将有更多的政府工作进程会暴露在公众的视野之中，公众通过互联网等手段“放大镜”式地审查政府工作。一些原有信息平台技术落后、兼容性差，或者是数据上不精确、不真实等的问题就会暴露出来。一旦公众发现公开数据与现实不符的问题，可能在网络上传播，使事件扩大化，引起舆情，甚至使事实受到扭曲，将有关部门推到聚光灯下。这十分考验政府应对舆情的能力，可能会造成工作人员的行政压力与心理负担，进而导致政府抱着“多一事不如少一事”，不公开数据。公共数据公开不充分，导致许多大数据沉没在数据库中，未能发挥其潜在价值，是我国目前数据流通交易的一大短板所在。

（四）数据产品交易监管体制不成熟的原因

数据自身的特性导致数据双方只有在交易完成后，才能验证数据的价格与质量是否相匹配，因此容易产生事后的纠纷。交易双方主要依赖自身的法务部门来应对数据交易纠纷。法务部门全程参与数据交易的过程，通过关注交易的合规性、数据的安全性等，用合规审查、合同规避条款等手段避免交易产生法律纠纷。但是仅靠交易双方进行风险规避，而没有第三方作为协商的桥梁，难免存在沟通不畅的问题。目前平台并没有形成有效的处理机制，在数据交易过程中，因数据质量、数据服务成效、权属、系统故障等产生的纠纷，无法得到充分的申述和解决。仅靠平台自身的监督，数据交易的公平性难以得到保障，因为有些平台没有足够的能力去完成严格的监督，或是不同平台的监督制度和力度不同，最终导致平台监督的市场认可度有限，影响平台的健康发展。这导致数据交易双方在平台上进行交易的体验感较差，进场交易的意愿不强。

（五）数据产品交易生态体系不成熟的原因

虽然存在一定数量的数据交易服务商，但总体上看，国内数据交易服务商发展相对滞后，数量多但规模小。数据业务大多集中在产业链的前端，后端的加工分析应用等专业性强的环节较为缺乏，服务水平低、同质化严重。目前，大部分数据交易服务商在数据采集和表层技术上投入较多，而深入具体场景的分析和数据挖掘的方面投入较少。各地数据交易所在大楼、展示大厅等有形资产的支出上较多，软件、算法开发方面的支出较少。我国欠缺有竞争力的企业和完善的数据产业链。目前形成的产业链，涵盖了数据采集、清洗、储存、流通、加工和应用等的基本环节，但产业基础薄弱。在实际应用中，可兼容性和可扩展性不强也对数据交易造成困扰，导致应用范围多局限于有互补性的企业之间。区块链、智能合约等技术与个人征信、城市管理、宏观管理等日常决策较难实现有机融合，仍处于探索阶段。数据交易涉及多个学科和领域，如经济、法律、管理，其市场交易机制常套用传统生产要素和资本市场的交易逻辑，缺乏适合自身的理论支撑，因此仍然需要进行理论上的构建。

（六）产生交易安全问题的原因

大数据交易行业尚未形成标准统一的安全管理技术手段，无法有效评估大数据交易平台的网络安全、信息安全和数据安全保障机制和措施是否到位，无法全面掌握大数据的交易类型、交易方式、合规性等基本情况。[1]另外，数据的非排他性导致数据的拥有者难以独占数据权利。数据一旦被卖给他人，购买方有可能转卖其仅具有使用权的数据，数据交易平台等第三方主体也可能截留经过其手的交易数据。数据供给方出于安全风险、商业风险的考虑，较少提供原始数据文件，大多提供不涉及数据安全法以及个人隐私保护等的行业数据，以平衡个人数据隐私安全、满足数据安全法律法规的要求。同时由于数据复制的边际成本趋近于零，数据供给方对需求方存在卖方不信任的情况，大量有价值的数据可能并不会被拿出来交易。这些都导致了目前交易平台上，可供交易的产品数量和种类不够丰富，阻碍了数据交易的大范围推广。

（七）标准化不足的原因

国内目前成立了数十个数据交易平台，各平台都在缺乏统一的标准体系、交易机制不健全的实际情况下，探索合规高效的数据交易制度。但是由于国家层面和地方层面均并未形成统一的交易规则，各平台摸索出来的运营模式和交易机制存在较大区别，造成了标准化不足的局面。

国家已经发布的交易标准有《信息技术—数据交易服务平台—交易数据描述》《信息技术—数据交易服务平台通用功能要求》《信息安全技术—数据交易服务安全要求》等，但数据价值评估、数据质量、数据产品交易过程、交易监管等关键核心标准仍缺乏细化规范，需要进一步补足。从顶层设计来

〔1〕 刘婷婷、陈诗洋、郭建南：《我国大数据交易安全风险及应对思路》，载《信息通信技术》2021年第6期，第46页。

看，数据要素市场化、数据产品交易、数据治理等方面仍需要进行标准体系的统筹规划。

第四节　数据交易困境破解

一、完善相关法律法规

（一）明晰数据权属问题

建立产权制度，明确产权的边界，可以减少交易成本、避免产权冲突、促进数据流通。“数据二十条”在实践的基础上，总结经验，为中国数字经济制度下的产权制度发展指明了方向。

“数据二十条”根据数据来源和数据生成的特征，将数据分成了三类，分别是公共数据、企业数据、个人数据。在此基础上，“数据二十条”明确提出了建立公共数据、个人数据、企业数据三类数据分类分级确权授权制度。

对于公共数据而言，“数据二十条”明确了公共数据的范围，即国家机关、法律法规规章授权的具有管理公共事务职能的组织以及供水、供电、供气、公共交通等公共服务运营单位，在依法履行职责或者提供公共服务过程中收集产生的数据。就公共数据而言，开放共享是原则。与政府信息公开相比，政府数据开放，范围更广，开放层次更深。“数据二十条”提出，要“加强公共数据汇聚共享和开放开发”“统筹授权使用和管理”，实现互联互通，打破数据孤岛，探索公共数据授权运营的新机制。

对于企业数据而言，“数据二十条”明确了企业数据的范围，即由企业采集加工产生，并排除其中涉及个人信息（个人数据）和公共利益（公共数据）的部分。互联网时代，数据已经成为企业的一种重要资产，因此需要“保障其投入的劳动和其他要素贡献获得合理回报”。数据要素分配公平和数据市场的可持续发展，高度依赖于数据市场的市场结构。因此“数据二十条”提出，要“引导行业龙头企业、互联网平台企业发挥带动作用”，即鼓励国企、行业龙头企业、互联网平台企业带头探索数据授权使用的新模式和新路径，通过合规流通途径，为市场提供高质量的供给数据，促进与中小微企业的双向公平授权。

对于个人数据而言，“数据二十条”提出了授权使用、依法保护的基本方法。要在尊重个人意愿的前提下，在信息主体授权范围内依法采集、持有、托管和使用数据，不得采取“一揽子授权”、强制同意等方式过度收集个人信息，要促进个人信息合理利用。在企业利用个人信息的背景下，提出了探索个人信息数据信托机制，即由受托者代表个人利益、监督市场主体对个人信息数据进行采集、加工和使用。在国家机关对涉及国家安全的个人信息有需求时，有关单位和主管部门可以依法依规获得使用该特殊个人信息的授权。

（二）完善数据产权运行机制

在数据产权的运行机制上，“数据二十条”分别界定了数据生产、流通、使用中各参与方享有的合法权利，创造性地提出了数据资源持有权、数据加工使用权、数据产品经营权，“三权分置”的权利结构。数据资源持有权是对数据控制事实状态的确权承认，保护数据资源持有者的权益。数据加工使用权是一种包含对数据进行加工、使用权能的复合权益；数据产品经营权是一种包含对数据产品进行收益、经营权能的复合权益。在该“三权分置”的结构中，不同权利主体和客体之间是结构性关系，而非派生关系。结合不同的参与主体、参与环节与参与方式，基本可以对应到当前法律已有的合同性权益、财产性权益、知识产权性质权益、竞争性权益等不同层次的数据权益保护规则。

“数据二十条”淡化了传统法律观念上的所有权概念，强调具体数据流通环节下各主体的使用权，认可了实践中数据产品是由多方主体共同协作生产的结果。各主体可以通过数据产品化这一方式，将劳动、资本等生产要素附着在数据要素上，提供更高质量的数据要素供给。同时，也享受法律赋予的权利和主体地位。各主体能够边界清晰、合理合法地利用数据权利，有效减少数据交易的成本，促进数据使用价值复用与充分利用，促进数据使用权交换和市场化流通，推动数据快速进入数字经济的生产活动之中。

二、加快探索数据产品定价机制

数据定价是数据要素资产化、实现数据价值的重要一步。但是由于数据的特性，难以对数据产品进行定价。如数据的价值高度依赖使用场景，因此在不同场景中可能会“千人千价”。同时，数据产品具有非排他性，其复制成本接近于零，一旦卖出，就可以被无限复制、传播等。尽管国内外有多种定价方法和模型，但全球范围内尚未形成较为成熟的定价体系，对于不同方法和模型的适用场景仍缺乏合理性的论证。因此，仍需进一步完善数据要素的定价理论体系。

“数据二十条”中对数据产品定价的问题有所提及，提到要“研究数据要素定价模式和价格形成机制”“推动用于数字化发展的公共数据按政府指导定价有偿使用、企业与个人信息数据市场自主定价”。国家层面关于数据定价的相关部署，在更早些的《中共中央、国务院关于构建更加完善的要素市场化配置体制机制的意见》（以下简称《意见》）中有更详细的体现。《意见》指出，要健全数据要素市场体系，完善主要由市场决定数据要素价格机制，推动数据构建数据要素价格公示和动态监测预警体系，完善数据要素市场价格异常波动调节机制，加强数据要素价格反垄断工作，维护数据要素市场价格秩序。全面贯彻落实以增加知识价值为导向的收入分配政策，健全数据要素由市场评价贡献、按贡献决定报酬的机制，充分体现数据要素的价值。要素配置依据市场规则、市场价格、市场竞争实现效益最大化和效率最优化。

（一）要探索各类数据资源的配置模式

不同类型的数据，在不同的场景下适用对应不同的配置模式。对于公共数据，政府与市场相结合，政府指导定价，有效利用市场机制，实现公平和效率的平衡。除了政府与市场相结合的定价机制外，还应加强数据共享平台的建设，确保数据在合法合规的前提下，能够高效、安全地在各部门间流通。同时，建立健全的数据使用监管机制，对公共数据的访问、使用、存储等各个环节进行严格的监控和管理，防止数据泄露和滥用，保障公民的个人信息安全。

对于非公共数据，应充分发挥市场机制的作用，遵循价值规律，建立市场竞争和优胜劣汰机制，实现资源配置的效益最大化和效率最优化，促进数据价值有序释放。市场机制虽应占据主导地位，但同样不能忽视数据安全与隐私保护。企业应建立完善的数据管理制度，对收集、处理、存储的数据进行加密保护，防止数据被非法获取和利用。同时，积极参与行业自律，遵守相关法律法规，共同维护数据市场的健康秩序。

此外，随着大数据、人工智能等技术的快速发展，数据资源的配置模式也在不断演变。我们应积极探索新技术在数据资源配置中的应用，如利用区块链技术提升数据交易的透明度和可信度，利用人工智能技术优化数据资源的分配和使用等。这些新技术的应用将有助于进一步提升数据资源的配置效率，释放更大的数据价值。

（二）培育良好数据市场生态

由于数据产品价格高度依赖使用场景，因此应当制定依托使用场景和数据性质的差异化定制机制，培育多场景、优配置、高效率、细布局的数据市场生态。

在构建这一多元化且高效的数据市场生态时，我们还需要着重关注以下几个方面的发展与深化：

（1）强化数据治理与标准建设。数据的质量、安全性和合规性是市场健康发展的基石。应建立统一的数据分类、编码、存储、处理及交换标准，确保数据的互操作性，降低跨平台、跨领域数据流通的障碍。同时，加强数据治理体系建设，包括数据质量监控、安全审计、隐私保护等机制，确保数据在采集、处理、交易及应用的全生命周期中都能得到妥善管理。

（2）推动技术创新与应用落地。技术创新是推动数据市场生态繁荣的关键驱动力。应鼓励和支持大数据、人工智能、区块链等先进技术在数据处理、分析、交易及安全保护等方面的应用，提升数据处理效率与精度，降低交易成本，增强市场透明度。同时，通过设立创新孵化平台、举办技术交流会等形式，促进技术创新成果的快速转化与应用落地。

（3）加强行业协作与生态共建。数据市场的繁荣离不开各行业的紧密协作与生态共建。应建立跨行业的数据共享与交换机制，促进数据在不同行业间的流动与融合，形成数据驱动的新业态、新模式。同时，鼓励企业、研究机构、高校等多元主体共同参与数据市场生态的建设，通过联合研发、资源共享、人才培养等方式，构建开放合作、互利共赢的数据市场生态。

（4）注重人才培养与技能提升。人才是数据市场生态发展的核心要素。应加大对数据科学、数据分析、数据工程等相关领域人才的培养力度，建立完善的人才培养体系，提高人才的专业素养和创新能力。同时，通过举办培训课程、在线学习平台、实战演练等方式，帮助从业人员不断提升技能水平，适应数据市场快速发展的需要。

培育良好数据市场生态是一个系统工程，需要政府、企业、社会等各方共同努力，从数据治理、技术创新、行业协作、人才培养等多个方面入手，推动数据市场向多场景、优配置、高效率、细布局的方向发展。

（三）健全数据产品的价格监督机制

在市场经济下，数据要素市场可能已经存在资源错配、价格严重偏离价值的问题，因此有必要建立价格的监督和调控机制，进行有效监管和合理调控。[1]

（1）建立数据产品价值评估体系。鉴于数据作为新兴生产要素的特殊性，其价值的评估往往复杂且多变。因此，构建一个科学、公正、可量化的数据产品价值评估体系至关重要。这一体系应综合考虑数据的稀缺性、时效性、准确性、完整性以及潜在的应用价值等因素，为数据交易提供合理的价格参考基准。

（2）推广数据交易标准化合同。为了减少交易双方因信息不对称、条款不明确而产生的纠纷，应积极推动数据交易合同的标准化制定。标准化合同应明确界定数据的权属、使用范围、保密要求、违约责任等关键条款，确保交易双方的权益得到有效保障。

（3）强化数据交易平台的监管作用。数据交易平台作为连接数据供需双方的重要桥梁，其监管作用不容忽视。应加强对平台的监管力度，要求平台建立健全的审核机制、交易监测系统和投诉处理机制，确保平台上交易的数据产品合法合规、价格合理。

在价格反垄断工作上，既要破除数据霸权，又要平衡对数据优势企业的数据资产权益的保护。治理数据垄断既可以监管数据价值释放的全过程，也可以针对性治理数据的生产源头或流通中的某一环节。总之可以同时使用多种举措，优化数据价格机制，遏制数据垄断行为，保证公平竞价。

三、推进公共数据开放

政府部门在其日常事务中积累了大量的数据，涉及社会运行的各个方面，规模宏观，而且真实度、完整度高、互补性好。但是由于各部门数据开放的制度不健全、信息软硬件基础不完善、担忧出现数据安全的风险等原因，政府数据整合公开的程度仍较低，数据孤岛的现象仍比较明显。对此，“数据二十条”提出要“加强公共数据汇聚共享和开放开发”“统筹授权使用和管理”。

---

〔1〕欧阳日辉：《完善数据要素定价制度是实现市场化配置的关键》，载《中国发展观察》2022年第7期，第28页。

（一）建立统一规范

要实现数据共享、统筹授权使用。首先，需要构建统一规范、互联互通、安全可控，全国一体化的公共数据开放平台。通过统一平台，有序推进国务院部门垂直管理业务系统与地方数据平台、业务系统数据双向共享。不同层级、不同部门、不同职能之间的公共数据能够打破部门壁垒，实现共享交换。公共数据提供、使用、管理等各相关方的权利和责任也要明确，形成运行高效的公共数据运行工作机制。

（二）及时调整开放目录

要更好地实现公共数据开放，还要统一公共数据共享目录并及时调整。公共数据共享目录应当包括公共数据内容、形式、类型、条件、更新频率和公共数据的收集、审核、提供机构等基本信息。根据目录分步骤、分批次扩大数据开放，对于社会需求迫切、商业增值显著的公共数据应当优先开放。优先开放的具体范围的确定，应征求有关行业协会、企业、社会公众和行业主管部门的意见。被列入禁止开放目录行列的公共数据，不得授权运营。

“公共数据开放是否要收费”一直是一个争论不休的问题。完全无偿开放，可能会导致一些公共数据服务机构没有足够的资金支撑，进行人才、设施、技术等方面的投入，以提供公共数据开放的服务。“数据二十条”为该争议指明了方向，提出“探索用于产业发展、行业发展的公共数据有条件有偿使用”以及配套的公共数据指导定价等举措。推动公共数据按政府指导定价有偿使用。这既考虑了公共数据的公益属性，又考虑了开放公共数据需要成本投入的现实，能够充分调动政府开放数据的积极性。在公共数据无偿公益性服务的基础上，为了产业和行业发展，挖掘其更大的增值点和商业点，形成更加丰富、优质的公共数据服务，发挥公共数据的价值，促进并规范公共数据的商业利用。另外，公共数据的收益分配机制与非公共数据不同，其公共性的特征决定了其产生的收益不应属于某一个或某少数部门所有。政府应当加大调节力度，探索公共数据开放的合理的收益分配机制，体现效率的同时兼顾公平。

（三）完善公共数据安全保障体系

公共数据往往涉及公共利益和公共安全，公共数据一旦泄露，后果不堪设想。在公共数据开放的安全问题上，“数据二十条”也做了相应规划。首先，在数据治理的全过程中都要注重安全问题，提出要“建立安全可控、弹性包容的数据要素治理制度”；针对公共数据，更是要求“原始数据不出域、数据可用不可见”。要满足这个要求，必须建立安全可控、集约高效的基础环境，以算法模型、核验接口、数据沙箱等技术服务形式利用公共数据，并提供充足的算力资源支撑，从根本上规避公共数据失控、滥用、泄露的风险，平衡公共数据开放与公共数据安全的关系。同时，相应的保密审查和安全管理的法律制度也要予以完善，依法依规管控不应公开的原始公共数据直接进入市场，保障应予以保密的公共数据不开放。但是对不承载个人信息和不影响公共安全的公共数据，应推动加大供给。

四、完善数据交易相关体系

（一）完善数据交易监管体系

目前我国数据产品交易处于起步发展的阶段，适当的监管对于建立一个规范化的交易市场而言是必要的。由于数据交易涉及市场监管、公安、工信等多个部门，监管责任划分不明确，缺乏专业性和系统性，因此监管一直缺位。各种交易纠纷、侵犯隐私权的违法行为及非法收集、买卖个人信息等黑灰产业一直存在，市场秩序混乱。为了防止“劣币驱逐良币”的现象侵害数据相关利益者的权益，影响数据交易市场的建设，必须坚决严厉打击黑市交易，依法取缔数据流通黑灰色产业。

“数据二十条”明确提出要“加强企业数据合规体系建设和监管，严厉打击黑市交易，取缔数据流通非法产业”。对此，首先要加强数据安全风险评估、监测预警和应急处置体系，制定数据安全的评估标准，推动数据流通的可溯源性、可审计性。可以运用密码学、区块链等技术，开发现代化的监管沙箱，进行穿透式的、数据全生命周期的监管，推动数据交易的规范化、制度化。需要在加强对供需两方的数据治理与合规体系建设的同时，将数据流通市场监管纳入市场经济监管体制。实现政府对数据的监管，设立相关监管部门是首要，其后应明确数据交易监管部门监管所依据的法律法规规章及职责范围。数据交易平台也应发挥监管作用，落实对数据交易中的交易主体、交易异常、数据安全、隐私保护等方面的监管责任。

找到数据交易市场发展和监管的平衡点，对待新业态，坚持包容审慎的监管原则。在积极推进数据交易市场发展的前提下，进行监管保障数据依法有序流动，避免因监管阻碍发展。同时也要保障监管力度，不能因为顾虑监管可能影响发展而不敢管、不会管，导致监管失位。在鼓励创新、平等保护的原则下，对数据交易行为和应用进行规范化管理，建立数据流通利用安全风险防控和数据交易维权投诉机制，建立健全包容创新的容错纠错机制和监管体系，打击非法数据交易，增强数据流通的监管力度。探索弹性监管和柔性治理模式，构建新型监管体系，积极利用信用监管和智慧监管，从强制性惩戒性监管转变为自主性激励性监管，最终坚持数据发展与监管并重，实现数据要素的高效安全流通。

（二）完善数据交易生态体系

我国当前数据交易平台发展滞缓的缘由之一，在于其职能范围的不当扩张，即承担了本应归属于第三方数据服务商的数据加工与挖掘等职责，而在此领域却未实现深度拓展。此外，数据交易平台在公益性质与市场属性之间的界限模糊，未能实现有效区分，进而引发了发展目标上的偏离与混乱。

因此“数据二十条”提出“所商分离”“培育数据要素流通和交易服务生态”。重点培育一批数据商和第三方服务机构（统称为数商），这是加快培育数据要素市场不可缺少的重要组成部分。提升数据流通和交易全流程服务能力，最终构建协同创新、错位互补、供需联动的数据流通交易多元生态体系。

“数据二十条”对数据交易平台进行功能剥离，使其仅剩公益属性，主要由政府事业单位或国企承担其监管交易公平与安全、实现数据产品标准化的交易撮合、价格生成、清结算等核心交易环节和功能。数商作为专业化的市场化实体，依托其深耕特定领域的产业资源与技术实力，展现出卓越的数据处理能力。它们不仅擅长从多元化的渠道中广泛搜罗，还善于从多家企业中精心整合各类数据产品。这一过程使得数据产品不仅更加多样化，而且更为综合全面，充分满足了市场的多元化需求。

数商的存在，极大地促进了数据产品需求方与供给方之间的交流与合作。它们如同桥梁一般，连接着数据的买卖双方，有效降低了交易过程中的各种成本，如搜寻成本、谈判成本等。同时，数商还通过其专业的服务，大幅提升了数据要素市场的配置效率，使得数据资源能够更快速、更准确地流向需要它们的地方，从而实现资源的最优配置。

其中，数据商侧重于作为数据产品供应商和中介增值服务商等，而第三方服务商指围绕着数据资源、产品化、资产化进程以及流通交易各个环节中的，除了交易平台和企业之外，提供相关服务的第三方服务商。

数商主要从三个方向发挥其作用：帮助数据交易双方开发数据资源、提供合规服务、撮合双方交易。首先，数商经数据资源供给方授权，可以通过汇集、聚合的方式，将供给方受成本限制而无法进一步开发的数据资源，开发为可利用的数据资源；也可以帮助数据需求方对数据进行分析及转换，开发算法模型，拓宽数据产品的形成方式。其次，数商可以通过核查数据来源、评估数据场景等方式，确保数据是在合法的范围内被加工处理，从而为数据交易提供相应的风险控制机制，保障数据产品的流通的安全和合规。最后，数商可以在数据商品入场交易时，为其提供标准化的描述，使数据商品能够匹配到更多的适用场景，让需求方根据自身的业务范围、适用场景，更深刻地发现数据需求、找到可用的数据产品。在价格上，数商也可以通过数据评价和估价为交易双方提供建议价格。最终协助解决数据要素市场信息不对称的问题，促进双方达成交易。

五、保障数据交易安全与统一

（一）保障数据交易安全

我国当前对数据安全的重视程度日益提升，政府正积极推动与数据安全紧密相关的产品及解决方案应用在多个领域，包括但不限于金融、交通、医疗等行业的快速落地实施。此外，政府还不断加强相关安全专业人才队伍的建设，以确保数据安全的全面保障。

通过成立中国网络安全协会大数据安全人才培养基地，来选拔国家级的数据安全合作单位，并开展相关的人员认证。用设立相关研究院、进行人员培训考核的方式，推进数据安全人才体系的建设。另外，也在各地设立数据安全示范区，以聚集数据安全相关的人才与企业，发挥集中统筹规划的方式，对其他地区形成指导效应。例如2018年贵阳在国家认证认可监督管理委员会的支持下建立了首个“大数据安全认证示范区”，初步形成了大数据安全产业发展的生态体系。在政策的推动下，数据安全产业不断发展、数据安全产品体系逐步完善、持续推进生态建设，为数据安全产业的后续发展提供了良好的环境。

近年来，在政府的大力推动下，与数据安全和网络安全相关的企业呈现爆发式的增长，各数据安全企业也在快速发展。许多企业旗下的数据安全产品和解决方案已经通过了国家信息中心、保密局、公安部等权威部门的认证，与多家政府及非政府单位展开持续的合作。但是数据安全企业的发展仍然存在进步空间。首先，企业可以深入探索数据安全防泄露工具，推动敏感数据识别技术向更高的智能化方向发展。其次，多样化发展非结构化数据库安全的防护手段。目前，仅结构化数据库的全流程安全保障技术体系是较为成熟的，但是非结构化数据库安全的防护手段比较单一。再次，加快推进开展数据追踪溯源技术的大规模应用实践研究。目前该技术仍处于研究验证阶段，仅部分行业龙头企业在探索其实践应用、产业化的适用范围还不够广泛。最后，传统的匿名技术存在较大的技术漏洞，容易被破解，需要细化发展更多样的数据加密技术手段。

数据安全保障的难题需要政府和企业双方携手努力，不断增强数据交易过程中安全保障的技术能力，发展更多覆盖全数字生命周期的安全保障技术措施，建立健全数据交易的技术管理体系，最终实现对数据交易安全风险的实时监测、异常预警和溯源处置。

（二）构建数据交易标准化体系

制定统一的技术标准和数据产品的标准是目前国内外共同的关注热点。为了降低企业的交易成本，促进数据产品的市场流通，数据产品交易各环节的标准化是不可或缺的。我国应搭建一个完整的数据平台产品交易标准体系，其下应当包括基础通用标准、数据产品标准、交易服务标准、交易保障标准、交易监管标准。

基础通用标准下，应当包括术语定义标准、标识编码标准和交易指南标准，主要规范数据产品的基础性、通用性、指导性标准。术语定义标准制定数据产品及产品交易相关的概念术语标准。标识编码标准针对不同类型的数据产品的标识编码、交易代号等。交易指南标准针对的是数据产品交易的全流程过程。

数据产品标准下分为产品管理标准和交易准入标准等。产品管理主要是交易所根据不同类型的数据产品进行管理、分类分级。交易准入标准是数据交易所针对来所交易的数据产品的数据质量、数据来源、数据合法性进行的标准规范。

交易服务标准包括数据产品交易过程标准、交易衍生服务标准及售后服务标准。交易过程服务标准规范交易所内产品交易的交易流程，包括数据产品登记、交易申请等服务的相关规范。交易衍生服务标准规范下主要包含撮合服务、交易代理服务、交易审计服务等。售后服务标准是指产品交易完成后，数据交易所提供相关服务的标准。

交易保障标准包括技术保障标准、平台保障标准、安全保障标准等。技术保障标准针对的是交易全过程中涉及数据的相关标准，如隐私计算、区块链等的规范和要求。平台保障标准针对的是平台对数据交易进行保障的架构、接口、功能等方面输出的架构规范；安全保障标准针对用户隐私保护、交易应急管理等。

监管与治理标准分为平台监管标准和交易监管标准。平台监管标准针对平台监管技术要求指南、平台进行反不正当竞争等的标准规范，交易监管标准针对平台对交易进行监管时，涉及的监管手段和流程等的规范。

我国目前在数据产品标准体系中，已对产品管理、交易保障中的技术、平台及安全等方面制定了较为完备的国家标准。然而，在交易服务与交易监管领域，相关标准仍显不足，亟须加强。为此，需全面规划数据产品交易标准化的顶层架构，深化对数据产品交易理论框架的构建，通过整合实践经验，解决实践中的难点问题，并开展一系列基础性、系统性的专项理论研究，以期指导并完善数据产品交易标准体系。同时，需积极协调政府、交易机构、服务机构及企业等各方主体，共同推进相关研究，确保法律法规与技术保障之间的有效衔接，致力于构建一个全国范围内规范统一、高效有序的数据产品交易市场。

第三章

数据要素的确权与授权

第一节　数据要素确权的逻辑依据

中共中央、国务院在2020年发布了《关于构建更加完善的要素市场化配置体制机制的意见》，明确将数据要素的市场化配置列为要素市场制度建设的方向和重点改革任务之一。随后，2022年再次发布"数据二十条"，明确指出要"探索建立数据产权制度，推动数据产权结构性分置和有序流通""建立公共数据、企业数据、个人数据的分类分级确权授权制度"。只有产权清晰的数据才能在分离所有权和使用权后顺利进入要素市场，实现数据要素在生产部门的再分配以及数据所有者的交易权和收益权，但我国立法尚未对此作出规定。因此，数据产权及其相关权能的界定缺失仍然是数据要素市场化配置的主要障碍。

数据确权并非一个新生的议题，但由于数据受制于信息的内容而难以抽象界定和评价，研究者们对相关问题仍然是众说纷纭：在数据权利属性中存在债权、知识产权、用益物权、新型权利等观点，在数据权能类型中存在使用权、所有权、控制权、携带权、排他权等观点。同时，数据确权的立法进程面临停滞，其深层次原因在于多数研究者在构建数据产权制度框架时，倾向于将数据归属于某一明确主体，并试图将其纳入单一权利体系的范畴内进行规制。然而，鉴于数据涉及多方利益的复杂性与特殊性，这种单一归属与约束的方式难以适应数据权利的实际情况，导致数据确权难以有效嵌入现有的权利体系之中。为此，本书拟立足我国国情，借助洛克财产权论、"权利束"理论和无体物规则证立数据产权化的正当性，更为重要的是，力求摆脱传统财产权属性的桎梏，在“数据二十条”的指引下，推动数据产权结构性分置，类型化探讨个人数据、企业数据以及公共数据的分类分级确权授权制度，以希冀为日后数据要素权属制度的落地提供借鉴。

一、数据要素确权的现实需求

数据确权在我国的现实需要主要表现在三方面：一是数据资源大国、开发利用强国和全民所有制经济要求数据确权；二是数据权属的缺失导致企业非法收集个人信息或爬取数据现象频发；三是数据权属制度的缺失导致司法实践普遍回避数据权属问题。

（一）数据资源大国、开发利用强国和全民所有制经济要求数据要素确权

各国在数据产权问题上所持的不同立场，其根源可深刻追溯至多方面的因素。一方面，各国所拥有的数据资源量及其开发利用能力之差异。以美国为例，鉴于其强大的数据开发利用能力，该国倾向于倡导数据的开放与有效利用，以此推动数据经济的繁荣发展。相对而言，欧盟、俄罗斯等国则更加注重数据的安全与隐私保护，对跨境数据传输持更为审慎的立场，这体现了它们对数据安全的高度重视。另一方面，各国的经济体制亦对数据产权主张产生深远影响。在欧美国家，数据资源多数掌握在私人企业手中，这一现状直接导致其政策制定与立法过程深受私人资本利益集团的影响。为维护私人企业的数据权益，这些国家往往倾向于强化私有企业对数据的产权控制与利用，从而确保其在全球数据竞争中的优势地位。

我国的数据资源情况与欧美等国家皆不相同，我国人口和企业数量多年来位居世界第一[1]，数据来源最广泛，已有和潜在的数据量最大，数据资源类型也最为丰富，数据资源稳居世界第一。同时，我国高度重视数字经济的发展，政府和企业积极投身于数据的开发利用，人工智能专利申请量位居世界第一，已成为数据需求大国和开发利用强国。目前我国主要的大数据都掌握在互联网行业巨头以及政府部门。例如，拼多多、淘宝和京东作为电商平台拥有最多的电子商务消费数据，以搜索引擎起家的百度、搜狗等拥有最多的搜索数据，新浪微博、腾讯的微信和 QQ 则垄断着海量社交数据。政府部门

---

[1] 据统计，截至 2024 年 3 月 26 日，印度以 1 428 628 000 人位居第一，成为世界上人口第一的国家。

作为主体，获取数据的总量虽不如互联网企业，但在数据获取渠道、数据获取质量和数据结构等多方面要比互联网企业有明显优势，因此，政府部门也掌握着诸多互联网企业难以存储和利用的关键数据。[1]但除政府数据外，各类互联网企业除在特定情况下向相关政府部门、高等院校、科研院所有限开放之外，仍然以自我开发利用为主。这导致这些互联网企业积攒的大量互联网、物联网数据，大多数仍处于互相割裂、难以流动、无法打通的“数据孤岛”状态。当前我国正处于经济社会的全面数字化转型进程中，需要大量的数据资源参与生产过程，但由于数据产权及其交易规则的缺失，导致难以实现大数据的充分扩散、大范围共享和市场化流通。

此外，区别于欧美国家以资本集团利益为导向的政策和立法思想，我国是社会主义国家，国有资产是社会主义经济制度的物质基础，建立在国有资产基础上的全民所有制经济是国民经济的主导力量，应从数量和质量上加强数据资源在国有资产中的比重，强化数据资源的国家所有权和对非国有数据资源的管理权，从而在国内层面有助于促进数字经济的有序、高效发展，在国际层面有利于我国行使数据资源管辖权，防止企业（特别是外资跨国企业）借助互联网，将在我国境内取得的数据资源无形、轻易地流失境外。因此，为实现我国经济社会的全面数字化转型，推动我国数字经济的发展，同时出于社会公共利益和国家利益的考量，需要通过立法构建数据产权制度，从源头解决我国数据资源全面开发利用和强化数据资源的国家所有权的问题。

（二）数据要素权属制度的缺失导致企业非法收集个人信息或爬取数据现象频发

数据资源的重要价值已经广为人知，但由于当前数据产权制度缺失且其他法律规定不明，部分企业利用立法漏洞，在数据资源尚处于“蛮荒状态”的情形下，乘机大肆收集个人信息或爬取其他企业掌握的数据进行不正当竞争。

相较于其他竞争类型，网络数据爬虫可以说是最复杂的不正当竞争案件。最常见的数据爬取主体是通用搜索引擎，典型如谷歌、百度和必应。对于搜索引擎而言，搜索引擎通过爬虫技术实现了信息的高效获取与汇集；而对于

[1] 参见田杰棠、刘露瑶：《交易模式、权利界定与数据要素市场培育》，载《改革》2020年第7期，第20页。

被爬虫的网页而言，这些网页也通过搜索引擎的链接而得到了推广。[1]但即使是有诸多好处，也并非所有被爬虫的网页都愿意被爬取来宣传。目前互联网从业者逐渐发展出两种通行的手段来反爬虫：一是通过 Robots 协议来反爬虫，即由网站所有者生成一个明确了禁止爬虫抓取范围的指定的文件——Robot. txt，并置于网站服务器的根目录下。爬虫网站在抓取该网站的网页前，会先读取根目录中的 Robot. txt 文件，对于禁止抓取的网页不进行下载。[2]二是技术性反爬虫手段，即通过设置各种技术手段来防止爬虫机器人的访问。此种措施在日常网页浏览中极其常见。例如网站可以采用某些技术设定，当某一网页访问人数过多或访问频率过快时，网站就有理由怀疑该访问者为机器人，要求访问者在该网页输入验证码或识别某些图片来排除非人工访问。

但这两种通行的反爬虫手段均无法从源头解决法律适用中的根本问题。一方面，违反 Robots 协议进行数据爬虫是否违反市场竞争秩序尚存争议，盖因 Robots 协议的法律效力在立法上并未明确规定。从性质上来说，Robots 协议更接近于一个行业通用惯例，故 Robots 协议是否属于法律所认可的商业道德或规范，并不明确。[3]另一方面，技术性反爬虫手段本质上来说是一种私力救济手段，其无法具备公力救济手段的强制性与权威性。因此，通过技术手段来保护企业的合法数据利益始终存在缺陷，这仅为数据产权制度缺失的权宜之计，建立明晰的数据产权制度才是长久、治本之策。

（三）数据要素权属制度的缺失导致司法实践普遍回避数据权属问题

当前司法实践普遍回避数据权属问题，转而借助合同法、刑法、反不正当竞争法、网络安全法、数据安全法或个人信息保护法等公私法对相关纠纷进行事后规制。在目前出现的各种关于数据资源权属的纠纷案例中，尽管法官将数据资源作为一种特定的权益进行保护，但在法律适用上更多的仍然是采取不正当竞争或网络安全保护方面的规则来进行裁判。例如，在“淘宝

〔1〕参见丁晓东：《数据到底属于谁？——从网络爬虫看平台数据权属与数据保护》，载《华东政法大学学报》2019 年第 5 期，第 71 页。

〔2〕参见丁晓东：《数据到底属于谁？——从网络爬虫看平台数据权属与数据保护》，载《华东政法大学学报》2019 年第 5 期，第 71 页。

〔3〕参见丁晓东：《互联网反不正当竞争的法理思考与制度重构——以合同性与财产性权益保护为中心》，载《法学杂志》2021 年第 2 期，第 75~76 页。

(中国) 软件有限公司诉安徽美景信息科技有限公司不正当竞争纠纷案"[1]，法官的裁判理由虽明确了特定数据产品具有独立的财产性权益，但其所据以裁判的法律仍为《反不正当竞争法》与《网络安全法》。再如，在"新浪微博诉脉脉非法使用用户数据案"[2]中，法院在其判决书中明确了数据资源对于企业竞争的重大意义，承认了企业在一定程度上对数据资源享有合法财产性权益，同时强调在涉及个人信息流动或企业进行数据再利用时应给予用户、数据提供方保护及控制的权利。这某种程度上即对数据权属问题作了相应的界定。然而，该判决书亦未能明确微博用户信息的权属。类似的案例还有领英与 hiQ Labs 数据使用争议[3]，用户诉今日头条非法获取个人信息案[4]等。

由此可见，囿于物权法定原则和立法缺失的影响，且大陆法系的司法裁判不能如英美法般进行"法官造法"，法院无法直接确认相关主体对数据的财产所有权，仅能选择避开数据权属和权利类型不清晰的难题，转而从财产权益的保护路径出发，承认相关主体对其所控制的数据及衍生享有财产权益。[5]但这种权益的承认显然是不完整的。因此，为回应司法实践普遍回避数据权属的这一问题，维护相关主体对数据的合法权益，有必要在立法层面明确构建数据产权制度。

二、数据要素确权的理论基础

在界定数据产权及其相关权能之前，必须厘清一个问题：我国财产法律制度承继的是潘德克顿法学体系的物债二分模式，而当前在学理上，物权的客体被明确限定为有体物，有体物以外的其他财产形式均排除在物权的调整范围外。所谓有体物，是"物为有形之客体"，即"物是有形、可触觉并可支配的"[6]。

---

[1] 参见杭州市中级人民法院［2018］浙 01 民终 7312 号。

[2] 参见北京知识产权法院［2016］京 73 民终 588 号。

[3] 参见曾雄：《以 hiQ 诉 LinkedIn 案谈数据竞争法律问题》，载《互联网天地》2017 年第 8 期，第 49~54 页。

[4] 用户诉今日头条非法获取个人信息案在立案后已于 2020 年 9 月 27 日由原告提起撤诉申请，可参见北京市海淀区人民法院［2018］京 0108 民初 12675 号。

[5] 参见曾雄：《数据不正当竞争纠纷的司法实践——现存问题与解决路径》，载《信息安全与通信保密》2018 年第 11 期，第 69~73 页。

[6]［德］鲍尔、施蒂尔纳：《德国物权法》(下册)，申卫星、王洪亮译，法律出版社 2004 年版，第 22 页。

那么，以非物质性形态存在的数据资源何以能够产权化？据此，本书将从洛克财产权论、“权利束”理论以及无体物规则三个方面阐述数据产权化的学理基础。

（一）洛克财产权论是数据要素确权的理论依据

在借助洛克财产权论证成数据产权化的正当性之前，需要澄清一个问题：约翰·洛克（John Locke）在17世纪提出的劳动财产权论能否跨越时空界限，用以证成数字经济时代下的数据产权问题。答案是肯定的。洛克财产权论缘起于自然法，其目的在于证成财产权是先于国家存在的自然权利。作为自然法上的规则，洛克劳动财产权论当然地具有普适性和永恒性，可以突破时空界限，作为证成数据产权之正当性的理论工具。

洛克财产权论的证立是一种双层结构，需同时满足积极要件和消极要件，积极要件阐释的是人类得以支配特定共有物的正当性，消极要件阐释的是人类得以排他性占有特定共有物的正当性。这与法学理论中的财产权的两大类权能——支配性权能和排他性权能，是一一对应的。

就积极要件（支配性权能的证立）而言，洛克劳动财产权论大体上遵循以下逻辑线：从财产权产生的缘由，到财产权的形成（劳动是财产权取得的方式，财产权归属于劳动者），再到大多数劳动者失去基于私人劳动获得的财产权。

其一，洛克认为，“人类一出生即享有生存权利，因而可以享用肉食、饮料以及自然供应所供应的以维持他们的生存的其他物品”〔1〕，同时欲“设法说明，在上帝给予人类为人类所共有的东西中，人们如何能使其中的某些部分成为他们的财产，并且这还不必经过全体世人的明确协议”〔2〕。这充分反映出，财产权产生的缘由包括两个要素：共有和需求，其中“共有”是财产权产生的背景，即肉食、饮料等是上帝赋予人类共有的自然物；“需求”是财产权产生的理由，即人类出于满足自我生存的需求，可以占有上帝赋予人类共有的自然物。

当前已步入信息化时代，数据这一要素已经主导了经济和社会生活，人们从衣食住行到公共安全都被信息化。原本从农业时代到工业时代均以“物

〔1〕［英］洛克：《政府论》（下篇），叶启芳、瞿菊农译，商务印书馆1964年版，第18页。
〔2〕［英］洛克：《政府论》（下篇），叶启芳、瞿菊农译，商务印书馆1964年版，第18页。

理形式”存在于单一现实空间的自然人，已经逐步转变为以“数字形式”同时存在于现实与虚拟空间的“信息人”。[1]区别于传统状态下的自然人，“信息人”在实现自我生存过程中面临的数字鸿沟、信息茧房等挑战，无一不需要数据这一要素的支撑。从这一角度来说，数据是人类在信息化时代下的共有资源，也是实现自我生存必不可少的需求要素。由此数据也就具备了确立财产权的可能性。

其二，洛克提出了财产权的形成，即劳动是财产权取得的方式，财产权应归属于劳动者。洛克在其《政府论》中如此论述：“土地和一切低等动物为一切人所共有，但是每人对他自己的人身享有一种所有权，除他以外任何人都没有这种权利。他的身体所从事的劳动和他的双手所进行的工作，我们可以说，是正当地属于他的。”[2]可见，洛克从“人身排他性的所有权”推导出了“依赖人身所从事的私人劳动可获取所有权”，[3]且这一所有权归属于劳动者。

由于现代意义上的“劳动”更多指的是“生产”，包括各种营利性活动，涵盖物质产品、知识产品的制造和利用，以及提供各种服务等。[4]企业或政府机构通过引导用户使用机器设备、APP 应用软件等方式收集数据，并在此基础上对收集到的个人数据进行实时脱敏、清洗、审核和安全测试等行为，属于现代意义的“劳动”范畴。司法实践中已有相应观点。在“淘宝诉美景”案中，法院认为，“生意参谋”数据产品中的数据内容是淘宝公司付出了人力、物力、财力，并经过了长期经营积累形成的劳动成果，理应由淘宝公司享有该数据产品的收益。[5]因此，从这一角度来看，企业或政府机构通过“劳动”获取数据的产权与洛克的劳动赋权论之原理是契合的。但有一个问题是，企业、政府机构所处理的数据的本源仍然是个人在日常注册、登录并使用 APP 等过程中产生的数据，即个人才是数据领域最原始的“劳动者”，何以在前述情形下能够排除个人作为权利主体的可能性？这需要结合下文关于

〔1〕参见马长山：《智慧社会背景下的“第四代人权”及其保障》，载《中国法学》2019 年第 5 期，第 9 页。

〔2〕［英］洛克：《政府论》（下篇），叶启芳、瞿菊农译，商务印书馆 1964 年版，第 19 页。

〔3〕参见陈俊明：《劳动所有权理论：马克思对洛克的批判》，载《当代经济研究》2010 年第 11 期，第 1 页。

〔4〕参见高富平：《物权法原论》，法律出版社 2014 年版，第 518 页。

〔5〕参见杭州市中级人民法院民事判决书［2018］浙 01 民终 7312 号。

洛克对“大多数劳动者失去基于私人劳动获得的财产权”的论述进行解释。

其三，洛克在其《政府论》中说明，基于私人劳动取得的财产权并非无限、不变的，大多数劳动者最终会丧失这一财产权：在原始社会时期，人类开垦或耕种土地是同占有土地结合在一起的，[1]但“由于货币的出现和人类默许统一赋予土地以一种价值，形成了（基于同意）较大的占有和对土地的权利”[2]，以私人劳动获取财产权的法则被打破，逐渐演变成了可以通过货币较大地占有土地。货币最初起源于“物物交换”，即人们通过以物品换物品的方式来满足各自的生活所需，此后为了规避“物物交换”的不便才出现了货币。换言之，“可以通过货币较大地占有土地”的前提是各取所需。

在洛克的论述中，货币实际上指向的是学理上所言之“对价”，即以支付对价的方式来较大地占有“土地”。实务中，平台通常以提供 APP 无偿服务的方式来获取用户的个人数据，这实则也是“各取所需”：一方面用户个体可以利用平台提供的 APP 无偿服务来促使自己的日常生活更加便捷，满足自我需求；另一方面，平台通过海量收集、筛选并整理用户在网络空间中留下的数字痕迹，并经过深度加工和处理后，可以形成一种作为产品升级、平台制定营销计划的智慧决策。由于“对价之给付可以是作为，也可以是不作为，且对价不以等价为限，无论互易之利益是否等价均为对价”。[3]平台实际上是以“无偿服务”作为对价换取了对用户个人数据的占有和权利。

就消极要件（排他性权能）而言，洛克将劳动视为一种改良、增值行为，人们通过自身劳动改良外部世界，能够获得对改良、增值成果的所有权。[4]同时基于自身劳动取得财产权是对资源的初次分配，在数据资源总体有限的前提下，洛克提出了劳动获取财产权的一个限制性条件：人类在排他性占有特定共有物的同时需要为他人留存同样好且足够多的资源取得机会资源。[5]

---

〔1〕 参见陈俊明：《劳动所有权理论：马克思对洛克的批判》，载《当代经济研究》2010 年第 11 期，第 2 页。

〔2〕 [英] 洛克：《政府论》（下篇），叶启芳、瞿菊农译，商务印书馆 1964 年版，第 24 页。

〔3〕 傅鼎生：《义务的对价：双务合同之本质》，载《法学》2003 年第 12 期，第 72 页。

〔4〕 参见赵自轩：《网络虚拟财产原始取得的法律依据与权利归属》，载《西南政法大学学报》2020 年第 5 期，第 33 页。

〔5〕 洛克在《政府论》中强调要“留有足够的同样好的东西给其他人所共有”，并认为当一个人在利用劳动将土地划归私有时，只要留下了足够供给他人利用的土地，就“如同毫无所取一样”。参见 [英] 洛克：《政府论》（下篇），叶启芳、瞿菊农译，商务印书馆 1964 年版，第 18~19 页。

这一限制性条件可概括为资源充足留存要件。

资源充足留存要件在企业数据领域主要表现为数据垄断问题，即数据权利人能否为社会中的其他个人或企业留存充足的数据资源。当前数据垄断已经成为全球关注的热点问题。例如，2016 年德国联邦卡特尔局（Bundeskartellamt）就对 Facebook 启动了反垄断调查，指控 Facebook 在用户数据的采集和使用方面涉嫌滥用其在社交媒体市场上的支配地位，并在 2019 年 2 月 7 日公布了其对 Facebook 的调查决定，认定 Facebook 在用户数据的收集、整合和使用等方面存在滥用市场支配地位的行为。[1]实际上，数据产权化并不会造成数据垄断，仍然能够满足资源充足留存要件。盖因数据本质上是一种无形的比特流，其本身固有的“可复制性”决定了数据使用时存在非竞争性，即更多人使用同一数据并不会造成或加剧数据资源的稀缺性并降低其他人使用该数据的价值，也不会带来快速上升的边际成本（趋于零的边际成本）。[2]换言之，当一个企业对某一用户的姓名、性别、职业、身份证号码、手机号码等数据进行处理时，并不会排斥其他企业对相同数据的处理，且数据质量也不会因多人同时使用而有所减损。因此，当数据的开放与共享能够达到激活数据资产、打破数据孤岛的程度时，就能够在数据领域满足资源充足留存的限制性条件。

（二）“权利束”理论是数据要素确权的理论范式

数据产权化并非一个新生的议题，研究者们对此问题已经提出了诸多理论框架，包括“债权说”“知识产权说”“物权说”“新型权利说”等，但数据产权制度的立法推进仍然停滞不前，究其根源，是因为学者们的研究出发点基本是为了证成数据作为一种私有财产权的正当性，同时意在将数据归属于某一特定主体并受到某一特定权利体系的约束。但数据资源的收集、开发和利用攸关个人隐私和信息利益、社会公共利益、企业利益、国家安全利益等多方利益，由某一特定主体排他性地享有相关权利并不符合利益衡量的价值取向，同时数据的非竞争性、可复制性等特征也决定了其难以嵌入既有的某一种权利体系中。据此，应跳出传统财产权属的固有思维，借助以开放利

---

〔1〕 张怀印：《数字经济时代企业市场支配地位认定：基于德国反垄断执法案例的评析》，载《德国研究》2019 年第 4 期，第 114~129 页。

〔2〕 参见唐要家：《数据产权的经济分析》，载《社会科学辑刊》2021 年第 1 期，第 99 页。

用为价值逻辑的“权利束”理论来破解难题。

“权利束”的概念肇始于制度经济学中的产权理论，自 19 世纪以来在法学领域得到广泛的研究和发展。这一理论是从权利的视角来理解“财产”，为分析新财产提供了一个有力的框架。霍菲尔德作为权利束理论的集大成者，他认为，无论是否存在有体物作为权利的对象，财产都可以存在；财产是一种权利束，是由一系列的法律关系而非某种特定的关系所构成的。[1]英美财产法亦采此观点。在英美法系中，财产法本质上调整的是人与人之间的关系，“物”仅仅是这一法律关系产生的诱因。英美财产法是用“物”一词从抽象的角度表述财产（property）的。在劳森和拉登所著的《财产法》一书中，英美法中的“物”分为有体物（具体物）、无体物（抽象物）和诉体物（chose in action），其中诉体物指的是合同所创设的能够用以转让的权利。[2]上述这些“物”都被视为一种财产（property）。因此，英美法中的财产（property）既包括有体物，也包括抽象物；既指向客体，也指向客体的权利，[3]故英美法中的“property”既可以翻译成“财产”，也可以翻译成“财产权”。这就与“权利束”理论的观点不谋而合。总的来说，在权利束理论中的财产（权）是一个广泛的概念，指向的是一种可处分或转让的权利，置于权利之下的财产不仅涵盖了有体物、无体物，也囊括了包括债权在内的其他可处分或可转让的权利。

事实上，当我们将某样事物划归至财产范围时，往往是基于生活、生产的需要或出于支配（拥有）某一事物的目的。将这些事物认定为法律上之“财产”，主要也是为了从法律层面宣示我们对于这一“财产”享有一系列的法律权利，从而获得国家强制力保障。财产本身是“价值中立”的，不具有相应的价值判断，人们难以从中窥探出“财产”所涉及的人与人之间的法律关系。而对于法律人而言，对财产（物）的交易从严格意义上讲即是对财产（物）的权利的交易。正如科宾所言：“我们的财产观念已经改变，它已不再

---

〔1〕 参见王涌：《寻找法律概念的“最小公分母”——霍菲尔德法律概念分析思想研究》，载《比较法研究》1998 年第 2 期，第 151~165 页。

〔2〕 参见［英］F. H. 劳森、B. 拉登：《财产法》，施天涛等译，中国大百科全书出版社 1998 年版，第 3 页。

〔3〕 需要阐明的是，英美法中的财产并不包括债权，因为债权无法被人所直接支配并用以流转，其包括的是对可转让债权的支配权。

被视为物或作为某种客体而存在，而已经变成了单纯的法律关系的集束——权利、特权和义务免除。”〔1〕因此，只有从权利束的视角理解“财产”这一概念的实质内涵才具有真正的法律意义。

在“权利束”理论的视角中，“束点”是研究“权利束”体系的出发点和落脚点，其决定了这组权利中主体的数量、权利的种类，为价值与内部规则讨论提供了物质基础。〔2〕与物权的“一物一权”原则相区别，权利束理论下的权利主体可以同时拥有一个或多个权利束，不同权利束下，权利客体呈现出来的法律属性和价值取向也有所区别。平移至数据确权领域，数据确权可以理解为是一种以复数形态呈现出来的，多方面权利集合的权利束，其界定除所有权外还可以包括使用权、控制权、收益权、经营管理权等其他形式。〔3〕

运用“权利束”理论推进我国数据产权化进程具有理论与实践上的可行性。从理论上看，2021 年开始实施的《民法典》中融入了社会主义核心价值观，说明我国法学研究愈发重视社会公共利益和国家整体协调发展，而提出借助“权利束”理论来构建数据产权制度的根本原因，正是为了在数据资源关涉多方利益的现实境况下，探求平衡个人利益、集体利益和社会公共利益的可能径路。从实践上看，“权利束”理论在我国立法中已有体现，土地财产权体系的构建就是典型事例。例如，宅基地“三权分置”就是“权利束”理论在土地财产权体系构建中的应用，其旨在重塑宅基地使用权的“权利束”，分置所有权（政治功能）、资格权（保障功能）和使用权（财产功能）。

(三) 无体物规则是确立数据要素排他性的法教义学参照

排他性是产权理论的制度属性，其确立问题亦是财产权的核心问题。当前《民法典》第 127 条已经宣示性地肯认了数据的民事权益地位，故数据产权制度的构建必然需要考虑到如何合理内化于《民法典》框架体系的问题。我国财产法律制度承继了潘德克顿法学体系的物债二分模式。物债二分模式是以权利支配对象（客体）为基轴，从排他性的维度将财产权划分成了“对人权”与“对物权”，暂且不论数据能否纳入“对人权”的框架体系内，“对人

〔1〕［美］科宾：《对股票交换的评论》，载《耶鲁法律论评》1942 年第 31 期，转引自冉昊：《财产含义辨析：从英美私法的角度》，载《金陵法律评论》2005 年第 1 期，第 25 页。

〔2〕参见闫立东：《以“权利束”视角探究数据权利》，载《东方法学》2019 年第 2 期，第 61~62 页。

〔3〕参见何维达、杨仕辉：《现代西方产权理论》，中国财政经济出版社 1998 年版，第 50~57 页。

权”不具有排他性，其效力仅及于特定相对人，无法给予数据全面的法律保护。至于数据能否内化于“对物权”，即需要在追溯德国物权法的理论基础上进一步考量立法技术上能否确立数据的排他性、如何确立数据的排他性之问题。

德国物权法将物权的客体明确限定为有体物，将有体物以外的其他财产形式均排除在物权的调整范围外。所谓“有体物”，是“物为有形之客体”，即“物是有形、可触觉并可支配的”。依据“有体物”这一概念，空气、流水、海洋等不是物权法上的物，盖因其无法由人类支配。受到拘束的空气，如装在氧气罐中的氧气、储存在管道中的天然气等因人类通过技术实现了对其控制并被认定为“物”。“数据”本质上是一种无形的比特流，不具有有形、可触觉并可支配的特征，其本身固有的“可复制性”决定了数据使用时存在非竞争性，即更多人使用同一数据并不会造成或加剧数字资源的稀缺性并降低其他人使用该数据的价值，其他人同时使用该数据不仅不会带来快速上升的边际成本反而面临趋于零的边际成本。[1]倘若将数据作为产权的客体，即会出现产生被交易他方无限复制，难以公示主体权利边界的难题，又可言之数据产权的排他性被弱化甚至不具备排他性的难题。[2]这也是此前数据权利化进路面临重重障碍的关键因素之一。

事实上，德国理论界后来也发现“物必有体”的物权理论有其不周延之处，诸如权利质权、权利用益权等以权利为客体的事物难以适应物的支配权这一理论（也被德国学者称为“物权概念的有限性”）。于是，德国民事诉讼法在民事权利客体的概念上采用了“物”与“客体”的区分方式，前者指的是狭义上的有体物，能够被支配，后者则包括精神产品、权利（在技术上无法被占有）、收益等（统称为“无体物”），但不包括一般意义上的债权。[3]这也在理论界发展出了狭义的“物”与广义的“物”之区分。狭义的“物”指的是有体物，纳入德国物权法的调整范围。广义的“物”是财产权利客体的总称，涵盖了有体物、无体物和权利等。换言之，财产权并不一定要定位或投射到有形物之上，它也可以是一种抽象的存在（无体物、权利等），正如有学者言道：“在大陆法中，一种权利一旦可以脱离基础关系流转

〔1〕 参见唐要家：《数据产权的经济分析》，载《社会科学辑刊》2021年第1期，第99页。

〔2〕 参见何柯、陈悦之、陈家泽：《数据确权的理论逻辑与路径设计》，载《财经科学》2021年第3期，第51页。

〔3〕 参见高富平：《物权法原论》，法律出版社2014年版，第236页。

的话，即可以准用物权保护和物权的流转规则。”[1]这就反映了数据这种无形的“客体”，虽无法归入有体物之序列中，但可以相融于大陆法中的“无体物”之概念范畴，因此，在立法技术上如何确立数据的排他性可比照财产法律制度中的无体物规则。

以“精神产品”为例，精神产品是最为典型的狭义上的“无体物”，依据德国法的规定，应由知识产权法调整，盖因精神产品仅仅是其载体表现为某种物，而其真正价值是精神产品内在蕴含的创造性、新颖性等特征，其负载的经济利益亦需要特别机关依据知识产权法判断。可见，有体物与无体物在独占性的内涵与外延上存在差异。在既有法律秩序中，有体物与无体物在其独占性实现上亦有所区别，即有体物的独占性是通过对物的直接或间接占有来实现的，而无体物则借助法律的规定，通过限制未经权利人授权的他人的使用、复制、销售等行为来实现其独占性。以法律规定的形式来实现权利客体的排他性在国内外也有相关实例，例如，《通用数据保护条例》(GDPR)第20条第1款规定了“可携带权”：“数据主体应有权以结构化的，常用的且可机读的方式接收由他/她提供给控制者的有关其自身的数据，并有权将这些数据转移至其他控制者处，且不会受到已向其提供个人数据的控制者的阻碍。”此即通过规定数据收集和处理者的相关义务的方式反向明晰数据主体对相关数据的控制性权利。从上述角度出发，可以比照无体物的相关法律规则，通过法律规定的方式明晰义务主体的行为边界，从而反向确立数据财产的具体利益内容。

诚然，尽管我们在马克思劳动价值论和洛克劳动财产论的证成下可以对数据的财产权属性进行确定，同时利用产权理论框架能够在契合数据资源的特殊性之基础上推进数据产权制度的构建，但这并不意味着可以忽视数据这种产权客体的权利边界难以区分，以及可被无限复制等因素对其排他性确立所造成的不利影响，且数据这种无形物区别于传统财产权的客体，其承载着不同主体之间分层次的复杂的产权关系。因此，即便从理论的角度能够确认数据的产权属性是合理的，其相关制度安排在理论层面亦是可行的，但数据产权的具体应用架构及其边界仍然需要在产权理论框架下进一步商榷。

---

[1] 参见高富平、吴一鸣：《英美不动产法：兼与大陆法比较》，清华大学出版社2007年版，第71页。

三、数据要素确权的实践模式

（一）数据要素确权的实践障碍

数据确权并非一个新生的议题，学者们对此路径的讨论与关注由来已久，既有研究成果颇丰。但数据确权的立法推进仍然停滞不前，这与数据本身存在的多重利益复杂交织、法律性质多维衍变等特性密切相关，这些特性构成了数据确权的现实障碍。

1. 数据要素的多重利益复杂交织

数据上附着的利益是多元的，其承载的财产利益、人格利益、社会公共利益以及国家数据安全利益已在理论界达成共识。就财产利益而言，数据作为企业创新和营销的重要资源，是信息时代下企业追求商业价值的核心竞争力。就人格利益而言，数据的本质是个人或用户数据的集合，必然涉及人格利益的保护。就社会公共利益而言，数据是我国发展数字经济的重要推手，但实践中单一的个人或用户数据的价值有限，高水平、高质量的数据集合需要依赖数据从业者投资开发数据技术并对海量数据作技术处理。[1]就国家数据安全利益而言，数据作为信息时代的关键生产要素，其重要性使得数据本地化存储和跨境数据流动管控成为各国立法的普遍选择。基于海量数据并利用数据分析、存储和计算技术能够预测国家政治、经济和文化发展态势，分析国内外贸易情况，更甚者能够制造舆论，进而影响一国的社会思潮和政治局势等。制度规范的构建本质上是利益冲突的调试和解决，但数据所承载的多重利益关系呈现出复杂交织的形态，难以区隔与析离。这就决定了数据产权化需要的是差异化的权属配置机制，简单赋予数据单一类型的财产权必然无法平衡各方利益。

2. 数据要素的法律属性多维衍变

数据的生产涵盖了收集、储存和处理等环节，形成了“数据收集—数据脱敏—数据清洗—数据审核—安全测试”的全链条。在生产过程中，数据发生了从数据源到数据集合再到数据产品的不同阶段的形态转换，而不同形态的数据之法律属性必然存在差异。换言之，数据资源的非竞争性、排他性等特性，是不同形态的数据资源在特定场景或不同阶段下的法律属性的折射。有学者也关注到了此问题，并以个人信息集合为例，将个人信息从数据源到

〔1〕 参见龙卫球：《再论企业数据保护的财产权化路径》，载《东方法学》2018年第3期，第58~59页。

数据集合的形态转化所引发的法律属性变迁，整体归纳为从强人格属性到强财产属性的变迁。[1]基于数据不同阶段的形态转换和法律属性变迁，与数据相关纠纷案件的利益诉求也呈现出变化。例如，在企业所掌握的个人信息源未经去识别化处理前，相关纠纷的焦点主要为个人信息所荷载的人格利益。而当企业所掌握的个人信息源的识别性经由数字集成技术稀释、去除并汇聚成数据集合后，相关纠纷的焦点即由人格利益之争演变为对整体数据集合的争夺。数据生产过程中的阶段性形态转换所引起的法律属性和利益诉求变迁，决定了数据难以嵌入既有的某一种特定权利体系中。简单地将所有的数据产权化，并由某一特定主体排他性地享有相关权利，不仅难以平衡各方利益，且极有可能形成数据专有垄断或数据孤岛的两极局面。

（二）破解范式：产权理论框架下的数据要素类型化确权路径

党的二十大报告提出要“加快发展数字经济，促进数字经济和实体经济深度融合”“建设数字中国”“完善产权保护”“深化要素市场化改革”。“数据二十条”首次提出要“建立数据资源持有权、数据加工使用权、数据产品经营权等分置的产权运行机制”，为构建数据产权制度体系明确了新方向。

一直难以解决数据确权的理论基础并推进数据产权制度立法的根本原因是，除公共数据外，学者们的研究出发点基本是为了证成数据作为一种私有财产权的正当性，同时意在将数据归属于某一特定主体。然而，数据的非竞争性、可复制性等特征决定了其难以嵌入既有的某一种权利体系中，且数据攸关多方利益，由某一特定主体排他性地享有相关权利并不符合利益衡量的价值取向。据此，应跳出传统财产权属的固有思维，以开放利用的价值逻辑为基础，在产权理论的框架体系下进行数据确权。

产权理论源于古典经济和新古典经济学以及制度学派，自罗纳德·哈里·科斯（Ronald H. Coase）的《社会成本问题》发表后开始兴起和发展。[2]最初经济学家们只是将“产权”视为一种单一的所有权，随着产权理论的发展，研究者们对“产权”一词的定义产生了不同的解释，具体包括“所有权说”“法律说”“社会关系说”“功能说”四种观点（此概括可能不十分全面，但

〔1〕参见姬蕾蕾：《企业数据保护的司法困境与破局之维：类型化确权之路》，载《法学论坛》2022年第3期，第114页。

〔2〕See Coase R. Harry, “The Problem of Social Cost”, *Journal of Law and Economics*, Vol. 56, 3 (2013), pp. 837~877.

大体上反映了经济学家关于产权定义的主要观点)。“所有权说”将产权等同于所有权，并认为所有权是一种包含因财产而发生的人们之间的社会关系的权利束。[1]“法律说”认为产权是一系列旨在保障人们对财产的排他性权威的制度规则。[2]“社会关系说”强调产权指向的并非人与物间的关系，而应当是基于物的存在并由该物的使用所引发的人与人之间的行为关系。[3]“功能说”并非对产权作出一般意义上的解释，而是将产权视为一种多方面权利集合的权利束，并从功能上分解这一权利束进而从多方面定义产权的作用，将产权归结为一种调整人与人之间的关系的社会工具。[4]尽管经济学家们对“产权”定义的理解存在差异，但有三点含义是共同的：(1) 产权并非单一的，而是复数的，是一组权利束，包括所有权、使用权、经营权、收益权等；(2) 产权是一种排他性、可进行交易的权利；(3) 产权是由物的存在及使用所引发的行为关系。换言之，数据产权是一种以复数形态呈现出来的，多方面权利集合的权利束，其界定除所有权外还可以包括使用权、控制权、收益权、经营管理权等其他形式。[5]

产权界定、产权安排和产权经营构成产权运行的全链条。产权界定只是明确了产权运行的主体，要合理运行产权制度，达到资源配置的帕累托最优，还需要有合适的产权安排。产权安排指的是在产权界定的基础上选择某一种资源配置的交易方式或将几种交易方式进行组合。综观产权理论的发展史，基于效率与公平的权衡以及社会组织形态的演变，产权的类型从最初的单一私有产权逐渐发展出了除私有产权外的公共产权（包括俱乐部产权、集体产权）[6]和国

---

[1] 参见刘伟、李风圣：《产权范畴的理论分歧及其对我国改革的特殊意义》，载《经济研究》1997 年第 1 期，第 3~11 页。

[2] See Armen A. Alchain & William R. Allen, *Exchange and Production Competition*, *Coordination*, *and COntrol* (*2nd ed*), Wadsworth Publishing Press, 1977, p. 130.

[3] See Barzel Y. , *Economic Analysis of Property Rights*, Cambridge University Press, 1989, p. 2.

[4] 参见［美］德姆塞茨：《关于产权的理论》，载［美］R. 科斯等：《财产权利与制度变迁——产权学派与新制度学派译文集》，上海人民出版社 1994 年版，第 97 页。

[5] 参见何维达、杨仕辉：《现代西方产权理论》，中国财政经济出版社 1998 年版，第 50~57 页。

[6] 公共产权中的“俱乐部产权”也被称为“社团产权”，指的是在社会某一群体中，其个体对一种资源行使权利时，不排斥这一群体中的其他个体对该资源享有同样的权利，即产权在特定群体中是共同享有的。“集体产权”与“俱乐部产权”类似，即产权由集体成员共同享有，成员相互之间不具有排他性。两者最大的区别在于俱乐部产权中的个体能够独立行使决策，而集体产权对应的是集体决策，即需要按民主程序对权利的行使作出规则的约束，现代公司产权就是典型的集体产权。

有产权。此处需要明晰的是，国有产权不同于公共产权，国有产权指的是国家对财产所拥有的权利，其具体内容与一国的社会制度密切相关。我国是社会主义国家，国有产权采取的是全民所有的形式，正如我国《宪法》第 9 条第 1 款也规定了“国家所有，即全民所有”。[1]此外，因人类社会经济的发展，单一产权主体也逐渐向多元产权主体转化（单一原始主体变为原始主体与法人主体并存），以致出现了财产所有权与经营管理权的分离。[2]农村土地产权制度经历的“单一产权—二级产权—‘三权分置’”改革即为典型事例。由此可见，在产权理论的框架运用上，产权并非只能归属于某个主体所有，其主体可以有多个。产权的类型也不限于单一私有产权，还有俱乐部产权、集体产权、国有产权等。这些产权所荷载的制度排他性各异：私有产权荷载的是有限排他性或绝对排他性，公共产权荷载的是有限排他性或非排他性，国有产权荷载的是非排他性。产权的制度设计则可以在私有产权、公共产权、国有产权中作出单一选择或将它们组合配置。因此，在产权理论的框架下，可以突破潘德克顿法学物债二分体系的桎梏，根据不同类型数据资源的特性，差异化探索数据的确权形式、制约因素以及权属配置等。

由于不同类型产权的制度排他性存在差异，而数据的形态是变化多样的，其上所附着的利益诉求会随着数据形态的转换而发生变化，例如，原始用户数据所呈现出来的是个体的人格利益诉求，但经过匿名化处理后，其与个体的关联性会被消灭，其上附着的人格利益诉求往往也会被企业的财产利益诉求所覆盖。因此，我们需要结合数据所涉各方主体的利益诉求的衍变，以类型化的视角探索数据确权的立法路径。

数据具有伴生性，即数据资源的产生需要依赖自然环境或特定人类主体。[3]通常而言，数据来源于谁，其与谁的利益关系就更为密切。当前，数据所涉各方主体的利益诉求难以平衡已成为现实，尽管不同主体之间不是零和关系，立法也仍然需要作出恰当的取舍。盖因“立法的核心问题就是如何确切地认

[1] 《宪法》第 9 条第 1 款规定：“矿藏、水流、森林、山岭、草原、荒地、滩涂等自然资源，都属于国家所有，即全民所有；由法律规定属于集体所有的森林和山岭、草原、荒地、滩涂除外。”

[2] 参见何维达、杨仕辉：《现代西方产权理论》，中国财政经济出版社 1998 年版，第 181 页。

[3] 伴生于自然环境的数据通常表现为对自然物、自然现象的记录，如台风、地震数据、动植物生长数据等。伴生于特定人类主体的数据通常表现为对特定人类个人或群体的相关行为活动记录。

识和协调各种利益，以减少利益冲突，促成利益的最大化”。〔1〕每一种社会制度的设计都是基于一定的社会背景和现实需要，对制度所涉多方利益进行权衡后作出的选择。因此，需要以数据生成来源为标准，将数据类型化为公共数据、企业数据和个人数据，进而分类分级确立不同类型数据的确权授权制度。

分类分级确立不同的数据要素的确权授权制度，需要考虑两个因素：一是数据生成主体及其他主体对数据资源的利益诉求。不同主体对数据资源的利益诉求存在差异，或着重人格利益（个人信息与隐私利益等），或着重财产利益，或着重公共利益等。从公平正义的角度来说，社会公共利益的价值位阶最高，人格利益次之，财产利益较之社会公共利益与人格利益更为次之，即社会公共利益>人格利益>财产利益。二是数据资源的产生与数据生成主体间的关联程度。数据资源的产生通常涉及多个主体，虽然主要伴生于某个主体，但如果其生成与其他主体关联度强，伴生性就会被削弱。〔2〕为保障数据生成主体及其他主体的合理利益诉求，当其与数据资源产生的伴生程度越高时，对应的数据产权之排他性也应当越强。数据产权类型化配置的具体情况详见表 1。

表 1　数据产权的类型化配置框架

类型划分			伴生性	数据产权类型	排他性程度
个人数据（个人信息）	敏感个人信息	私密信息	极强	不可产权化	–
		其他敏感个人信息	强	私有产权	绝对排他性
	一般个人信息		弱	俱乐部产权	有限排他性
企业数据	企业原始数据		强	私有产权	绝对排他性
	企业数据集合		较强	私有财产	有限排他性
	企业数据产品		强	私有产权	绝对排他性
公共数据	履行公共职能过程中自身内部产生的数据		强	国有产权	非排他性
	履行公共职能过程中从外部获取的数据		弱		

〔1〕孙国华主编：《法的形成与运作原理》，法律出版社 2003 年版，第 130 页。

〔2〕参见李齐、郭成玉：《数据资源确权的理论基础与实践应用框架》，载《中国人口 · 资源与环境》2020 年第 11 期，第 209~210 页。

第二节　个人数据的确权与授权

实践中单一的个人或用户数据的经济价值有限，高水平、高质量的数据集合需要依赖成熟的数字集成技术水平与能力，而这一能力恰恰是独立的个体所不具备的。故个人对于数据资源的利益诉求并不是经济利益。数据集合本质上是个人或用户数据的集合，其中必然涉及个人隐私和信息利益的保护，尽管依据法律要求，数据集合所蕴含的个人或用户数据应当是经匿名化后的个人数据，但数据从业者大多是以盈利为目的的组织，他们可能为了追逐自身经济利益而毫无限制地收集、处理个人信息，以致个人隐私和信息利益受到侵害。因此，当个人为数据资源的伴生主体时，其对数据资源的利益诉求主要表现为个人隐私和信息利益。

在确定个人作为伴生主体对数据资源的利益诉求主要表现为个人隐私和信息利益后，还需要结合数据资源的产生与个人的伴生程度强弱来确定产权类型及对制度排他性。由于不具有身份识别性的个人数据[1]与个人不具有关联度，个人附着其上的个人隐私和信息利益已经被消灭，且这些个人数据经过汇聚集合后会形成企业数据或政府数据，换言之，本书所讨论的“个人数据”仅指具有身份识别性的个人数据——“个人信息”。鉴于我国《个人信息保护法》将个人信息区分为一般个人信息与敏感个人信息，故下文将以此种分类方式类型化确定个人信息的产权类型及排他性程度。

一、可产权化的个人数据范围

确定个人信息的产权类型及排他性程度之前，需要廓清可产权化的个人数据范畴。事实上，并非所有的个人数据可被产权化。我国《宪法》第 40 条规定了公民通信自由和通信秘密受法律保护，《民法典》第 1032 条明确自然人享有隐私权，可见立法将个人隐私上升至宪法权利和基本人权的地位，并

〔1〕 我国《网络安全法》第 42 条第 1 款规定：“网络运营者不得泄露、篡改、毁损其收集的个人信息；未经被收集者同意，不得向他人提供个人信息。但是，经过处理无法识别特定个人且不能复原的除外。”《信息安全技术—个人信息安全规范》（GB/T 35273-2020）第 3.14 款规定匿名化指的是：“通过对个人信息的技术处理，使得个人信息主体无法被识别或者关联，且处理后的信息不能被复原的过程。”因此，可以认为经匿名化处理的个人数据不具有身份识别性。

以绝对权的方式加以特别保护。个人信息与个人隐私在概念范畴上存在交叉，个人信息实则包含了个人隐私。《个人信息保护法》第 28 条第 1 款明确敏感个人信息是"容易导致自然人的人格尊严受到侵害或者人身、财产安全受到危害的个人信息"，其中"人格尊严"这一措辞直接指向了隐私范畴。但《民法典》对隐私权与个人信息保护采用的是区分立法模式，不仅以不同条款作了分别规定，[1]同时在第 1034 条第 3 款还对两者设置了不同的适用规定，即"个人信息中的私密信息，适用有关隐私权的规定；没有规定的，适用有关个人信息保护的规定"。由此可以推断：敏感个人信息中存在着可落入"公民通信自由和通信秘密"与隐私权规制范围内的私密性个人隐私信息（以下简称"私密信息"）。这些私密信息是与个人关联程度最高的数据资源。由于私密信息关涉人身自由和人格尊严，已被纳入绝对权、宪法权利和基本人权的调整范围，故应被排除在数据产权化的范围外。换言之，可被产权化的个人信息范畴限于除私密信息外的其他敏感个人信息与一般个人信息。

二、个人数据的产权类型及排他性程度

除私密信息外的其他敏感个人信息宜赋予绝对排他性私有产权。尽管各国因政治、经济、文化等因素存在差异，敏感个人信息的范围有所区别，但无一例外的是，都在立法上对此类具有较高私密性、容易引发特别风险的个人信息给予了更高的注意以及严格保护。有学者认为，在数据驱动时代，所有个人信息经过大数据分析后都可能成为个人敏感信息，严格保护只会阻碍收集主体有效利用个人信息，增加企业合规成本，因此无需对个人敏感信息的收集程序制定更严格的合法性标准。这一观点值得商榷。在数据驱动时代的背景下，数据从业者因掌握成熟的数字集成分析技术，从数据资源中获取了巨大的红利和财富，而作为个人信息的生产者，个人却并未从中获取对应的经济价值，反而负担着个人隐私和信息利益被侵害的隐性风险。因此，对于除私密信息外的其他敏感个人信息而言，应赋予其绝对排他性私有产权。

一般个人信息宜采用有限排他性俱乐部产权。单独的个人信息的经济价值并不大，能够创造巨大经济与社会价值的是高水平、高质量的数据集合，

---

[1] 《民法典》第 1032 条规定了自然人享有隐私权，同时第 1034 条规定自然人的个人信息受法律保护。

这需要依赖数据从业者投资开发数据技术并对海量数据作技术处理，故满足国家创新数据经济结构要求之关键在于形成以数据从业者为中心的发展结构，激励相关经济体通过数据从业活动充分对数据予以开发利用。[1]此种情形下，赋予一般个人信息以私有产权必然会增加数据产权市场机制的交易费用，降低数据资源的配置效率，进而影响社会公共利益的促进和社会福祉的增加。同时，鉴于一般个人信息与个人存在一定的关联度，具有人身属性，仍然有造成隐私侵害的可能性，故理应赋予其一定的排他性权能，宜采用有限排他性公共产权。

有限排他性公共产权包括俱乐部产权和集体产权，相较于集体产权结构的科层式等级制衡安排，俱乐部产权适用于一般个人信息更具有优势。一方面，俱乐部产权能够避免科层管理的“组织和监督成本”；另一方面，俱乐部产权能够减少市场机制交易费用的主要原因是，该产权形成了外在竞争力量和内在合作利益有机结合的联盟模式，而这一模式也恰好契合当前网络平台的发展现状。因此，一般个人信息宜设置为有限排他性俱乐部产权。

三、个人数据的产权制度

依据布坎南（Buchanan）的俱乐部理论（公共选择理论），俱乐部产权具有两个特性：一是排他性，此排他性并非私有制的个人排他，而是俱乐部成员与他人间的排他；二是非对抗性，即俱乐部内部对其产品的消费不具有对抗性，只要时间、场地等条件允许，消费者可以是俱乐部内部的任一个体。[2]俱乐部物品趋近于公共物品，其不同之处在于俱乐部物品的非对抗性是有最大阈值的，当过多的会员加入俱乐部，该物品的非对抗性会消失。换言之，在布坎南的理论中，俱乐部产权的运行需要限制无限消费者“进入”。同时，相较于公共产权而言，俱乐部产权本质上存在着所有权结构的变更，即公共物品的政府或公共所有转变为私有。在所有权权能可以分离的当下，俱乐部产权的这种所有权结构变更实际上是权能的转移，因为俱乐部规则既可以由所有者来执行，也可以委托或出租给他人来执行，关键在于权能转移的同时，定价权也必须发生变更。[3]举例说明，我国的高速公路是公共物品，归属全

---

〔1〕 参见龙卫球：《再论企业数据保护的财产权化路径》，载《东方法学》2018 年第 3 期，第 58~59 页。

〔2〕 参见何维达、杨仕辉：《现代西方产权理论》，中国财政经济出版社 1998 年版，第 57 页。

〔3〕 参见张军：《布坎南的俱乐部理论述评》，载《经济学动态》1988 年第 1 期，第 64 页。

民所有，但由私人投资建设，私人可通过收取高速过路费来实现收支相抵，提高资源配置效率。因此，可借助所有权结构变更——权能分离的形式来构建数据的有限排他性俱乐部产权，同时需要从制度设计上限制无限消费者“进入”。

因前文已明确一般个人信息上应确立数据的俱乐部产权，故下文以一般个人信息为产权客体展开论述。一般个人信息的俱乐部产权结构设计可参照当前宅基地的产权结构设计，即采用“三权分置”的运行机制，将其划分为所有权、资格权与使用权，其中所有权由国家享有，资格权由信息主体享有，经营权则赋予数据从业者。

首先，就国家享有的一般个人信息所有权而言，包括占有、使用、收益和处分（处置）四项权能，具体权能内容与数据的绝对排他性私有产权之权能内容相同。近现代的社会化大生产已经导致财产所有权与实际控制权的分离，[1]在数据驱动时代，数据本身的可复制性以及数字集成技术的便捷性不仅大幅度提升了数据资源获取的便利度，同时也使数据资源的边际成本趋于零。因此，由国家享有一般个人信息的所有权并不会妨碍其他主体通过意思自治或者法定规则取得一般个人信息经营权。

其次，就信息主体享有的一般个人信息资格权而言，其功能与宅基地农户资格权类似，宅基地农户资格权是对集体所有制下成员身份性权利的一种技术性处理，[2]而一般个人信息的资格权的理论根基是人格利益属性的保护。具体而言，这一资格权的权能同样应当包括占有、使用、收益和有限处分的权能。尽管实践中单一的个人或用户数据的经济价值有限，但信息主体通常意在以数据作为功能要素换取不同或更好的智能化服务，[3]且不排除有个别信息主体欲借此获取直接的财产利益。因此，基于分配正义的要求，数据从业者在获取个体的一般个人信息时，应当向作为伴生主体的个体支付一定的数据使用费或提供新的增值服务作为对价，这也是一般个人信息资格权的收益权能之体现。需要特别解释的是，有限处分的权能指的是，信息主体能够处分何种信息，以何种方式处分信息需要由国家进行界定，即受到国家享有

---

〔1〕参见申卫星：《论数据用益权》，载《中国社会科学》2020年第11期，第120页。

〔2〕参见苑鹏：《宅基地“资格权”制度的历史演化与改革深化》，载《改革》2022年第4期，第30页。

〔3〕参见申卫星：《论数据用益权》，载《中国社会科学》2020年第11期，第123页。

的一般个人信息所有权中的完全处分权能之限制。

最后，就数据从业者享有的一般个人信息的经营权而言，包括了对一般个人信息的占有、使用和收益权能，权能内容与数据的绝对排他性私有产权的权能内容相同。但需要注意的是，数据从业者对一般个人信息享有的这些权能在行使过程中需要受到我国《民法典》《个人信息保护法》等相关规则的约束，如应当遵循最小、正当、必要原则，知情同意规则等。

四、个人数据的授权机制

“数据二十条”要求“对承载个人信息的数据，推动数据处理者按照个人授权范围依法依规采集、持有、托管和使用数据，规范对个人信息的处理活动，不得采取‘一揽子授权’、强制同意等方式过度收集个人信息，促进个人信息合理利用”。“对涉及国家安全的特殊个人信息数据，可依法依规授权有关单位使用。”可见，“数据二十条”将个人数据的授权分为两种类型：一是个人授权，即个人授权数据处理者按照授权范围依法依规处理个人数据；二是法定授权，即特定个人数据（涉及国家安全的特殊个人数据）可依法依规授权有关单位使用。

（1）个人授权。个人对于个人数据的主要利益诉求是享有个人隐私和信息利益，这也是个人就其个人数据进行授权的权利基础。《个人信息保护法》第44条[1]明确规定个人对其个人信息处理享有决定权，该决定权包含了个人有权授权他人处理自己的个人信息，因此，个人可采取委托授权的方式，直接授权数据处理者在合法范围内处理其个人信息，并与数据处理者签订个人数据许可使用合同。[2]但是，实践生活中，各市场主体尤其是企业，在收集并处理个人信息时，并不会与每一个体一一协商并达成合意，而是往往直接通过单方拟定格式条款来获取个人的授权。此种情形下，如果有专业勤勉的民事主体来取得个人授权，代表个人的利益与处理数据的市场主体签订数据许可使用合同，并对数据处理者的处理活动加以监管，就既能很好地维护个人信息权益，也可以更有效率地实现个人数据的合理利用。[3]对此，国外

[1] 《个人信息保护法》第44条规定：“个人对其个人信息的处理享有知情权、决定权，有权限制或者拒绝他人对其个人信息进行处理；法律、行政法规另有规定的除外。”

[2] 参见程啸：《个人数据授权机制的民法阐释》，载《政法论坛》2023年第6期，第86页。

[3] 参见程啸：《个人数据授权机制的民法阐释》，载《政法论坛》2023年第6期，第86页。

已经开始了相关的实践探索，如英国标准协会建立了个人信息管理系统（Personal Information Management System，PIMS）、欧盟《数据治理法》（Data Governance Act）提出了数据中介服务（data intermediation service）等。我国“数据二十条”也明确提出“探索由受托者代表个人利益，监督市场主体对个人信息数据进行采集、加工、使用的机制”。各地市交易所也有相关实践，如贵阳大数据交易所场内完成的全国首笔个人数据合规流转交易，个人委托好活（贵州）网络科技有限公司利用数字化、隐私计算等技术将其个人简历数据加工处理成数据产品，进而在贵阳大数据交易所中进行交易。在这一商业模式下，好活（贵州）网络科技有限公司即充当着“数据受托人”的角色，实现了个人数据的合规流转和价值分享。此外，我国《个人信息法》为个人信息处理活动确立了合法、正当、必要、目的限定等基本原则，这些基本原则决定了个人授权必须是具体、明确的，不能采取“一揽子授权”（也称为“概括授权”）的方式。因此，个人授权应当明确授权目的、范围、期限；被授权人的名称；被授权人处理个人数据的目的、方式；被授权人对个人数据享有的权利、义务和法律责任等。

（2）法定授权。个人数据的法定授权重点需要廓清两个问题：第一个问题是，可以依法依规授权有关单位使用的个人数据范围为何；第二个问题是，法定授权的授权主体与被授权主体分别为何。其一，“数据二十条”明确可以依法依规授权有关单位使用的是“涉及国家安全的特殊个人信息数据”。根据《国家安全法》的相关规定，国家安全涉及面非常广泛，涉及各个行业和领域，包括政治领域、经济与金融领域、能源与资源领域、粮食安全、文化领域、科技创新领域、网络与信息安全、公共卫生、社会安全、宗教活动、外层空间等。[1]鉴于不同领域的发展程度以及对国家的影响存在差异，个人数据是否属于“涉及国家安全的特殊个人信息数据”并没有一个统一的判断标准，需要结合该个人数据所属领域的实际情况、相关政策法规、国家的经济发展情况和利益进行综合判断。其二，关于法定授权的授权主体与被授权主体分别为何的问题，一方面，就授权主体而言，根据我国法律法规的规定，涉及国家安全的特殊个人数据分别有相应的行政管理机关。因此，授权主体应当是法律法规所规定的有权进行授权的公共部门。例如，依据《个人信用

---

〔1〕参见程啸：《个人数据授权机制的民法阐释》，载《政法论坛》2023年第6期，第87页。

信息基础数据库管理暂行办法》第 2 条的规定，中国人民银行承担个人信用数据库的日常运行和管理。那么，如果涉及“涉及国家安全的特殊个人信息数据”属于个人信用数据时，授权机关就只能是中国人民银行。另一方面，就授权主体而言，“数据二十条”采用的措辞是授权“有关单位”，从文义解释的角度来看，被授权主体显然不包括自然人。此外，因法定授权的个人数据范围涉及国家安全，被授权主体自然也不应包括外国的法人或非法人组织。因此，“数据二十条”明确的“有关单位”只能是我国的法人或非法人组织，至于是否需要进一步限缩被授权主体的范围还需要结合不同领域的相关法律法规进行综合判断。此外，法定授权的方式、期限、程序，授权主体和被授权主体的权利、义务和责任等都还需要进一步明确。

第三节　企业数据的确权与授权

伴生主体为企业的数据资源所指向的是企业内部形成的管理数据、企业所拥有的机器设备生产的数据，以及在前述基础上经过加工处理形成的增值数据。需要注意的是，从伴生性的维度来看，企业所掌握的未经匿名化处理的个人数据的伴生主体为个人，应归属于个人数据，不属于本文所言之“企业数据”的范畴。

一、企业数据的产权类型及排他性程度

（一）企业数据的产权类型：私有财产

科斯在其发表的《企业的性质》和《社会成本问题》中先后创立了“交易费用”和“交易成本”的概念，并从经济人有限理性假设和资源稀缺性假设出发，推导出了经济主体行为的外部性（Externality）[1]命题。经济主体行为的外部性包括正外部性和负外部性[2]，数据资源的非竞争性、可复制性等特征决定了其具有正外部性。与数据资源相同，当前诸多学者讨论的公共物品是不具有“消费排他性”的商品，也具有正外部性。对于公共物品的产权

〔1〕 外部性（Externality），是指从事生产活动的经济主体给他人或社会带来的影响。

〔2〕 从事生产活动的经济主体给他人或社会带来“好”的影响的称为“正外部性”，带来“坏”的影响的称为“负外部性”。

问题，从庇谷到缪尔森都认为，在这种具有非竞争性的“物品”上建立私有财产，以私人收费的方式解决“搭便车”问题的举措并不具有可行性。欲解决这一问题，必须依靠政府组织，在公共物品上设立公共产权，以强制向社会个体征税的方式来实现对生产者的费用补偿。倘若从类比公共物品的角度出发，企业数据作为数据资源的一种，似乎也应当采用公共产权。但数据资源的产权类型并不能照搬公共物品的相关规则。相反，企业数据的产权类型应采用私有产权，具体原因有两方面：

（1）经济学家们认为应当在公共物品上设立公共产权的根本原因在于，公共物品的“消费非排他性”决定了其采用私有产权会致使排他费用过高，市场机制运转的收益将大于成本，从而降低资源配置效率。但数据资源作为一种无形的比特流，其实现排他性费用的高低与公共物品这种实体物存在本质区别。数据资源的排他性费用高低取决于技术因素，即现有技术水平能否低成本高效率地对数据资源的使用进行有效收费和监控的问题，而目前的技术水平是完全可以实现的。实践中也已有基于区块链的分布式数据交易市场范例，如IOTA是专门针对物联网（IOT）设计的加密“货币”，利用区块链技术已经搭建了针对物联网数据的交易市场。[1]

（2）从社会成本收益的角度来看，企业数据采用公共产权在短时间内可能有利于增进社会福祉，因企业数据被生产出来后，其他社会组织或个体可以无偿或低偿地利用这些数据资源为自己或社会创造收益。但长此以往反而会削弱社会总体福祉，盖因当企业数据资源的生产者持续处于为社会或其他社会个体创造收益，而自己却需要承担全部成本的状态时，这种成本收益不匹配所导致的个人收益外溢会使其逐渐修正自己的经济行为。而高水平、高质量的数据集合往往依赖数据从业者投资开发数据技术并对海量数据作技术处理，因而满足国家创新数据经济结构的政策要求的关键在于形成以数据从业者为中心的发展结构，激励相关企业通过数据从业活动充分对数据予以开发利用。

（二）企业数据的私有产权的排他性程度

企业数据的产权类型宜确定为私有产权，但在产权理论发展史上，私有产权可以是绝对排他性的，也可以是有限排他性的。且企业数据不同阶段的

---

[1] 参见汪靖伟等：《基于区块链的数据市场》，载《大数据》2020年第3期，第23页。

形态转换会促使其法律属性改变进而引起利益诉求变迁，故企业数据产权化的制度架构需充分考虑并契合不同类型的企业数据的法律属性及其利益诉求。具体而言，需要从数据生产及其形态转换的角度，对企业数据做类型化区分，并综合考量不同类型的企业数据的法律属性及其利益诉求，合理选择它们的制度排他性。

目前关于数据的类型化标准有很多，例如，以数据公开与否为依据，划分为公开数据、半公开数据和非公开数据；[1]以数据的内在层次为依据，划分为物理层数据、符号层数据和记忆内容层数据等。[2]这些分类方式从不同的视角来看都有其合理性，采用何种类型化标准应当视具体情况而定。在此采用已得到学者们共同认可的数据分类方式，即以是否经过加工处理为依据，将数据划分为原始数据和对原始数据进行加工处理后产生的衍生数据。在企业数据中，企业原始数据包括企业内部形成的管理数据和企业所拥有的机器设备生产的数据。企业衍生数据包括企业数据集合和企业数据产品，其中企业数据集合是指对企业内部形成的管理数据、企业所拥有的机器设备生产的数据以及企业所掌握的个人数据等进行清洗、加工、审核和安全测试后所汇集的数据集；企业数据产品是对企业数据集合作进一步深度加工和处理后，形成的一种可作为产品升级、企业制定营销计划的智慧决策。据此，下文将结合企业原始数据、企业数据集合和企业数据产品三种类型的生成方式及特征，类型化讨论企业及其他主体对企业数据的利益诉求，以及企业数据的产生与企业间的伴生程度，从而确定产权类型及排他性程度。

企业原始数据宜采用绝对排他性私有产权。企业内部形成的管理数据、企业所拥有的机器设备生产的数据是由企业自主生成的，与企业的关联度高，伴生性强，且有些数据甚至直接涉及企业利益，故应确定为绝对排他性私有财产。

企业数据集合宜采用有限排他性私有产权。企业数据集合不仅伴生于企业，同时也离不开个人的参与，这就造就了企业数据集合上同时荷载着企业和个人的利益诉求，体现出了利益交融的特殊性。具体而言，在企业数据集

---

〔1〕 参见丁晓东：《论企业数据权益的法律保护——基于数据法律性质的分析》，载《法律科学（西北政法大学学报）》2020年第2期，第90~99页。

〔2〕 参见纪海龙：《数据的私法定位与保护》，载《法学研究》2018年第6期，第72~91页。

合上，企业的利益诉求为财产利益，个人的利益诉求为人格利益。不少法学研究者在探讨企业数据产权问题时力求将这两种利益进行区隔和分化，但这显然不切实际。盖因数据作为一种无形的比特流，不具备割裂并区分保护的现实性，且“边界”厘定本就是网络空间的一大难题。[1]尽管企业和个人的利益诉求无法区隔，但个人信息进入集合并经过技术加工处理后，与个人的关联程度会被大幅度弱化。此时，企业数据集合的财产属性将覆盖单条个人信息的人格属性，整体利益诉求呈现出强财产利益属性而弱人格利益属性。从这一角度来看，似乎应当赋予企业数据集合以绝对排他性私有产权，但我们还需要考虑数据要素的市场化配置问题。倘若赋予企业数据集合以绝对排他性私有产权，就等同于完全排斥其他企业对同一数据集合的使用，很可能会导致数据壁垒，故企业数据集合宜采用有限排他性私有产权。

企业数据产品宜采用绝对排他性私有产权。企业数据产品与企业数据集合的最大区别在于，企业数据集合呈现出来的仍然是数据源的初始形态，尽管它经过了初步的加工处理后发掘出了数据的部分价值，表现出了较强财产利益属性而弱人格利益属性，但其中蕴含的与多方主体间的伴生性及其相关利益诉求并未完全消灭。而企业数据产品是利用数字集成技术对数据集合进行深度加工和处理后形成的，具有结构化形态和价值属性的信息集合。从企业数据集合到企业数据产品，是数据从量变到质变的过程，数字集成技术的介入改变了企业数据集合中仍保留的数据源之初始形态，数据源中的人格利益属性被消灭。换言之，企业数据产品所体现的，纯粹为企业财产利益之诉求，其与企业之间的紧密联系达到了极高的程度。鉴于企业数据产品与企业之间存在的这种强烈的共生性，我们有必要赋予企业数据产品以绝对的、排他性的私有产权。

二、企业原始数据、企业数据产品的产权制度

原始数据、数据产品宜确定为绝对排他性私有产权，其制度架构设计可比照同为绝对权的传统所有权，主要体现为持有、加工使用、收益和处分（处置）权能，以及相应的权利效力。

---

〔1〕参见［美］劳伦斯·莱斯格：《代码 2.0：网络空间中的法律》，李旭、沈伟伟译，清华大学出版社 2018 年版，第 11 页。

（1）权利客体。原始数据、数据产品的绝对排他性私有产权的客体包括两类：第一类，原始数据，即企业内部形成的管理数据及其所拥有的机器设备生产的数据。第二类，数据产品，即对数据集合进行深度加工和处理后，形成的一种可作为产品升级、企业制定营销计划的智慧决策。

（2）权利主体。原始数据与数据产品的绝对排他性私有产权的主体通常对应为企业数据控制者和数据源加工处理者。但需要注意三个问题：第一，当存在合同约定时，应当依据合同约定确定产权归属，合同约定不明或合同内容存在漏洞时，依据合同解释或合同漏洞填补规则处理。第二，数据产品的生成可能涉及多方主体，此时若无合同约定，应当依据洛克劳动赋权论，由加工处理方获得产权，但前提是其加工处理的原始数据是合法取得的。第三，数据源加工处理者对于获取的公共数据进行加工处理后形成的数据产品并不当然享受产权，而是需要根据民法中的添附规则与公共数据产权人共享产权。

（3）权利内容。原始数据、数据产品的绝对排他性私有产权的权利内容包括持有、加工使用、收益和处分（处置）权能。第一，数据持有权。由于数据的虚拟性，权利人无法在物理空间中实现对数据的持有权。因此，数据持有权体现为对特定数据的存储和控制，且不同于传统有体物的独占性，数据的持有权不具有排他性，对数据的持有也应当与其存储介质分离。第二，数据加工使用权。数据加工使用权体现为利用数据为用户提供服务和对原始数据进行开发利用，但数据在加工使用时不但不会像传统的物那样产生损耗或降低使用寿命，反而会因其使用而提高数据质量和产生新的价值。第三，数据收益权。数据收益权指的是权利人利用数据获得相关经济利益的权利。数据收益权可能不体现为传统的直接对价，而是从第三方获得收益，即业界所称的“羊毛出在猪身上”。第四，数据处分（处置）权。数据处分（处置）权可以通过数据转让、交换、共享等实现，但并不必然脱离权利人的持有，权利人仍然有权继续加工使用和收益，并可能再次处分（处置）。

（4）权利效力。原始数据、数据产品的绝对排他性私有产权具有排除公权力的非法干预及对抗第三人非法侵害的效力。数据的侵权行为大体上可分为三大类：“侵占”——非法窃取数据；“妨害”——实施妨碍权利人行使数据权利的行为，如更改登录存储数据介质的账号密码、对数据进行加密等；

"毁损"——破坏数据完整性与可用性，以及删除数据的行为。[1]由于数据的本质是一种无形的比特流，故数据的排他性权能的具体内容需要结合数据的特殊性做适当调整。第一，"侵占"。数据被非法窃取的，权利人有权要求返还原物，同时由于数据的可复制性，还应赋予权利人删除数据请求权。第二，"妨害"。行为人实施妨碍权利人行使数据权利的行为时，权利人有权要求排除妨害。第三，"毁损"。当数据的完整性与可用性遭到破坏，或数据招致灭失时，倘若能够以技术手段恢复原状的，权利人可请求恢复原状；无法以技术手段恢复原状的，权利人有权要求赔偿损失。具体赔偿数据需要经过专门的数据要素价值评估方可确定。

三、企业数据集合的产权制度

数据集合宜确定为有限排他性私有产权。有限排他性私有产权除出现在产权理论发展史中，其表现出来的这种有限排他效果在比较法上亦有迹可循。比较法上的准财产权制度可折射出有限排他的效果。[2]准财产权是介于物权与债权之间的，仅具有对抗特定行为人的权利，即准财产权能够在对抗合同相对方及特定行为人的同时，又不会陷入绝对排他的境地。[3]这种有限排他性的准财产权，旨在缓和和软化传统财产权学说，回应权利人对那些不具有传统财产之性质但又呈现强财产利益的特殊物品的利益诉求，这与在企业数据集合上确定有限排他性私有产权的目的契合。从当前国内外立法实践来看，欧盟的数据库特殊权利可以认为是有限排他性私有产权的有效尝试。

欧盟于1996年发布的《欧洲议会和理事会关于数据库法律保护的第96/9/EC号指令》（Directive 96/9/EC of the European Parliament and of the Council）第1条第2款将"数据库"（database）一词理解为"以系统或有条理的方式排列的独立作品、数据或其他材料的集合，并可通过电子或其他方式单独访问"，并对数据库采用著作权和特殊权利（期限为15年）的双轨保护机制。该指令明确指出，数据库特殊权利的适用无须以独创性为前提，它保护的是数

〔1〕 参见钱子瑜：《论数据财产权的构建》，载《法学家》2021年第6期，第85~87页。

〔2〕 参见姬蕾蕾：《企业数据保护的司法困境与破局之维：类型化确权之路》，载《法学论坛》2022年第3期，第118页。

〔3〕 See Balganesh S.，"Qiasi-property：Like，But Not Quite Property"，*University of Pennsylvania Law Review*，Vol. 160，p. 1889（2012）.

据库制作者在数据库内容的获取、验证或呈现等方面的实质性资金投入。[1]在具体权利内容上，数据库特殊权利包括权利人能够以合同许可的方式将此项权利转移、转让或授予他人，禁止任何第三方提取和/或反复利用数据库的全部或部分实质内容，以及禁止任何第三方采取与数据库正常利用相冲突或以不合理损害数据库制作者合法利益的行为来重复和系统地提取和/或反复利用数据库内容的非实质性部分。[2]

我国对于企业数据集合的有限排他性私有产权的结构设计可借鉴欧盟的这一立法模式，从权利客体、权利主体、权利内容及其限制四个方面着手。

（1）权利客体。企业数据的有限排他性私有产权的权利客体是数据集合，即企业对其内部形成的管理数据、所拥有的机器设备生产的数据等进行清洗、加工、审核和安全测试后所汇集的数据集。

（2）权利主体。企业数据的有限排他性私有产权的权利主体是数据源的加工处理者。尽管数据的本源是社会个体，由用户在日常生活中“自动”产生。但从广义的角度来看，企业通过引导用户使用机器设备、APP 应用软件等方式收集数据，并在此基础上对收集到的用户数据进行实时脱敏、清洗、审核和安全测试的一系列数据处理活动，可归为“劳动”的范畴。此时根据洛克劳动赋权论，应由企业取得产权。

（3）权利内容。积极方面表现为权利人有权使用、转让、分配以及许可他人使用、转让、分配其合法控制的数据集合；消极方面表现为禁止他人提取和/或反复利用权利人合法控制的数据集合的全部或部分实质内容，以及禁止他人采取与数据集合正常利用相冲突或以不合理损害权利人合法利益的行为来重复和系统地提取和/或反复利用数据集合的非实质性部分。[3]此外还需要注意两个问题：第一，数据集合的有限排他性私有财产保护的是权利人的资金投入而非数据集合内容，因此，只要第三方在正常利用且不影响数据集合整体价值的范畴内提取和/或反复利用数据集合的行为，原则上应当被允

[1] 参见《欧洲议会和理事会关于数据库法律保护的第 96/9/EC 号指令》第 7 条第 1 款、第 4 款。

[2] 参见《欧洲议会和理事会关于数据库法律保护的第 96/9/EC 号指令》第 7 条第 1 款、第 3 款、第 5 款。

[3] 参见《欧洲议会和理事会关于数据库法律保护的第 96/9/EC 号指令》第 7 条第 1 款、第 3 款、第 5 款。

许。第二，数据集合的有限排他性私有产权的适用范围应当是已经经过收集、整理和编排所形成的原创性数据集合，不包括尚处于动态收集状态、形成阶段的数据集合。

(4) 权利内容的限制。数据集合的有限排他性私有产权应当受到以下限制：涉及人格利益时，应将已被纳入绝对权、宪法权利和基本人权调整范围的个人信息排除在企业数据产权化的范围外。同时，明确企业可以概括同意[1]模式收集一般个人信息，以动态同意[2]模式收集敏感个人信息。涉及公共利益和国家数据安全利益时，需要逐步确立企业数据强制公开、强制许可和收益权能用尽制度等。

四、企业数据的授权机制

企业数据的确权为数据要素流通提供了制度前提，而企业数据授权机制的构建是数据流通的关键，健全的企业数据授权机制能够防止数据垄断、数据孤岛等次生问题的产生或加剧。[3]企业数据授权是指对企业数据享有权利的一方（授权方）将自己享有的数据财产权益授予他方（被授权方）使用，并获取相应对价的机制。

企业数据授权的主要方式包括：(1) 数据交易。数据交易的本质是一方将一定数量和质量的数据之产权转移给另一方，其中即蕴含着授权接收数据一方使用数据的意涵。(2) 数据使用服务。数据使用服务是企业数据授权的最为重要的一种形式，是由授权方和被授权方达成授权使用数据的合意。此种授权方式下，授权方与被授权方之间形成的是平等主体之间的合同关系，应当遵循《民法典》的基本原则，特别是遵循《民法典》合同编规定的相关规则。[4]由于《民法典》合同编并未将数据使用服务合同确定为有名合同，故可适用《民法典》合同编通则的规定，并参照适用与之最为相似的有名合同的相关规定。(3) 共同处理。我国《个人信息保护法》第20条规定了个人

---

〔1〕概括同意指的是以一揽子告知同意的方式征得个人同意。

〔2〕动态同意是以分层同意为基础，旨在将不断发展变化的信息主体的偏好嵌入信息主体与信息开发利用人员的开放式交流过程中，是一种旨在让个人参与到数据处理过程中的新方法。

〔3〕参见孙莹：《企业数据确权与授权机制研究》，载《比较法研究》2023年第3期，第67页。

〔4〕参见张新宝：《产权结构性分置下的数据权利配置》，载《环球法律评论》2023年第4期，第15页。

信息的“共同处理者”，其中第1款还明确了“共同处理者”对于个人信息权益损害的连带责任。这种共同处理个人信息的规则设定实则也反映出共同处理也是企业数据授权的一种形式，毕竟任何类型数据的生成均离不开个人数据。(4) 委托处理。我国《个人信息保护法》第21条规定了个人信息处理的“受托者”，其中第2款规定“受托方”应当依据委托合同约定的权利义务承担相应的责任。同理，这也意味着委托处理是企业数据授权的一种形式。〔1〕此外，结合并参照《个人信息保护法》第20条和第21条的规定，当企业数据被授权一方参与共同决定数据处理的目的和方式时，其相关行为应当受到数据共同处理规则的约束；当企业数据被授权一方仅提供技术支持而不参与决定数据处理的目的和方式时，其相关行为应当受到委托合同的约束。

企业数据授权的模式需要结合不同类型的企业数据的产权类型及排他性程度，进行差异化设置：(1) 对于原始数据和数据产品，因企业享有绝对排他性私有产权，拥有完全支配的权利，故企业向其他企业流转这些数据时，只需要双方达成授权合意即可，即“企业—其他企业”的一重授权模式。(2) 对于数据集合，因企业享有的是有限排他性私有产权，且数据集合中包含企业合法掌握的个人数据，虽然这些个人数据已经经过清洗、加工、审核和安全测试，与个人的关联程度被大幅度弱化，但只要是未经匿名化处理的个人数据即存在损害个体的人格利益的风险。因此，在企业向其他企业流转企业数据集合的场景下，仅存在双方授权合意尚不足够，还需要由个人对其他企业进行再次授权，即形成“企业—其他企业”“个人—其他企业”的双重授权模式。

值得注意的是，企业数据授权机制的建立虽然能够一定程度上规范企业数据的合规流通，但企业数据的合规流通是一项系统工程，仅有授权机制是不够的，还需要建构起包括但不限于数据登记、数据信托、数据经纪、数据交易所等的配套制度：数据登记制度有利于确保可信的权属状态；数据信托制度有利于建立可信的交易模式；数据经纪人制度有利于形成可信的交易主体；数据交易所制度有利于提供可信的交易平台等。“数据二十条”也明确提出推动建立企业数据确权授权机制时，应“支持第三方机构、中介服务组织

〔1〕 参见张新宝：《产权结构性分置下的数据权利配置》，载《环球法律评论》2023年第4期，第16页。

加强数据采集和质量评估标准制定，推动数据产品标准化，发展数据分析、数据服务等产业”。

第四节　公共数据的确权与授权

因本书第四章“公共数据的开放与利用”会对公共数据的概念类型、开放共享、授权利用等内容进行详细阐述，故本节仅对公共数据的确权与授权进行简要阐述。公共数据是公共部门在政务活动中形成的数据，属于公共部门在履行公共管理和公共服务职责时形成或衍生的资源，其产生和来源主要有两个渠道：一是在履行公共职能过程中自身内部产生的数据，例如相关公文记录或档案信息等；二是在履行公共职能过程中从外部获取的数据。

一、公共数据的产权类型及排他性程度

公共资源是指属于国家和社会公有公用的用于生产或生活的有形资源、无形资源以及行政管理和公共服务形成或衍生的其他资源，而公共数据因政务活动而生，随着政务范围的扩大不断增加，可以认为，公共数据本质上属于公共资源的范畴。我国《宪法》第 9 条明确规定：“矿藏、水流、森林、山岭、草原、荒地、滩涂等自然资源，都属于国家所有，即全民所有；由法律规定属于集体所有的森林和山岭、草原、荒地、滩涂除外。国家保障自然资源的合理利用，保护珍贵的动物和植物。禁止任何组织或者个人用任何手段侵占或者破坏自然资源。”可见，我国对于公共资源归属的定位是：公共资源归属于全体社会成员所有，任何主体都不得在整体上独占和使用公共资源。

对于同属公共资源范畴的公共数据，无论其类型和来源渠道为何，承载的最为重要的利益诉求都是社会公共利益，且实践中公共部门的运转需要依靠公共财政支撑，故公共部门所产生、获取的公共数据应践行“取之于民，用之于民”的基本原则，遵循归属全体社会成员所有的权益配置进路。结合我国《宪法》第9条中提及的“国家所有，即全民所有”，可将公共数据的产权设置为非排他性国有产权，其权利的实质主体是全民，形式主体是国家，即由国家代为行使全民所有的公共数据产权，但最终受益由全民共享。这一观点已得到不少学者的认可（学者们在论证这一观点时所采用的分析框架会存在差异）。例如，吕富生认为，政府数据具有公产属性，全体国民系政府数

据的真正所有人，国家基于公共信托法律关系成为政府数据的形式所有人并享有数据支配权。[1]类似的，衣俊霖借助契约主义论证框架，认为公共数据国家所有可置换为一个虚拟的公共信托协议———国家受全民之托管理公共数据，但最终收益全民共享。[2]因此，公共数据应被赋予非排他性国有产权，践行公共数据的开放共享。对此，“数据二十条”也有明确的指引，即要求“对各级党政机关、企事业单位依法履职或提供公共服务过程中产生的公共数据，加强汇聚共享和开放开发，强化统筹授权使用和管理，推进互联互通，打破‘数据孤岛’”。

二、公共数据的开放共享

公共数据的开放共享应当是一体两面的，一方面，公共数据需要对社会开放共享；另一方面，个人/企业数据也应当向公共部门开放共享。前者的理论根基是政府信息公开、公共资源社会共享，后者的理论根基是交换关系、公共利益和国家安全原则。[3]

1. 公共数据向社会开放共享

既然公共数据被设置为非排他性国有产权，那么原则上应当向社会公开，由社会公众无偿共同享有。但是，对于存在涉及政府机密、国家安全，以及个人隐私、商业秘密的公共数据，必须在符合相关法律法规和程序要求的情形下才能对社会开放。此外，需要明确的是，公共数据的非排他性国有产权并不意味着其一定是以免费数据开放的方式投入社会应用，而是基于数据资源的重要性、数据资源在国民经济中的比重可能超过其他资源的现状，允许公共数据进入交易市场，向以营利为目的的、批量下载公共数据的经济主体收取相应补偿费用，从而支持公共部门持续生产数据资源。具体而言，可授权特定国有企业负责公共数据的开发利用，并以“正面清单”或“负面清单”形式明示可交易的数据范围，严格控制直接提供原始政府数据，鼓励提供经过安全处理后的数据，针对数据需求方的目的和用途有偿提供数据服务。因此，公共数据开放可以分为五种情形：无条件无偿开放、无条件有偿开放、

[1] 参见吕富生：《论私人的政府数据使用权》，载《财经法学》2019年第6期，第24~35页。

[2] 参见衣俊霖：《论公共数据国家所有》，载《法学论坛》2022年第4期，第107~118页。

[3] 参见赵磊：《数据产权类型化的法律意义》，载《中国政法大学学报》2021年第3期，第81页。

有条件无偿开放、有条件有偿开放以及不得开放，不同情形下的公共数据开放需要遵循不同的要求和程序。

2. 个人/企业数据向公共部门开放共享

公共部门作为社会管理和治理的核心主体，负担着维持社会秩序、增加社会福祉的重要职责，而全面、真实的数据是公共部门能够切实履行公共职能，适当、适时作出行政决策的重要支撑。当个人/企业数据向公共部门开放共享时，公共部门需要依据经济规律开展市场经济活动，原则上应当向提供个人/企业数据的经济主体支付合理报酬。当个人/企业数据关乎抗震救灾、重大疫情防控、恐怖袭击防范等社会公共利益乃至国家安全时，不仅个人或企业负有主动、及时向相关部门公开数据的义务，相关部门也具有征用数据的权力，《宪法》第13条第2款[1]即可作为公共部门征用个人/企业数据的法律依据。数据征用并不意味着相关经济主体抛弃了其附着在数据上的财产利益，而是基于公共利益和社会福祉的考量，强调公众的社会责任。

三、公共数据的授权机制

公共部门是提供公共数据用于共享和开放开发利用的主体，主要以履行公共管理职能或公共服务职能为限，因此，公共数据的授权主体包括公共管理机构和公共服务机构。由于两类授权主体的性质存在差异，故需要建立不同的授权机制。

公共管理机构在公共数据授权利用中拥有的是行政法上的管理权限，并非数据的权利主体，其处理公共数据时也需要以履行职责为限，故公共管理机构的公共数据授权行为本质上是具体行政行为，需要明确其授权的权限、方式以及程序，符合《行政许可法》等法律的规定。同时，公共数据承载的更多的是社会公共利益，公共管理机构也具有公共服务属性，故在公共管理机构的授权机制构建中，不仅需要确认公共管理机构对公共数据的“管理权”，还需要侧重社会主体的利益，强调公共管理机构确保社会主体能够公平、合理地获取和利用公共数据的义务。[2]

---

〔1〕《宪法》第13条第3款规定：“国家为了公共利益的需要，可以依照法律规定对公民的私有财产实行征收或者征用并给予补偿。”

〔2〕参见王锡锌、黄智杰：《公平利用权：公共数据开放制度建构的权利基础》，载《华东政法大学学报》2022年第2期，第63页。

公共服务机构在公共数据授权利用中虽然也具有公共服务属性，但其本质上仍然是市场主体，需要维护自身独立的经济利益，以供水机构为例，供水部门虽然应当履行及时蓄水、制水、供水和维护供水设施等职责，但其在履行义务和职责的同时，也能够向社会成员收取相应的费用以满足自身的生产经营活动，增加自身的经济利益。因此，公共服务机构对于其在履行职能过程中收集和产生的公共数据，既能够用于自身的生产经营活动，也能够通过向其他市场主体提供相应的公共数据服务或产品来获取一定的财产权益。因此，区别于公共管理机构，构建公共服务机构的公共数据授权机制并不是完全侧重社会主体的利益，而是应在确保个人信息安全和公共安全的前提下，兼顾社会主体和自身利益，对公共数据的公平开放利用加以考量。

公共部门收集、产生的公共数据包含或者可能包含个人信息、与公共安全有关的信息等，因此，公共部门在授权公共数据时，应当严格遵守个人信息（隐私）保护的法律规定并确保公共安全。具体而言，公共数据授权上应当“在保护个人隐私和确保公共安全的前提下，按照‘原始数据不出域、数据可用不可见’的要求，以模型、核验等产品和服务等形式向社会提供”。其中，经过匿名化处理的其他公共数据，公共管理机构在职权范围内以正当程序提供给一般市场主体；经过匿名化处理的公共数据或者不包含个人信息、国家安全相关信息的数据，公共服务机构得以通过市场合约的方式向市场主体提供数据本身或相关服务。

总的来说，当前数据要素市场的培育与发展已经上升至国家战略层面，数据产权化已成为越来越清晰的趋势。数据产权化能够对数据从业者产生激励效应，促进数据要素市场的繁荣发展。但数据作为生产要素之一，是国家的重要战略性资源，不仅关涉企业利益，且与个人、社会、国家利益休戚相关，其产权化本身并非是一个完全自在自为的权利空间，而是一种复杂的法律秩序安排。因此，数据产权化除需界定产权权能的内容、廓清产权归属外，还应当设置多层限制，以形成具有极强协同性的产权结构系统。

（1）构建数据强制许可制度。数据强制许可制度是指在法律规定的特定情形下，无需经权利人同意，第三方在向权利人支付恰当报酬后即可使用该数据。当数据的使用是为了促进医学、科技、教育等科研活动时，基于公共利益考量，权利人应当以合理价格向科研人员/机构公开其所持有的数据，同时科研人员/机构应当以非营利为目的，合理使用这些数据。

（2）构建数据收益权能用尽制度。数据要素市场的健康有序发展要求数据的充分开发和有序流通，数据资源驱动巨大经济效益的其中一种方式是根据原有数据（一般为数据集合或数据产品）进行再创造。可参照商标法中的权利用尽原则，规定权利人无权就特定当事人“二次创作”的新数据集合或产品主张权利。当原权利人已经从第一次市场交易中实现了数据要素的经济价值，不能阻止从权利人中合法购置数据集合或产品的一方当事人，利用该数据集合或产品创造出新的有价值的数据集合或产品。

（3）完善数据跨境流动的规制体系。针对数据跨境流动问题，《数据安全法》《关键信息基础设施安全保护条例》等已作出相关立法安排，例如，《数据安全法》在“重要数据”的出境安全管理上采用了“二分监管模式”[1]，填补了除关键信息基础设施运营者外的其他主体在向境外提供重要数据时的监管空白。这些措施都是对权利人的数据处分、收益等权能的限制，旨在维护国家数据安全利益。当然，跨境数据流动的安全问题还存在国家间的博弈，相关规制体系仍然需要进一步完善。

---

[1] “二分监管”模式指的是对于“关键信息基础设施的运营者在中华人民共和国境内运营中收集和产生的重要数据的出境安全管理”，直接适用《网络安全法》的规定；但对于“其他数据处理者在中华人民共和国境内运营中收集和产生的重要数据”，则由国家网信部门会同国务院有关部门制定出境安全管理办法。（具体规定可参见《数据安全法》第31条。）

第四章

公共数据的开放与利用

第一节　公共数据开放与利用之概述

一、公共数据的概念及分类

（一）公共数据的概念

当前世界正处于百年未有之大变局，随着互联网、人工智能技术等的发展与普及，世界逐步从工业时代完成向数字时代的转化，在数字化的浪潮下，数字经济也在迅猛发展，其中数据资源是数字经济蓬勃发展的关键要素，其在多领域多环节都起到了重要作用。正如习近平总书记指出：“充分发挥海量数据和丰富应用场景优势，促进数字技术与实体经济深度融合，赋能传统产业转型升级，催生新产业新业态新模式，不断做强做优做大我国数字经济。”数据资源是21世纪的新型生产要素，深度融入了社会生产、分配、流通和消费等领域，潜移默化地改变着大众生活。近年来，我国政府高度重视对于数字资源的利用与发展，通过出台一系列的方针政策促进数据资源的发展，推动数字经济迈向稳中向好的发展态势，实现国家治理体系和治理能力的现代化。如何将数据变成资源，是数字经济时代下的重要命题。

数据资源作为我国经济迈向高质量发展的重要助推器，有着极其重要的战略地位。2015年，国务院发布《促进大数据发展行动纲要》，提出在未来要形成公共数据资源合理适度开放共享的法规制度和政策体系。2020年，在《中共中央、国务院关于构建更加完善的要素市场化配置体制机制的意见》中将数据列为第五大资源，并提到要加快培育数据要素市场，让要素市场配置更有活力。为了更好落实上述意见，国务院于2021年公布了《要素市场化配置综合改革试点总体方案》，通过对土地、劳动力、资本、技术等要素市场化配置关键环节部署的具体落实，促进要素市场化配置的协同发展。各地政府也在挖掘数据要素潜能和开发数据资源方面进行了积极探索，逐步完善我国数据要素市场发展的规则。其中，涉及面广且关涉公共利益的公共数据作为数据要素市场发展的关键一环，也在当前国内良好的数据要素市场环境下逐步发展，但无论是从立法层面上看，还是从理论研究来看，公共数据的发展仍面临诸多挑战。

在此之前，有必要明确何为公共数据。相较于公共数据，更为人们所熟知的概念是政府数据、政务数据，而公共数据也常与上述概念交织，甚至有学者将政府数据与公共数据混用。必须指明的是，不能将政府数据等同于公共数据，二者关联密切，相较于政府数据，公共数据所涉及的主体更具有多源性，客体也更加复杂多样，二者的权利基础也存在差异，在目标和功能层面，政府信息公开目标侧重于“知”，而公共数据开放侧重于“用”。〔1〕

在立法层面上看，虽然多地通过法规规章对公共数据进行定义，但在中央立法层面，并没有关于公共数据的专门立法，而仅有少量立法概括性阐述公共数据的定义，目前更多的是由地方立法对公共数据的概念做出尝试与探索。在地方立法上，大体经历了从政务信息到政务数据、政府数据再到公共数据的发展历程，〔2〕但随着数字经济的不断发展和数据流通的现实需要，政府数据、政务信息等说法已经逐步被公共数据所取代；同时，公共数据的含义早已不再局限于传统的政务数据的概念，地方立法也纷纷通过实践对公共数据的概念予以突破。最早提出公共数据这一概念的地方立法是浙江省政府出台的《浙江省公共数据和电子政务管理办法》，至于公共数据的定义，不同地区的立法也是各自有别。通过对我国现有的各地相关数据管理办法或条例等的梳理，发现我国地方立法机关或采用概括式的方式对公共数据的概念进行界定，如北京、天津、广东等地区；或以列举的方式列明公共数据的范围，如海南、山东、广西等地区。但无论是概括式还是列举式，都采用了复合标

〔1〕 王锡锌、黄智杰：《公平利用权：公共数据开放制度建构的权利基础》，载《华东政法大学学报》2022年第2期，第60页。

〔2〕 沈斌：《论公共数据的认定标准与类型体系》，载《行政法学研究》2023年第4期，第65页。

准，即在对公共数据定义的过程中，均将目的、主体、行为等要素作为定义的核心标准。2022年，中共中央、国务院发布了“数据二十条”，其中明确了公共数据是指各级党政机关、企事业单位依法履职或提供公共服务过程中产生的数据，对公共数据的定义给出了更明确的解释，但其并未对“依法履职”或者“提供公共服务”做出具体的解释，也并未从数据主体角度对公共数据的范围予以进一步的阐明，因而公共数据的范围界定仍然是较为模糊的。〔1〕

从理论研究层面入手，学者们对于公共数据的概念也给出了不同的定义。有学者直接将政务数据等同于公共数据；〔2〕但实际上公共数据的概念范围要广于政务数据。也有学者提出公共数据是指公共机构在履行公共管理和公共服务过程中所形成的数据。〔3〕也有学者从公共性的角度对公共数据的概念进行拆解。概括起来，当前学界对公共数据概念界定存在着究竟是以用途还是以归属作为标准的争论，对于公共数据概念的认定当前学界也尚未有一致的定论。

传统的政务数据已无法完全涵盖新时代下公共数据所具备的内涵，而若想对公共数据进行界定，则必须准确把握该概念涉及的核心要素。通过学者们对“数据二十条”和各地相关规范表述的分析，可知关于公共数据概念界定逻辑中包含着几个必不可少的要素：主体要素、行为要素以及目的要素。〔4〕展开来说，主体要素需要明确处理公共数据的主体，公共数据的主体不再局限于具有行政职能的政府部门，还包括了事业单位、社会团体及其他具有公共管理职能的组织；行为要素则是需要明确公共数据的处理行为，实际上是包括了对于公共数据的产生、收集、储存、加工、使用、传输、开放等环节，对此应对“数据二十条”中“产生”二字予以广义的理解。但需要注意的是，行为要素需与目的要素相结合，若为了私人利益的实现而对公共数据进行处理，则不在此范畴中。目的要素则是明确公共数据的处理必须是出于履行行政职

〔1〕张新宝、曹权之：《公共数据确权授权法律机制研究》，载《比较法研究》2023年第3期，第42页。

〔2〕赵加兵：《公共数据归属政府的合理性及法律意义》，载《河南财经政法大学学报》2021年第1期，第13页。

〔3〕高富平：《公共机构的数据持有者权———多元数据开放体系的基础制度》，载《行政法学研究》2023年第4期，第19页。

〔4〕郑春燕、唐俊麒：《论公共数据的规范含义》，载《法治研究》2021年第6期，第72~79页。

能，维护公共利益之目的。上述要素是界定公共数据概念范畴的逻辑基础，无论采用概括式还是列举式，都应当明确公共数据的内容是动态变化的。公共数据是一个技术性、工具性的概念，不存在固有的内涵和外延，〔1〕其所涵盖的内容会随着时代的变迁而不断发展丰富。

若不对公共数据的概念加以明确界定，容易导致其开发利用或者保护二者之间的失衡。公共数据是指国家机关或者依照法律、行政法规被授权的社会团体、社会组织等在公共事务职能范围内，依法履行公共管理职责或者提供公共服务，并遵照法定程序的过程中所产生、获得的涉及公共利益的各类数据。例如常见的政务数据、公共企事业单位数据、具有授权的社会团体数据等。

（二）公共数据的类型

公共数据范围的界定离不开对公共数据控制主体的明确，公共数据的来源范围既包括公共数据的来源者，也包括公共数据的控制者。概言之，公共数据主要包括公共管理数据和公共服务数据两类具有公共属性的数据，〔2〕具体细化来看，公共数据的类型主要包括以下几类：第一类是从履行公共管理服务职能的角度来看，政府部门（政府、人大、党委、法院、检察院等部门）在依法履行公共职能过程中产生或者获取的政务数据；第二类是具有公共事务管理职能的企事业单位为履行职责所产生、控制的数据，例如与民生息息相关的教育医疗数据、交通数据、水电煤气数据等；第三类是具有公共管理职能或者提供公共服务的社会团体所产生、掌握的公共数据；第四类是使用财政性资金，由政府资助的专业组织在涉及公共利益的范畴内所获取到的公共数据，例如科学研究团体所掌握的基础科学研究数据等；第五类是社会其他主体在提供公共服务过程中所产生、获取的与公共利益密切相关的公共数据，对于公共数据主体在履职或者提供公共服务之外所产生的数据，并不属于公共数据的范畴。

对于公共数据范畴而言，将上述数据纳入公共数据的范畴，有利于促进公共管理与公共数据治理目标的实现。但需要注意的是，公共数据的概念如

---

〔1〕 沈斌、黎江虹：《论公共数据的类型化规制及其立法落实》，载《武汉大学学报（哲学社会科学版）》2023年第1期，第67页。

〔2〕 张新宝、曹权之：《公共数据确权授权法律机制研究》，载《比较法研究》2023年第3期，第44页。

果无限扩展的话，将导致其外延过于宽泛而难以判断何类数据应为公共数据，导致公共数据与私人数据之间的边界愈加模糊，因而对于公共数据的外延不可做过度的扩张。

（三）公共数据的特征

公共数据相较于个人数据而言，由国家政府机构或者相关部门进行管理，供大众查询使用，具有资源公共性、非排他性、非隐私性、参与主体多样性等特征。[1]

1. 公共性

公共数据是公共物品，公共数据的公共性体现在两个方面：一方面是公共数据的主体具有公共性。采集、处理、使用公共数据的主体均为公共机构，且必须是为依法履行职责、提供公共服务所必需，公共数据非属于个人所有。另一方面是公共数据包含的内容涉及公共利益。

2. 非隐私性

非隐私性是指公共数据开放当中所牵涉的数据应当不侵犯个人隐私，其中《个人信息保护法》中所提及的敏感个人信息被排除在公共数据范畴之外。尽管公共数据包括了非个人数据和个人数据，但个人数据要成为公共数据，相关部门可以在保证数据安全的前提下，经过技术手段对个人数据进行处理，使得其可在社会流通，为社会公众所利用。

3. 非排他性

公共数据具有公共产品的属性，公共数据的非排他性是指公共数据具有非独占性，其所面向的对象是不特定的公众。当公共数据被第三方使用时，并不意味着该数据排除了其他主体的使用，个体也不能对公共数据开放利用机构所开放的数据为私有，对于开放的公共数据而言，其可由多主体共享、多主体并用。

4. 参与主体多样性

公共数据从其收集、处理、使用等环节，由于涉及从生产到消费的诸多环节，数据体量大、范围广，囊括政治、经济、社会、文化等多个领域，决定了公共数据所涉及的主体具有多元性。此外，除了跨领域外，公共数

〔1〕 武长海、常铮：《大数据经济背景下公共数据获取与开放探究》，载《经济体制改革》2017年第1期，第32~37页。

据开放还跨地区、跨层级、跨部门等，因而公共数据开放利用当中涉及的主体是多样的。公共数据的生产和持有主体包括依法行政履职和提供公共服务的政府部门与企事业单位的主体，但公共数据开放与利用的过程中，也离不开社会主体的参与；在公共数据授权运营中，还有专门的市场主体的参与。

二、公共数据开放与利用的概述

（一）公共数据开放与利用的概念

《促进大数据发展行动纲要》首次在中央政府层面明确要求推动公共数据开放。数据开放是面向不特定的公众开放使用，公共数据作为重要的生产要素，对于数字经济的蓬勃发展有着重要的作用。通过公共数据的开放与利用，能够将产生的公共数据充分利用，实现公共数据的经济、社会等价值。公共数据开放与利用作为一项发挥公共数据资源价值的重要制度，是一项面向社会公众的公共服务。

公共数据开放的概念更多出现在各地的立法中，如《上海市公共数据开放实施细则》中提及，公共数据开放是指公共管理和服务机构在公共数据范围内，面向社会提供具备原始性、可机器读取、可供社会化再利用的数据集的公共服务。《浙江省公共数据条例》中规定公共数据开放是指向自然人、法人或者非法人组织依法提供公共数据的公共服务行为。简言之，公共数据开放本质上就是将原本封闭在各职能部门之间的数据开放给社会公众使用的一种行为。公共数据开放是指国家机关或者依照法律、行政法规被授权的社会团体、社会组织通过公共数据开放平台依法向自然人、法人或者非法人组织依法提供公共数据的行为。公共数据开放这一行为，使得公共数据流通到市场上，加入社会生产与再生产环节，促进数据要素市场的发展。

从目的来看，公共数据开放与传统的政务数据公开有着较大的区别。传统政务数据公开更多的是为了保障公众的知情权与参与权，而公共数据开放不单单是为了保障公众的上述权利，更是为了充分挖掘公共数据要素的价值，为数字经济发展需要服务的。

（二）公共数据开放与利用的原则

通过公共数据开放，将国家与公民之间的关系从监督关系转变为以使用信息共同解决问题为中心的协作关系。[1]不光要有海量丰富的公共数据资源池，更要有高质量的公共数据开放与利用，才能够实现高质量的数据。而高质量的公共数据在开放与利用的过程中依赖基本原则的遵守，保障公共数据体系良性发展。原则指导着我国公共数据开放的实践，应当贯穿于公共数据开放与利用的全过程，在实现公共数据开放与利用的过程中，应当遵循下述原则：

1. 公平公正原则

公共数据的开放与利用面向的是不特定的社会公众，是履行公共服务职能的行为，理应具备合法性、正当性。公共数据开放与利用的公平公正，一方面，应当通过正当程序的设置保障公众的参与以及公众对于公共数据享有平等的权利，而某一主体获取了公共数据也并不排除他人对于该公共数据的使用；另一方面，也要保证公共数据的开放与利用要在不偏私、不歧视的状态下向社会公众提供，消除开放与利用下的特权，避免数字鸿沟。

2. 公开原则

知情权作为公民的基本权利，也是现代法治国家建设的应有之义，该权利在公共数据开放与利用领域同样需要得到保障。公共数据开放与利用同样涉及政府的决策，需要受到公众的监督。阳光是最好的防腐剂，通过公开程序的设置，能够有效避免公共数据开放与利用过程中的不正当行为的发生。相关部门应当遵循“以公开为原则，不公开为例外”的原则。在公共数据开放与利用领域的公开原则包含了两方面的含义：一方面，公共数据开放主体对于公共数据的筛选、清单设置、开放协议、开放范围等过程应当做到公开透明；另一方面，对于作出决策的相关源文件、资料等也应当进行公开。

3. 质量保障原则

数据质量是指平台上开放的数据集的完整性、颗粒度、时效性和可获取性。[2]数据是开放的源泉，数据的质量如何最终也会影响公共数据开放与利用的效果。样本缺失的数据集甚至是包含错误或者虚假内容的数据集将会妨碍公共数据的开放与利用，影响决策的正确性。要确保真正实现公共数据开放与利用的目的，就必须遵循质量保障原则：一则是开放与利用的公共数据

〔1〕 张敏主编：《数据法学》，中国政法大学出版社 2023 年版，第 197 页。

〔2〕 郑磊、刘新萍主编：《中国公共数据开放发展报告（2022）》，社会科学文献出版社 2022 年版，第 107 页。

必须具有准确性、完整性，符合相应的国家标准或者是地方标准；二则是对于不正确、虚假的数据集应当进行及时的纠正、删除等。〔1〕

4. 便民原则

数据开放是数据流通的重要方式之一，契合我国数据要素市场化建设。公共数据作为我国数据要素重要的组成部分，对于数据要素市场的建设与发展有着重要意义。这也与政府政务管理能力紧密相连。归根到底，公共数据的开放与利用最终需要惠及于民，因而在公共数据开放与利用的过程中，既要保证其获取的可能性也要保证获取的及时性、可读性。一方面，公共数据开放与利用主体应当尽可能降低获取、使用公共数据的门槛；另一方面，相关的职能部门应当及时在开放平台更新相关数据集、数据接口等，尽可能扩大公众对于公共数据的可获得范围。此外，相关职能部门对于被开放与利用的公共数据应当进行一定的处理，使得其更加通俗易懂。

5. 数据安全原则

国务院印发的《关于加强数字政府建设的指导意见》中明确要求，要促进数据有序开发利用，构建统一规范、互联互通、安全可控的国家公共数据开放平台，分类分级开放公共数据，有序推动公共数据资源开发利用。数据产业只有在安全运营的情形下，才能够保持持续健康的发展。安全是公共数据开放与利用的基础保障，公共数据的产生、采集、利用、储存等各个环节，都存在着安全风险，若不对其中的风险加以规制，将会对个人、社会甚至是国家都产生极大危害。数据安全原则要求公共数据的控制主体必须避免数据采集、数据储存、数据处理、数据利用等环节发生数据泄露、数据破坏、数据篡改、数据滥用等风险。例如“数据二十条”中要求“原始数据不出域、数据可用不可见”，这从法律方面确立了要保障原始数据源的安全性。

（三）公共数据开放的类型

我国立法当中对于公共数据开放类型的分类主要采取的是负面清单与分级两种开放模式。负面清单模式主要是通过在立法中对不开放的情形予以规定，并最终结合相关条件如利用目的、利用范围等条件进行审查，最终决定是否开放，例如《科学数据管理办法》《贵阳市政府数据共享开放条例》等

〔1〕 焦海洋：《中国政府数据开放应遵循的原则探析》，载《图书情报工作》2017 年第 15 期，第 85 页。

规范。

分级模式则主要是将公共数据区分为不同的级别，并予以不同的处理。我国“数据二十条”中对于公共数据的开放利用提出了三种模式，即不予开放、有条件无偿使用与有条件有偿使用。具体而言，依照法律法规需要保密的公共数据将不予开放，而凡是涉及开放的公共数据，均需要具备一定条件，至于有偿与无偿，取决于开放的目的。对于用于推动公共治理、公益事业的公共数据将予以有条件无偿使用，对于用于推动产业开发、行业发展等目的的公共数据则有条件开放有偿使用。有偿与无偿这两种开放方式实质上是采取受益者负担公共数据治理成本的原则，在满足公共利益本身需要的同时，促进公共数据转化为生产要素，让需求者可以获得可用且好用的公共数据资源。

而从各地法规来看，公共数据开放的类型主要包括无条件开放、有条件开放和不予开放，与“数据二十条”对公共数据开放的类型规定大体一致，但有的地区对于是否有偿这一问题并未予以明确，在实践中大多地区基本实行了免费开放原则。[1]相较于“数据二十条”，各地对于数据开放类型的规定更加细化。其中，不予开放的公共数据包括：开放后危及或者可能危及国家安全的；开放后可能损害公共利益的；涉及个人信息、商业秘密或者保密商务信息的；数据获取协议约定不得开放的；法律法规规定不得开放的。有条件开放的包括：对数据安全和处理能力要求较高、时效性较强或者需要持续获取的公共数据；涉及个人信息的公共数据经匿名化处理的；涉及商业秘密、保密商务信息的公共数据经脱敏、脱密处理的；涉及个人信息、商业秘密、保密商务信息的公共数据指向的特定自然人、法人或者非法人组织依法授权同意开放的等，用户可以通过开放平台提供的申请功能，填写使用范围、用途等必要信息来获取相关数据。而其他类型的公共数据则列入无条件开放类型，无条件开放类型的公共数据是用户主要获取的数据类型。

---

〔1〕常江：《公共数据开放立法原则反思和开放路径构建》，载《华东理工大学学报（社会科学版）》2022年第5期，第137页。

第二节　我国公共数据开放与利用的现状与困境

一、我国公共数据开放与利用的相关法律法规

（一）国家层面

良好的政策是推动公共数据开放与利用的重要保障。在数字经济时代，数据成为重要的战略资源，而公共数据作为其重要组成部分，其开发与利用对于激活数据要素市场活力，推动数字政府建设具有重要意义。从战略层面看，公共数据体量大，关涉社会生产生活的多领域，是推动数据要素市场发展和激活数字经济的重要物质基础。通过对公共数据的开放与利用，能够充分挖掘其价值。国家战略布局中也凸显了对公共数据的重视。2015 年，国务院最早颁布了《促进大数据发展行动纲要》，提出要建设数据强国，为公共数据的发展奠定了基础。2017 年，国务院办公厅发布的《政务信息系统整合共享实施方案》提出要加快公共数据开放网站建设，依托国家电子政务外网和中央政府门户网站，建设统一规范、互联互通、安全可控的数据开放网站。同年，《关于推进公共信息资源开放的若干意见》中要求推进公共信息资源开放，着力推进重点领域公共信息资源开放，释放经济价值和社会效应，公共数据开放理念也得到进一步的普及。2020 年发布的《中共中央、国务院关于构建更加完善的要素市场化配置体制机制的意见》中也要求了对于政府数据和社会数据要充分优化治理和开发利用。2021 年，中共中央、国务院印发了《法治政府建设实施纲要（2021–2025 年）》，当中也提及要加快推进政务数据有序共享。2021 年颁布的《数据安全法》中规定了各职能部门和各地政府对于数据安全的主体责任。

为了充分开发公共数据的价值，我国对“授权运营”模式进行了积极探索。例如《要素市场化配置综合改革试点总体方案》中也提及要完善公共数据开放共享机制，包括公共数据的共享协调机制、公共数据的管理体制以及对政府数据授权运营制度的探索。《中华人民共和国国民经济和社会发展第十四个五年规划和 2035 年远景目标纲要》中提出，鼓励第三方对公共数据进行挖掘与利用，通过政府授权运营的方式最大限度挖掘数字经济发展潜能，释放数字经济的红利。2022 年 12 月，中共中央、国务院发布了“数据二十条”

为数据要素的发展进行了顶层设计，搭建数据要素发展的四梁八柱，推动构建数据要素双循环新发展格局，同时明确了公共数据确权授权机制的具体内容，鼓励公共数据在保护个人隐私和确保公共安全的前提下，按照“原始数据不出域、数据可用不可见”的要求，以模型、核验等产品和服务等形式向社会提供，对不承载个人信息和不影响公共安全的公共数据，推动按用途加大供给使用范围。

总的来看，中央层面对于公共数据的规定更多侧重于对公共数据安全的治理的相关原则性的规定。公共数据的开发利用由于当前规则的模糊性，导致其在实践过程中存在一定的困难。如上文所提及的关于公共数据的概念在当前仍然未能有立法层面上的统一或者是学术界的共识，极容易导致全国各地区对公共数据涵盖的范围出现差异。

（二）地方层面

在公共数据开放与利用方面，各地都相继发布了契合本省发展的公共数据管理条例。例如北京、广东、成都、上海、江苏等地都在其所公布的公共数据的相关法规中明确将加大对公共数据开放与利用的力度。地方立法对公共数据开放与利用管理与要求、公共数据开放与利用的统筹管理、公共数据开放保障机制、公共数据开放标准等内容都进行了细化规定。

在公共数据授权运营方面，各地区也在积极探索公共数据授权运营的新模式。2020 年 4 月，北京市出台了《关于推进北京市金融公共数据专区建设的意见》，这是我国首个公共数据授权运营模式的落地探索，其率先构建以场景为牵引的公共数据授权运营模式，依托市大数据平台建设了专区承担金融公共数据“统进统出”、制度化管理、创新社会应用等功能，创新推出“政府监管+企业运营”的公共数据运营模式。2023 年，北京市发布《关于更好发挥数据要素作用进一步加快发展数字经济的实施意见》的通知，将进一步推广完善金融等公共数据专区建设经验。

2019 年上海市公布实施了《上海市公共数据开放暂行办法》，标志着我国首部针对公共数据开放的立法以地方政府规章的形式颁布实施。[1]2020 年 10 月，成都市印发了《成都市公共数据运营服务管理办法》，这是国内首份

〔1〕 余筱兰：《公共数据开放中的利益冲突及其协调——基于罗尔斯正义论的权利配置》，载《安徽师范大学学报（社会科学版）》2021 年第 3 期，第 84 页。

关于公共数据授权运营的专门政策文件，从制度、管理、技术三个层面规定公共数据的授权运营。2021 年 6 月，深圳市也发布了《深圳经济特区数据条例》，对公共数据作出了专章规定，其中细化规定了公共数据开放的三种类型：无条件开放、有条件开放和不予开放。深圳市人民政府和市政务服务数据管理部门成为公共数据开放与利用的主要责任主体。2021 年 10 月，广东省政府印发《广东省公共数据管理办法》，从采集、流通、开发利用和安全保障等方面规范公共数据管理，促进公共数据资源开发利用。2021 年 11 月上海市发布的《上海市数据条例》和 2022 年 1 月浙江省发布的《浙江省公共数据条例》通过专门制定地方政府规章的方式对公共数据开放进行了制度优化与设计，提出要加强数据利用，建立公共数据授权运营管理机制，保障公共数据的授权运营。此外，在地方上，地方政府往往会构建一套制度规范体系，推动公共数据的发展。如浙江省政府在发布了《浙江省公共数据开放与安全管理暂行办法》后，为了进一步贯彻落实该办法，又制定了部分地方标准和系列配套规范性文件，形成了一套较为完善的公共数据开放与利用的制度体系。

地方政府通过制定地方性法规、地方政府规章或者规范性文件的方式，推进公共数据开放与利用的互联互通，以营造社会人人参与开放与利用公共数据的良好氛围。总体而言，各地方政府根据本地情况进行不同模式的探索，我国的公共数据开放尚未能有统一的标准。

二、公共数据开放与利用的实践探索

（一）公共数据开放与利用平台建设实践

我国公共数据开放最早源于地方的实践探索。2012 年，上海市人民政府推出了“上海市政府数据服务网”，拉开了我国公共数据开放的序幕。此后，我国许多地区都在公共数据的有效开发与利用方面进行了积极探索，上线了公共数据开放平台，公共数据开放水平不断提升。地方公共数据开放平台通常汇集了公共数据开放目录、数据获取、数据汇集等服务，一般的开放平台将教育、住房、民生就业、文化休闲、交通、城市建设、信用服务、生态环境、财税金融、公共安全、地理气象、农业农村等数据资源纳入面向公众开放的范围，用户可以采取多种方式获取不同类型的开放的公共数据。

目前，全国各省、市、地区的公共数据开放平台大部分已经基本建成，截至 2022 年，我国已有 22 个省级行政区建立了公共数据共享平台，其中北京、上海、广东、深圳等地的公共数据开放平台建设较为完善，可作为先进经验进行学习。以北京和广东地区的公共数据开放平台为例，纳入该平台的单位有 115 个，数据接口数量为 1.3 万个，开放的数据量达到了 71.86 亿条，同时还设置了开放数据清单。[1]广东省政府依托“开放广东”平台向社会开放 3.29 万个公共数据集、224 个数据服务接口和 102 个数据应用。“信用广东”平台归集信用数据 184 亿条，覆盖全省 1600 多万市场主体，数据总量持续居全国首位。[2]

从建设模式来看，当前我国省级公共数据开放平台的建设模式主要有两种：一种是统一模式，即由省政府统一建设全省统一的公共数据开放平台，各地市通过统一的平台进行日常的数据填报与维护；另一种则是分开模式，即省市对公共数据开放平台进行独立建设，各自开建相关的网站平台，通常彼此间的数据是不相通、不共享的。[3]上述公共数据开放平台建设呈现出省域整体性和区域协同性的特征。[4]

从平台功能来看，当前我国的公共数据开放平台基本涵盖了数据目录、数据集、数据接口、数据分类检索、特色应用、成果展示、开发指南、互动交流等功能。大多数的公共数据开放平台都通过可视化的方式，清晰明了地向公众呈现该平台数据开放的发展程度、数据量以及分布情况等。互动交流功能作为与公众沟通的重要窗口，通常包括需求反馈、开放协议、成果提交、纠错申诉等功能。

从开放数据类型来看，有的平台依据场景进行划分，有的平台依据领域来划分，甚至有的地方按照所涉部门、地理位置等标准划分开放的公共数据类型，但无论何种方式，本质上都是围绕着民生关切开展的。

（二）公共数据授权运营模式实践

公共数据开放能够有效推动数字经济发展，但公众在获取公共数据后，可能由于自身信息素养程度不足等原因，难以实现对获取的公共数据的有效利用，

---

〔1〕 参见 https://data.beijing.gov.cn/，最后访问日期：2023 年 7 月 15 日。

〔2〕 广东省政务服务数据管理局：《广东省数据要素市场化配置改革白皮书（2022）》，第 18 页。

〔3〕 公共数据开放联合课题组：《数据开放浪潮》，社会科学文献出版社 2020 年版，第 13 页。

〔4〕 郑磊、刘新萍主编：《中国公共数据开放发展报告（2022）》，社会科学文献出版社 2022 年版，第 78 页。

公共数据管理授权制度则作为公共数据开放的一种重要形式应运而生。[1]政府部门作为公共数据的主要控制者，由于体制机制等限制容易导致政府对公共数据开放的动力不足，开放数据的质量不高，更甚之，还可能存在权力寻租的空间。而市场主体对于公共数据往往有着较强的需求，通过公共数据授权运营能够较好地解决二者之间的矛盾。[2]公共数据授权运营作为推动数据要素产业发展的重要抓手，通过该制度的运营，让专业的人做专业的事，能够有效发挥市场竞争机制，激发市场主体活力，实现“原始数据不出域、数据可用不可见”的目标，充分发挥市场主体的主观能动性，挑选出有实力可靠的市场主体来对公共数据进行运营，挖掘公共数据开放与利用的潜能，从而反哺公共数据开放与利用，最终形成正向的良性循环机制。

2019年成都市政府探索出政府数据集中授权运营模式，并建立起较为完善的公共数据授权运营。北京市对于公共数据授权运营模式的探索也取得了较好的成效，北京市率先构建的以场景为牵引的公共数据授权运营模式，在过去的时间里，北京金融控股集团在市政府的授权下，累计为银行等金融机构提供服务5000多万次、支撑30余万家企业申请金融服务金额超2000亿元。[3]

除了上述经济发达的地区外，中部地区也积极开展公共数据开放与利用、公共数据授权运营的探索。以江西省抚州市为例，2022年，抚州市首创建设基于“数据银行”的政务数据授权运营模式，该平台汇聚了金融、医疗、农业、交通、文旅等运营场景所需的工商、司法、税务、社保、公积金、电力、能源等方面的政务数据。

（三）公共数据利用促进实践

数据开放只是目的，但公共数据资源的真正盘活还需要依赖数据有效利用来实现。公共数据的利用会让其不断增值，在公共数据利用中，政府是主要的利用促进角色，政府需要通过举办比赛、组织各种专业类的活动来提升

---

〔1〕宋烁：《构建以授权运营为主渠道的公共数据开放利用机制》，载《法律科学（西北政法大学学报）》2023年第1期，第84~86页。

〔2〕郑磊、刘新萍主编：《中国公共数据开放发展报告（2022）》，社会科学文献出版社2022年版，第319页。

〔3〕李志勇：《北京金融公共数据专区助力金融“活水”精准“滴灌”》，载《经济参考报》2023年1月11日。

公共数据的利用有效性、多样性，营造良好的公共数据利用的环境，最终实现公共数据开放与利用的可持续发展。

各地政府为了能更好地吸纳更多主体参与到公共数据的利用当中来，提升社会主体数据利用能力，积极举办各类赛事活动。如上海市政府为了推动社会大众对公共数据资源的深度应用和增值开发，从2015年开始，持续举办"SODA上海开放数据创新应用大赛"；2021年山东省政府举办了"山东省第二届数据应用创新创业大赛"，瞄准社会关心的热点、难点、痛点问题，广泛征集并发布了涵盖医疗、教育、疫情防控、市政建设、工业发展等民生热点领域的赛题，以省级主办、各地级市协同参与的方式，提升公共数据利用的辐射面、扩大影响力。为了让公共数据开放实现供需相配，各地政府也在积极探索各类对接活动，如山东、四川等地通过公共数据开放平台向社会公众征集公共数据资源开放的需求意见。

除了实现公共数据利用主体的多样性外，检验公共数据利用效果还需要结合利用成果来看。例如浙江省推出的高德地图（停车场版块），通过公共数据开放平台向市民开放停车数据、提供实时停车动态、收费标准、智能化停车方案等。又如杭州市推出的"车来了"公交出行应用，可以为市民提供站点附近的实时公交动态，帮助市民预测预计等待公交车时长等。总的来说，当前我国政府开放数据的利用成果以服务应用与创新方案为主，研究成果等其他类型的利用成果数量仍然较少。[1]

三、公共数据开放与利用的现实困境

数据的有序开放与规范利用，是推动公共数据内在价值实现的制度性前提。[2]在不涉及国家秘密、商业秘密、个人隐私的前提下，把公共数据开放给社会进行融合利用，将有力促进数字经济和数字社会的发展。只有让公共数据充分开放与利用，才能够真正发挥其价值。公共数据的开放与利用是为了顺应政府数据开放的潮流，在公共数据开放与利用的相关立法制度尚未齐备，甚至连概念、范围、边界等内容尚未确立的情形下，地方就已经展开了

---

〔1〕 郑磊、刘新萍主编：《中国公共数据开放发展报告（2022）》，社会科学文献出版社2022年版，第137~149页。

〔2〕 徐珉川：《论公共数据开放的可信治理》，载《比较法研究》2021年第6期，第143页。

探索，呈现出实践先行的发展姿态，但当前就公共数据的开放与利用而言，还存在着不确定、不充分、不平衡、不协同、不可持续等问题。

（一）公共数据开放与利用制度规范的不确定

纵观我国当前公共数据开放与利用的相关规范，中央与地方实践发展并不同步，公共数据开放政策文件的“积极先行”与相应法律法规的“滞后缺位”形成了鲜明对比。[1]在中央层面未能有专门的公共数据相关立法，对于公共数据开放与利用的规定更多散见于其他的法律规章当中，它们是抽象、原则性的规定。在地方立法上，尽管已经有地方立法实践对于公共数据开放与利用做出了积极且有成效的探索，但仍有较多问题未能予以解决。缺乏具体的指引，公共数据开放与利用将会面临实践中的诸多不确定性，在一定程度上将降低公共数据的开放利用质量。

而对于诸多问题也存在着不确定性。以公共数据的概念为例，公共数据的概念作为研究公共数据的起点，其概念界定影响着后续一系列问题，如其范围内容、区分标准等。但在立法或者理论中，往往存在将公共数据与政府数据等混用的情形，公共数据的具体概念与所涉范畴模糊不清，致使相关政策难以得到准确适用，各主体在实践中处理公共数据存在阻碍，最终将无法真正实现充分激活公共数据活力与价值。[2]各地的立法对于公共数据的概念界定也不尽相同，尽管“数据二十条”中对于公共数据概念进行了界定，但也未能明确划定公共数据的范围。公共数据制度具有复杂性、综合性的特点，当前我国中央层面对于公共数据开放与利用的立法仍然难以完全应对实践中诸多难题。而地方层面的立法当中采取的标准不尽相同，规范内容又有所差异，相关的配套措施也不到位，最终将不利于公共数据开放与利用的发展。此外，关于公共数据授权运营模式的探索，其作为一个全新事物，在立法上也仍然存在一定的模糊地带，由于立法的模糊致使其在实践中的发展也遇到了一定阻碍。

（二）公共数据开放与利用发展的不充分

数据开放环节只是基础，而通过数据再利用实现数据的增值，推动数据

---

〔1〕 黄贤达、高绍林：《论我国公共数据开放的双重路径与规范重塑》，载《江西师范大学学报（哲学社会科学版）》2022年第3期，第65页。

〔2〕 齐英程：《作为公物的公共数据资源之使用规则构建》，载《行政法学研究》2021年第5期，第139页。

要素市场发展才是最终的目的。我国数据要素市场的建设和发展仍然处于起步阶段，尚未成熟，公共数据服务的开发与利用面临着资源利用率低的难题。公共数据是一个丰富的大数据资源池，如同矿藏等可为人类利用产生价值，但当前公共数据的掌握机构更多时候侧重的是公共数据的收集与使用，而对于其开发与利用程度往往较低，未能充分发挥数据资源的效能。此外，由于公共数据大多数由政府部门直接或者间接控制，大多政府部门对于公共数据的运用意识差异大，在公共数据开放过程中，政府更加注重对于公共数据的储存，而对于其后续的利用促进不够重视，创新性应用与研究的数量总体较低。[1]

（三）公共数据开放与利用程度的不均衡

许多地区进行了公共数据开放与利用的积极探索，如上海、北京、天津、江苏等地，从整体趋势来看，东南地区的公共数据开放与利用程度明显高于西北地区，经济发达的地区的公共数据开发与利用程度更高。例如北京、上海、广东等地，对于公共数据开放与利用的程度更高，所涵盖的数据集更多，当前我国各个地方的公共数据开放程度和平台建设程度不一致。复旦大学数字与移动治理实验室通过“开放森林指数”统计了我国省域开放森林指数，从统计数据来看，有的省域之间的开放程度差异较大，指数最高的省域是山东，开放森林指数达到了 74.18，而最低的新疆仅有 1.23。[2]从总体上看，山东、浙江等地省域公共数据开放程度上较高，无论是从数据的数量还是质量上看都较为领先。

（四）各地公共数据开放与利用的不协同

从国家层面布局来看，尽管 2015 年提出建立全国统一数据开放平台的目标，但目前我国尚未建立统一的公共数据开放平台。在大数据时代下，海量数据只有在彼此互通下才能够尽可能发挥出数据资源的规模化效应，精准展现相应的分析规律。

从地方实践来看，当前我国地方性法规囿于其效力范围难以有较大的辐射面，且地方性法规的具体规定也不全然统一。就平台建设而言，各省域的公共数据开放平台之间，也仅有少部分实现了互通，如山东、浙江、广东等

[1] 参考武长海、常铮：《大数据经济背景下公共数据获取与开放探究》，载《经济体制改革》2017 年第 1 期，第 33 页。

[2] 《开放森林指数》，载 http://ifopendata.fudan.edu.cn/，最后访问日期：2023 年 7 月 25 日。

公共数据开放程度较高的地区，大部分省与省之间甚至是省内市与市之间的公共数据都不互通。这种纵向不统一，横向不贯通的问题使得全国各地的公共数据呈现“数据孤岛”的局面，各个地区的公共数据难以实现共享联通，不利于资源的整合，最终无法发挥数据的规模化效应，将会对公共数据在全国的流通产生一定的阻碍，不利于维护法秩序的统一性，也难以实现促进数字经济发展的重要目标。此外，不同政府部门间的公共数据资源采集标准、格式不统一等问题，也会导致各个政府部门横向之间没有畅通的信息传输机制，加剧公共数据封闭的局面。[1]

（五）公共数据开放与利用的不安全性

公共数据开放是一个多主体参与的复杂工程，尽管当前数据开放与共享是大势所趋，但其中涉及的数据安全保护问题是不容忽视的，公共数据的开放涉及多部门、多层级，甚至是公共部门和私人部门之间的流转，[2]数据开放的诉求无疑给个人隐私和国家安全带来一定的隐忧。[3]一方面，公共数据开放与利用能够激发数字经济的活力；另一方面，也存在着诸多风险，这种风险既来自数据本身，也来自数据开放利用行为。一是在数据开放前的各个阶段可能存在风险。在公共数据收集阶段，可能存在因为具体规则不明而导致个人信息被过度收集的情况；在数据储存阶段可能因平台安全防护等级不够，导致存在数据被泄露的风险。二是开放后的数据也存在着可能被不当利用的风险。在公共数据开放阶段，开放的公共数据可能被滥用、误用等，最终导致公众利益与国家利益受损；在公共数据授权运营阶段，由于权属不清可能导致数据最终的去向不明，且无法确保数据的安全销毁等问题。[4]

对于有条件开放的相关数据，即使经过了相关的匿名化处理后，也可能通过某些技术手段处理整合零碎的数据，最终精确定位和还原出原始数据。随着对个人信息保护的重视和数据开放的发展，各地政府也通过出台相关规范保障公共数据开放与利用的安全运行，如推行公共数据分级分类制度、采

[1] 肖燕雄、颜美群：《政府信息公开标准化建设问题与方向探析——基于政府信息公开年度报告的视阈》，载《广西社会科学》2020年第9期，第63~64页。

[2] 参见苏玉娟：《政府数据治理的五重系统特性探讨》，载《理论探索》2016年第2期，第71页。

[3] 王本刚、马海群：《开放数据安全问题政策分析》，载《情报理论与实践》2016年第9期，第25页。

[4] 参见嘎拉森、徐拥军：《公共数据开放视域下的个人信息保护风险及其治理逻辑》，载《图书与情报》2022年第6期，第86~87页。

用数据脱敏等手段保障数据安全，但更多的是聚焦于通过私法上的权益调整方式去规范权责关系，[1]很难具体明确、厘清各方主体责任。

（六）公共数据开放平台建设不够完善

当前我国已经有较多地区上线运营了公共数据开放平台，以供社会公众进行下载与申请，但开放平台的建设也仍然存在较多的问题亟待解决：一是平台所开放的数据与公共需求不匹配，即公共数据开放平台存在形式开放的问题，尽管建有相关的开放平台，但涉及公共实际需要、迫切办理的核心业务的相关数据的数据量仍然不足，更甚者，有些地方存在提供了数据目录，但目录下并无相关数据或者是所提供的公共数据并无实际价值的情况。二是数据更新不够及时，数据要素市场的发展如金融市场一般瞬息万变，这就更加要求公共数据的供给必须及时、有效，但目前普遍存在着更新不及时的问题，例如浙江、上海等地区的开放平台中，部分数据集和数据接口已超过一年未更新，时效性不足导致公共数据的潜在价值未能被充分利用。三是互动机制不够完善。尽管当前许多平台建设都设置了互动交流窗口，但对于公众意见的反馈渠道的畅通性仍有待提高，比如有的开放平台存在申请窗口不易被发现等问题，无形中提高了公众获取公共数据的门槛。四是专业人才不足。公共数据开放平台的建设，离不开专业人士的运营，但当前从我国普遍实践来看，平台建设中的专业人才数量仍不足，相关专业人才培养体系仍不够成熟。[2]

第三节　公共数据开放与利用的域外经验和启示

将公共数据作为一种资源，以实现其价值已经成为世界大多数国家的数据治理改革的新动向。[3]公共数据开放与利用作为数字经济时代的重要探索，能够充分释放公共数据的价值。美国、英国、澳大利亚等地区较早地在政府数据的开放与利用上进行了相应的探索。本部分将挑选美国、英国、澳大利

〔1〕参见丁晓东：《论个人信息法律保护的思想渊源与基本原理——基于“公平信息实践”的分析》，载《现代法学》2019年第3期，第97页。

〔2〕王勇旗：《公共数据法律内涵及其规范应用路径》，载《数字图书馆论坛》2019年第8期，第37页。

〔3〕武亚飞：《大数据时代公共数据开放立法研究》，载《科技与法律（中英文）》2022年第6期，第83页。

亚三个国家，研究分析其是如何进行公共数据开放利用的，并尝试总结可借鉴的方案。政府是公共数据的主要持有者，据统计，其所占有的公共数据占全社会数据总量的80%以上。在外国实践中，更为常见的说法是政府数据开放，因而本部分的域外经验部分主要阐述的是国外的政府数据开放与利用的相关经验。

一、公共数据开放与利用的域外经验

（一）美国

美国的政府数据开放实践开展得较早，经过多年的探索与积累，美国在政府数据开放方面已经探索出一套较为成熟的方案。在早期实践中，美国数据开放经历了从政府信息公开到政府数据开放的历程。1966 年，美国出台了《信息自由法案》，确保公众信息自由，同时，美国注重政府数据开放网站的建设，1996 年共和党众议院所创建的 THOMAS. gov 是美国实行政府数据开放的早期探索。

在政策保障方面，2009 年美国先后颁布了《开放和透明政府备忘录》《开放政府指令》，提出政府数据以开放为导向，增加公众参与。随后，英国、澳大利亚等国家也逐步开始搭建政府数据开放平台。2012 年美国颁布《数字政府战略》，在此前的基础上提出要加大对公共服务平台的建设，指明了政府数据开放的方向。2013 年 5 月，美国总统签署的《开放政策——管理作为资产的信息》备忘录中指出，进一步明确促进有效率的数据开放的主体责任。2016 年美国通过了《开放政府数据法案》，该法案贯彻公开为原则，不公开为例外，要求美国所有的政府机构须公开其所掌握的公共数据，但在涉及保密、国家安全和其他必要情形下，可以不公开。要求可公开的政府数据必须具备开放性、可检索性以及机器可读性，美国形成了自身所独有的公共数据开放与利用体系，在数据标准与质量管理方面，美国主要将公开与机器可读作为政府信息的新标准；同时要求设立专门的网站以实现公共数据的公开与利用等。2019 年 1 月，美国通过了最新版《开放政府数据法案》［the Open, Public, Electronic, and Necessary（OPEN）Government Data Act, OGDA］，为美国的政府数据开放作出了创新性规范，提供了更有力的法律保障，其法律规制思路具有借鉴价值。该法案进一步拓展了美国数据开放的广度与深度，为美国在政府数据资源的开放和利用方面提供了更有力的制度保障。

在组织管理方面，2019 年颁布的《开放政府数据法案》中设立了首席数据官及其委员会的制度，涉及交由专人负责数据的安全管理、开放共享等工作；之后美国颁布的《联邦数据战略与 2020 年行动计划》中建立了联邦首席数据管理委员会和联邦数据政策委员会对政府数据开放工作进行专门管理。

在开放数据平台建设方面，2009 年 5 月，美国根据以往经验，进一步建立了国家级政府数据开放平台 Data. gov，要求联邦政府各部门定时开放数据，并将各政府部门的数据集进行整合。该政府数据开放平台发展至今，已较为成熟，具备数据量大、来源广泛、功能多样、方便统一等特征，彰显了美国政府数据开放的成效。截至当前，该平台汇聚了 20 余万个开放数据集。

就开放模式而言，美国采用的是政企合作型数据开放模式，即政府通过向企业或者专业的第三方机构开放部分政府数据，让企业或者第三方机构对相关数据进行开发利用，最终提供给公众使用。美国政府通过发行许可证的方式向第三方主体如商业公司或者个人开放政府数据，通过这种模式，能够让市场主体参与到政府数据开放的环节当中，让更多资源流动进来，更好地实现对政府数据的利用，也能够引导政府数据开放利用产业良性发展。在这种模式下，根据政府和企业的地位不同，政府数据开放利用产业可以分为政府主导型、企业主导型、政府主导市场化。〔1〕政府仍然是占据主导地位，美国的政企合作开放模式的应用实践主要体现在开展开放数据创新应用竞赛和合作共建试点项目。

在隐私保护方面，美国在立法上主要采用的是分散立法。〔2〕例如，2013 年美国政府在《开放数据政策——将信息作为资产进行管理》中对于数据安全和隐私保护做了进一步的规定，要求政府将隐私保护贯穿信息各生命周期。此外，首席数据官及其委员会也需要对开放数据进行审查，尽可能减少侵犯隐私行为的发生。

（二）英国

英国同样是数据开放的先驱者，其数据开放程度位列世界前列。英国在保证政府数据开放方面也提供充分的政策保障。2009 年，英国在《迈向第一

〔1〕 王海贵、朱学芳：《国外典型数据开放模式分析及其在我国的实践与启示》，载《情报理论与实践》2023 年第 12 期，第 193~200 页。

〔2〕 公共数据开放联合课题组：《数据开放浪潮》，社会科学文献出版社 2020 年版，第 116 页。

线：更聪明的政府》（Putting the frontline first：smart government）中明确提出要迅速开放数据和公共信息，首次明确了公共数据的概念，制定了一系列的政府数据开放方案。英国通过出台一系列的相关政策与配套法律法规，大力推动公共数据开放与利用工作。为了更好地推进政府数据开放，从 2011 年至 2019 年，英国连续发布了 4 份《英国开放政府国家行动计划》，致力于改善公共服务以及促进公共数据的开放利用。2011 年英国颁布了《促进增长的创新与研究战略》，加大了信息化基础设施投资，进一步推进了政府数据开放的力度，同年 9 月还颁布了《英国开放政府国家行动计划 2011~2013》，对于各领域的数据开放作出了要求。2012 年，英国修订《信息自由法》，该法案的颁布极大便利了公民获取公共信息。同年 6 月，英国内阁发表《公开数据白皮书》对公共数据要求采取更开放的态度，并对标准格式作出要求，英国的政府数据开放进入了新的里程碑。2013 年，英国颁布了《开放数据白皮书：释放潜能》（Open Data White Paper：Unleashing the potential）对公共数据的概念进行了进一步的界定和厘清，并在其中区分了公开数据、公开政府数据、公共数据以及公共部门信息四个概念。同年 9 月，英国政府发布了第二个《英国开放政府国家行动计划 2013~2015》，同年 11 月，英国发布的《G8 政府数据开放宪章：英国行动计划》中对于包含的数据集进行了明确，进一步指明了政府数据开放的方向。之后由于 2016 年、2019 年分别发布了第三、第四个行动计划，对政府数据开放承诺做出了更详尽的规定。

在公共数据开放与利用的组织架构方面，英国十分明确政府数据开放的各责任主体。在内阁及其直属部门带领下，下设了商业、创新与技能部（现商业、能源和产业战略部，BEIS）、内阁办公厅（CO）以及司法部。在商业、能源和产业战略部下设立了数据战略委员会（DBS），主要负责提供发布公共数据建议，在该机构下还分设了开放数据用户小组（ODUG）、开放数据研究所（ODI）、公共数据组（PDG）等专业小组。在内阁办公厅下，设置了政府数据服务小组（Government Digital Service，GDS）和公共部门透明委员会（Public Sector Transparency Board，PSTB），分别负责协调所有政府部门以及民间组织等推进政府数据开放和监督政府透明议程以及制定数据开放标准等。司法部则是中央政府信息公开的领导机构，主要负责信息公开、数据保护相关法律的司法解释和政策制定。此外，英国的公共数据开放与利用也建立了相关的配套管理机制，以促进公共数据开放的互联互通和数据安全等，进一步挖掘公共数据的价值潜能。

在开放原则方面，英国采用的是默认开放原则，即原则上将公共数据免费提供给公众使用。2015 年颁布的《公共部门信息再利用条例》当中规定了可以收取费用的情形。此外，英国也采取了其他不同的公共数据再利用的运营模式，如贸易基金模式、公私竞争模式等。

在开放数据标准方面，2010 年英国发布《公共部门透明委员会：公共数据原则》提出了关于数据开放的具体形式、格式、许可使用范围等具体的 14 项原则，并在次年发布的《开放数据白皮书：释放潜能》当中也提出数据开放的五星评价标准和开放标准原则。

在公共数据的管理与安全保护方面，英国采用了分级分类授权协议的方式进行管理，主要包括：开放政府许可（Open Government Licence）、非商业使用政府许可证（Non - Commercial Government Licence）、收费许可证（Charged licence），通过分级分类协议，能够有效厘清政府数据开放的范围。其中最为常用的是开放政府许可。在公共数据安全保障方面，英国政府在大力主张公共数据开放与利用的同时，也采用了相应的配套措施对其中牵涉的个人信息进行保护。例如，在《开放数据白皮书》《英国政府许可框架》当中都提及了要在保证公共数据尽可能开放利用的前提下，保障个人隐私与数据不被泄露、滥用等。

在公共数据开放平台建设方面，英国也有充分的实践，体现了英国采用的是公众参与型数据开放模式。[1]2010 年 1 月，英国政府正式使用开放性数据门户网站“Data. Gov. Uk”，该政府数据开放平台中，开放的数据集涉及了诸多领域，包括国土、人口、犯罪、教育、交通、环境等方方面面。该国在数据平台开放过程中，注重用户的使用感受，为用户提供了反馈表单，旨在激发公众的兴趣，使得更多人参与到公共数据开放的实践当中。如英国多次举行数据开放营，吸引全社会的参与。

（三）澳大利亚

相比美国、英国而言，澳大利亚在公共数据开放与利用上的探索起步较晚，最早可以追溯到 20 世纪 80 年代。澳大利亚政府对信息政策进行了多次

〔1〕王海贵、朱学芳：《国外典型数据开放模式分析及其在我国的实践与启示》，载《情报理论与实践》2023 年第 12 期，第 193~200 页。

审查。2009 年澳大利亚政府就提出了建立开放的政府，同年 12 月澳大利亚政府发布《参与政府 2.0 的报告》提出了五项数据开放原则。2010 年通过的《信息自由法改革修正案》促使政府在信息披露和出版方面更加积极主动。同年 7 月澳大利亚政府签署《开放政府宣言》进一步鼓励公民对政府数据的利用，并提出了知情、合作、参与等开放原则，打造更加开放的政府。2013 年 8 月，澳大利亚政府信息管理办公室发布了《公共服务大数据战略》，提出了六条大数据开放原则。2021 年 10 月发布了《政府间数据共享协议》，明确了可以进行部门共享的数据类型，并且规范了各部门之间的数据共享行为。

在个人隐私和安全保护方面，澳大利亚政府也通过了一系列措施保障公众隐私的法律法规。2012 年颁布的《隐私修正法》对 1988 年《隐私法》进行了重大调整，增加了对个人身份标识等内容，从数据的采集、储存、使用等多个阶段全面规范了个人隐私数据的管理。在此基础上，澳大利亚政府又于 2014 年发布了《澳大利亚隐私权原则》进一步增加和细化了隐私保护的各项原则。2015 年，澳大利亚政府发布《隐私管理框架》，更加注重对民众隐私意识的培养。在数据隐私保护方面，澳大利亚政府数据开放平台隐私保护政策也指出用户可以选择在任何时候停止政府机构对信息的处理。[1]

在公共数据平台建设方面，2013 年澳大利亚也建立了公共数据开放的官方综合网站 Data. gov. au，该网站公开相关的公共数据，尽管其所收纳的数据集远少于英美等国，但其所涵盖的主题十分广泛，在功能集成、工具集成、用户反馈等方面都较为完善。

在数据开发与利用方面，澳大利亚政府综合运用行政、市场和社会动员等手段，[2]积极推动社会各界参与到政府数据开放与利用当中。澳大利亚政府会通过鼓励公众参与到数据开放创新的产品，如 National Map 在线地图可视化工具、Trove 数字资源储存库等。

在组织管理体系上，2010 年，澳大利亚通过《信息专员法案》，促进信息专员办公室这一机构的成立，此后澳大利亚政府关于政府数据开放的管理逐步完善，其中涉及政府数据开放的部门包括信息专员办公室、政府信息管

---

〔1〕 杜荷花：《国外政府数据开放平台隐私保护政策的考察与借鉴》，载《图书馆建设》2020 年第 3 期，第 9 页。

〔2〕 夏义堃：《政府数据治理的国际经验与启示》，载《信息资源管理学报》2018 年第 3 期，第 70 页。

理办公室、总理内阁部、总检察院、国家档案馆等，其中又以信息专员办公室、政府信息管理办公室为主要机构。[1]为了进一步推进数据开放，澳大利亚政府也成立了许多工作小组，如2013年，澳大利亚成立了政府2.0指导小组，负责跨部门政府数据活动的协调沟通，以推动政府部门间数据行动的协同与资源共享。[2]

二、域外数据开放与利用的立法启示

（一）建立了完善的公共数据开放与利用的法律体系

无论是美国还是英国、加拿大，都能发现上述国家数据开放程度较高的原因离不开其拥有着完善的数据开放与利用的政策法规体系。同时，公共数据开放程度较高的国家还注重相关数据开放立法与配套措施的协调性、完整性，形成了覆盖公共数据开放与利用全流程、多环节衔接、内容紧密的公共数据开放与利用制度。公共数据开放与利用当中涉及主管机构、开放目录、数据管理等众多复杂因素，要想让公共数据实现良性发展，则必须从宏观层面做好顶层设计，从中央到地方，从法律到法规、配套的各种政策文件，形成一套完整的立法体系作为支撑。我国的公共数据开放制度探索起步较晚，在实践中也遇到了许多的难题与挑战，而我国当前缺乏专门的法律法规和政策对公共数据开放和利用进行保障和指导，统一的中央立法能够减少各地区公共数据开放实践当中的衔接不畅等问题。

（二）建立完善的责任机制

纵观数据开放程度较高的各国，它们在对于数据开放的组织建设方面，都建立起了职责清晰、管理有效、运转高效的组织体系，在组织体系内分工明确、职责清晰，既有负责数据标准、数据安全以及存储、开放等职能的专业性数据管理机构，也有负责各部门数据治理工作协调沟通和评估监督的专门性机构，细化了各个部门的具体职能，提升各部门的专业化程度。[3]在组

〔1〕 陈萌：《澳大利亚政府数据开放的政策法规保障及对我国的启示》，载《图书与情报》2017年第1期，第18页。

〔2〕 夏义堃：《政府数据治理的国际经验与启示》，载《信息资源管理学报》2018年第3期，第70页。

〔3〕 夏义堃：《政府数据治理的国际经验与启示》，载《信息资源管理学报》2018年第3期，第65页。

织建设中，除了有主要的领导部门外，还设立了许多跨部门的办公室、工作小组等，以更加灵活的形式应对公共数据开放的治理，通过明确不同数据开放的职能部门的不同职责，将责任落到实处，使得权责清晰、运转也更加高效。

（三）重视公共数据开放平台建设

纵观上述国家的公共数据开放建设，无一不重视公共数据开放与利用平台的建设以及数据质量的保障，并且都拥有国家层面的公共数据开放平台。当然在建设开放平台之前，上述国家均把信息基础设施建设置于重要位置，将其作为平台建设的基础与支撑。反观我国，地方拥有着较为丰富的公共数据开放平台建设实践经验，但鲜见中央层面的具体实践。除此以外，上述各国对于开放平台的建设方面注重数据质量的把控、数据格式统一、用户隐私保护、平台用户体验提升、数据更新及时性和获取便捷性等方面的加强。

（四）注重社会各界主体的参与度

上述国家在进行政府数据开放的过程中，除了有相关的政府部门、社会团体的参与外，还积极地将社会公众也纳入其中，形成政产学研用的良好格局，并且在公共数据开放平台的建设当中，以用户体验为导向，不断优化平台建设。同时上述国家在开放数据利用开发方面也积极进行各项创新探索，鼓励社会各界参与到公共数据开放与利用的创新实践当中，如举办开放竞赛、鼓励用户建言献策等。我国的公共数据开放模式更接近于政府主导型，例如，我国的公共数据开放平台主要是由政府部门统一建设与规划。当然我国各省市也在积极通过各种途径提升公众的参与度，如各省市举办的开放数据应用创新大赛等。通过借鉴国际化的经验，发挥各方主体作用，促进我国公共数据开放与利用，更好地赋能我国数字经济的高质量发展。

第四节　我国公共数据开放与利用的路径

一、健全公共数据开放与利用的法律体系

（一）建立中央层面的公共数据立法

当前我国立法当中虽有诸多的规范性文件和各地特色的相关立法，但从更高的立法层级来看，仍欠缺关于公共数据开发与利用的体系化设计。先进经验的借鉴除了来源于国外发达国家的实践外，同样可以参考我国公共数据

开放与利用水平较高的城市。正如上文所述，公共数据其体量之大，涉及面之广，同时又有诸多的地方立法实践给中央层面立法提供参考素材，以实现立法与实践精准结合。需要真正盘活公共数据的潜力，在公共数据的开放与利用环节充分发挥其效能，则更需要顶层设计与具体制度的衔接。因而，确立中央层面关于公共数据的专门性立法，既有必要性，同时也具备可行性。通过统一的立法，规范公共数据立法的立法秩序，确保中央与地方立法的一致性。具体的立法方式可以通过国务院制定相关的公共数据开放条例作为立法层面的指导。中央层面上关于公共数据的立法，可再一次明确和统一公共数据和公共数据开放的概念与名称，指导地方不再继续用政府数据等指代公共数据。同时明确公共数据开放与利用的基本原则、明确相应的职能部门、在公共数据开放与利用方面实行分级分层制度、贯彻公共数据授权运营制度、建立主体责任制等。

其中，对于一些问题应当进行重点关注：一是公共数据授权制度。对于公共数据授权运营制度地方已经进行了一定的探索，但是在中央立法层面也应当进一步明确，以更好地指导地方实践，实现资源的合理配置。具体而言，在中央立法中应当明确被授权运营的主体、被授权运营主体的相关权利与义务、程序规则等。二是公共数据的安全保护问题。在专门立法当中应当明确公共数据当中的个人信息保护的概念、范围、类别、保护方式等内容，对于不同领域不同场景下的个人信息保护要构建多层次、全方位的保护体系。[1]

对于规范导致的实践上的局限性，最终也需要依赖规范的完善来解决。我国需要建立起关于公共数据开放与利用的专门性立法。当然，想要以一部法律穷尽所有问题的解决方式也并不科学，因此除了有专门性的立法外，还需要制定相应的配套规范。

（二）构建公共数据开放目录

通过健全公共数据开放与利用的制度体系，全面提升公共数据开放与利用的规范化水平，也是建设数据政府的题中之义。当前我国许多地方的立法都规定了应当编制公共数据开放目录向公众开放，并且相关的编制过程应当保障公众的参与，畅通公众申请开放的渠道，要充分实现公共数据的可用性，

---

〔1〕嘎拉森、徐拥军：《公共数据开放视域下的个人信息保护风险及其治理逻辑》，载《图书与情报》2022年第6期，第87~89页。

摆脱形式主义开放。但由于各个地区之间对于公共数据的概念不全然相同，故而开放目录的范围、内容也有所差异，各地应当在遵循中央立法的前提下，进一步明确开放目录的范围，并且要常态化收集公众意见，对数据集进行动态更新，保证数据开放的时效性。在开放目录当中还应当尽可能统一开放的格式、申请使用的条件、说明优先开放与不开放的法律依据等信息。

此外，各地区之间还应当着力解决各地区政府部门间协作不畅的问题，在建设全国一体化的国家大数据中心的大背景下，加强各部门之间的协作，首先打通本省市间的数据互通，其次着手于各个省市之间的协作，加大公共数据共享与开放的力度，积极打破数据孤岛的局面，让数据充分流通起来，优化公共服务供给。

（三）构建公共数据开放标准协同机制

标准是公共数据开放的重要“基础设施”。公共数据的良性开放，离不开公共数据标准的建立。缺乏统一的公共数据标准，容易造成公共数据产生、利用、开放的质量低下等问题。公共数据的开放与利用，牵涉多个环节，而每个环节又涉及不同的技术，为了更好地打破数据孤岛等局面，可以通过建立统一的国家标准或者地方标准来统一技术标准，确保公共数据开放与利用的高质量发展。例如，在标准中可以规定数据处理标准、参考数据等内容，使得各个公共数据库当中的格式、命名等具有一致性，这样既能够有效推动各地间公共数据的互相流通，也能降低公众使用公共数据的成本。[1]

为了增强标准的规范效力，除了可以由各行业组织和社会团体自行建立相应的标准外，还可以通过原则性的规定，在立法当中明确相应的标准，使其更具强制力和约束力。

二、筑牢公共数据开放与利用的安全底线

（一）明确公共数据开放与利用监管主体的职能分工

从域外的经验来看，美国、英国等国家都普遍设置了公共数据开放与利用的专门机构。在我国的地方实践上，诸多管理办法中都明确了公共数据开放与利用的监管主体，一般涉及多个部门，主要有各级人民政府、经济信息

〔1〕 武亚飞：《大数据时代公共数据开放立法研究》，载《科技与法律（中英文）》2022年第6期，第87页。

化部门、大数据发展主管部门以及网信、公安、保密等相关部门，但大多是笼统规定由公共数据开放主体负责做好安全管理工作，各主体的具体责任与分工仍然存在模糊性。数据安全监管是公共数据开放和利用中不可回避的问题，因而应当在明确统一的监管部门的前提下，基于不同领域和不同行业的考量，进一步明确细化各部门的职责分工，统一监管标准，加强各监管部门之间的协作，避免出现多头监管等现象，形成监管合力。同时，由于公共数据开放所涉的领域并非单一的，故还要加强跨部门之间的协作，如有必要可以成立相应的工作小组推进公共数据开放与利用工作的进行。

（二）建立全生命周期的公共数据管理制度

公共数据开放与利用实际上是数据治理中的重要一环，而其中数据安全保障是公共数据开放与利用的底线。数据从产生到最后删除销毁，有着自己的生命周期。对于公共数据开放与利用的安全保障，应当建立全生命周期的公共数据管理制度，并将全生命安全周期与各部门责任相结合。公共数据开放与利用包含了数据采集、数据共享、数据挖掘、数据分类、数据利用、数据授权等多个环节，运用数据全生命周期的理念来管理数据，有利于保证公共数据开放与利用的可持续性。

从公共数据开放与利用的整个过程来看，包括了数据采集、数据开发利用以及数据流通监管三个环节，通过对每个环节精准化、智能化的安全监管，更好推进公共数据开放与利用制度的运营。在公共数据开放前，相关主管部门应当建立或者加强开放前数据审查机制，编制公共数据开放目录和相关的责任清单，明确公共数据开放与利用的范围，对拟开放的公共数据进行风险评估。对于平台正在开放当中的公共数据，也应当进行实时风险监测，即建立和加强公共数据安全预警机制，对于可能涉及国家秘密、商业秘密、个人隐私，或者侵害国家利益、社会公共利益等的公共数据要进行及时的处理，对于数据泄露或者数据滥用等异常行为可通过拦截机制，及时降低危害。公共数据被开放利用后，可能存在不当利用公共数据的情形，如超出数据利用协议范围进行数据利用、侵犯他人隐私或者窃取商业秘密等，对此可以建立公共数据利用者备案制度，对于不当的利用行为，相关主管部门应该进行及时的处置，包括但不限于采用黑名单制度、关闭权限等。

当然，必须注意的是，静态化、单一化的手段无法应对复杂多变的公共数据开放与利用所面临的数据安全挑战，如作为数据源的个人数据，虽然经过了碎片化、匿名化、数据沙箱等技术处理后，但经过数据挖掘等手段仍然有可能将经过处理的个人数据整合，还原出原始数据。因而对公共数据的管理不能简单采取单一化的手段，而是需要技术与法律并行。例如，在法律框架下，可以采用技术手段如区块链技术为依托，对公共数据进行储存和处理。

（三）构建数据分级分层标准规范

除了全生命周期安全制度的建立，还需要建立数据分级分层标准规范，以进一步完善公共数据开放与利用的安全保障体系。各地相关立法当中都体现了对公共数据分类保护的趋向。不同场景下对于公共数据开放的需求不一样，例如开放的范围、时效性、颗粒度等需求均具有一定的个性化，而且公共数据当中，还有部分数据较为敏感，申请方式、后续监管等都应当与一般的数据区别开来。

当前我国各地方对于公共数据的分级分类不尽相同，有的是依据风险强弱进行分级分类的判断，有的是依据相关数据的自然属性进行划分。[1]但有学者指出这样的分类分级方式并未能基于实质理由说明数据分类的价值所在，他们主张应当依据数据的功能进行划分。但无论是依据何种方式进行划分，都应当坚持既要做到从根源上去识别和划分公共数据的类型和公共数据的敏感程度，同时又要做到对已经分级分类的公共数据进行动态化管理，针对不同类别和不同级别的公共数据，制定不同的数据安全保护策略。

三、优化公共数据开放与利用的平台建设

（一）加强制度供给与组织保障

我国各省域之间公共数据开放平台建设差异大，为了能全面推进公共数据平台建设，首先需要在制度供给和组织管理上予以保障。在制度供给上，各地区在制定公共数据开放的地方性法规、地方政府规章或者规范性文件时应当进一步细化和明确公共数据平台建设的要求，如开放数据集、数据利用要求等；在组织管理方面，作为公共管理部门的政府机构作为公共数据开放的最主要供方，应当将更多的社会主体纳入公共数据开放与利用的建设当中来。公共数据平台主管部门要加强对平台建设的统筹协调，明确各方责任，

---

〔1〕 胡凌：《公共数据开放的法律秩序：功能与结构的理论视角》，载《行政法学研究》2023 年第 4 期，第 39 页。

加大对平台建设的支持力度，也可以通过与高校、企业等合作，让多主体参与以提升开放数据的可利用性等。

（二）加快开放平台建设与优化运营

为了尽快实现“建设全国一体化的国家大数据中心”的目标，可在中央建立国家公共数据管理中心，将其作为全国公共数据开放与利用的管理平台，对地方各级公共数据开放平台进行指导、管理与监督，促进公共数据开放与利用的规模化、统一化。[1]

优化公共数据开放平台也是提升政府治理水平和治理能力的重要因素。在平台建设上，平台运营方要尽可能地摆脱同质化，以当地基本情况为依托，凸显地方特色，因地制宜进行建设与优化；在提升用户体验上，应当从功能提升上着手——对于申请开放、互动反馈等功能可以将其置于更为显眼的位置，也可以开通数据更新通知订阅，让用户能及时了解相关资讯。也可以进一步优化基础功能，如在检索栏可增加“高级检索”的功能，通过不断的条件限缩，让用户更快地找到想要的数据。

为了进一步让公共数据之间实现互联互通，省域内的公共数据开放平台还可以通过账号互认的方式，提高用户的整体使用体验。同时，公共数据平台建设与优化离不开对专业人才的培养，打造一支专门的队伍对公共数据开放平台进行管理与运营尤为重要，同时加强技术的开发与革新才能为公共数据开放与利用提供更好的人力保障与技术保障。

（三）大力提升数据的数量与质量

对于数据量的提升，可以通过扩充数据集的容量，开放高容量的数据集，提高数据集的覆盖面，增加数据接口等方式进行；在提升数据质量方面，需要定期清理高缺失数据的或者低容量的数据集，对于错误的数据需要及时进行更正，减少问题数据的比例，从根本上提升数据质量，充分释放公共数据的价值。除了自纠以外，还可以依赖外部监督手段。用户可以通过意见反馈，对于平台中存在错误的数据或者不属于公共数据开放范畴的数据进行纠错。通过实现公共数据平台的高质量开放，提高公共数据的服务效能，才能够更好地推动数据要素市场的蓬勃发展。

---

〔1〕 参见王勇旗：《公共数据法律内涵及其规范应用路径》，载《数字图书馆论坛》2019 年第 8 期，第 38 页。

四、加强公共数据开放与利用的实践探索

（一）以“数用”为基，推动公共数据利用

通过开展公共数据利用活动，让其真正实现物尽其用。其一，在安全合规的前提下，进一步创新公共数据的开放模式，真正实现公共数据开放模式的创造性转化、创新性发展；其二，提升公共数据的利用效能。对此，可以通过加大相关创新应用大赛的活动力度，加强与学校、企业等主体的合作，充分挖掘与释放公共数据的价值，让公共数据真正被用起来，将更多民生关注的热点融入大赛当中，推进政务数据、社会数据的融合，真正实现公共数据应用服务于民的目标。同时，各地方也要发挥好示范性创新应用的作用，从政策、技术、数据资源等多方面给予充分支持。

（二）以“数活”为要，盘活公共数据资源

要真正盘活公共数据资源，必须让其在各领域内充分地进行流通，才能推动公共数据有序地在全社会流动。有需求才有流通。在供需失衡的状态下，将难以实现公共数据的有效流通，因而首先需要加强公共数据的在供需方面的匹配，相关部门可以在做好基础保障的情形下，充分搭建公共数据对接平台、召开相关的交流会、对接会，让供需双方进行直接、有效的沟通，实现供需精准对接。在纠正供需失衡的情境下，通过相关政策倾斜，鼓励更多的公共数据开放与利用的创新型应用产出，激发数据要素的价值潜能。其次要以数据流通交易平台为依托，构建公共数据市场交易和运营体系，加大与市场主体的合作与交流，进一步完善数据交易规则，以推动公共数据要素的有序流动。最后，通过活动、论坛的举办，打造公共数据共建共治共享圈，也可以在一定程度上扩大公共数据开放的范围和影响力。

第五章

数据要素的交易与流通

第一节 数据要素的交易范围

现行立法已确立诸多关于数据流通的规范，例如《民法典》（第 111 条及第四编第六章）、《网络安全法》《数据安全法》《个人信息保护法》等法律，《互联网个人信息安全保护指南》《儿童个人信息网络保护规定》等部门规章，《互联网企业个人信息保护测评标准》等团体性规定，《信息安全技术—个人信息安全规范》（GB/T 35273-2020）、《信息安全技术—个人信息去标识化指南》（GB/T 37964-2019）、《信息安全技术—个人信息去标识化效果评估指南》（GB/T 42460-2023）等一系列的国家标准。这些规范对数据有序流通起到一定程度的保障作用。但是，关于“哪些数据可以交易”，目前我国立法未有明确规定，且数据流通又不等于数据交易，后者只是前者的一种方式，这导致实践中大量数据被反复倒卖，个人隐私遭受侵害和损失的现象层出不穷，引起了社会恐慌。因此，有必要结合当前数据交易实践，探讨可交易数据的范围，破除数据交易的法律障碍。

数据作为有价值的信息成为法律关系的新型客体是人类迈向信息社会的必然结果。同时，伴随着技术的不断发展和进步，可交易数据的范围也应当是开放和动态的，原本不为人所支配的数据在未来同样可能成为可交易数据，进入市场实现流通。[1]因此，在构建可交易数据范围的判断规则时应当采取相对灵活的判断方式，预留一定的立法空间。

---

〔1〕 参见徐玖玖：《从“数据”到“可交易数据”：数据交易法律治理范式的转向及其实现》，载《电子政务》2022 年第 12 期，第 84 页。

一、可交易数据及其边界厘定

在交易语境下来看，从“数据”到“可交易数据”，是其作为生产要素实现市场化配置的过程，但两者不可等同：一方面，从实践层面来看，并非所有的数据都具有作为生产要素的价值，部分错误或虚假的数据会导致数据的要素价值因“噪音”出现消解。同时，数据作为一种资产也会因时间周期产生要素价值的递减，从而导致低价值或无价值数据的大量囤积；另一方面，可交易数据的流通需要考虑到个人、企业、社会以及国家的利益，以实现平衡数据交易中的公共价值、人格价值和效率价值等目标。〔1〕因此，这就要求可交易数据范围的判断规则的构建首先要从利益衡量的角度厘定边界。

数据上所附着的利益是多元的，涉及两个方面、四种利益：企业经济利益，个人信息和隐私利益，社会公共利益以及国家数据安全利益。

（1）企业经济利益。当前企业数据已经成为企业创新和营销的重要资源，是信息时代下企业追求商业价值的核心竞争力。企业经济利益主要从以下两方面体现：第一，以数据交易为核心业务的互联网平台所拥有的数据集合之准确性、完整性和广泛性直接决定了此类企业的商业利益，构成了企业运行过程中最核心的利益关系；第二，企业数据是支撑企业开展个性化服务、定制，智能化制造的基础。〔2〕数据企业借助技术手段处理海量个人或用户数据，能够勾勒出用户个人画像，并开展个性化精准推送业务，从而达致增强用户黏性的效果。由此，企业经济利益构成企业数据新型财产权的边界之一。

（2）个人信息和隐私利益。追根溯源，任何类型的数据的本质都与个人或用户数据相关，或为单一个人或用户数据，或为个人或用户数据的集合，这必然涉及个人信息利益的保护。不同国家或地区的法律文化传统存在差异，它们对于个人信息利益的立法侧重点与概念表达也有所区别。英美法系国家中，美国更强调保护自由，将一切与人有关的权益保护（包括个人信息利益）纳入“隐私”保护范畴；欧洲国家则更侧重保护人格尊严，将个人数据纳入基本权利保护体系，并区分出个人数据上的主体利益与隐私利益，再分别加

〔1〕参见徐玖玖：《从“数据”到“可交易数据”：数据交易法律治理范式的转向及其实现》，载《电子政务》2022年第12期，第85页。

〔2〕参见高富平：《个人信息使用的合法性基础——数据上利益分析视角》，载《比较法研究》2019年第2期，第77页。

以不同的法律体系规范。[1]大陆法系国家则在私法层面普遍将“隐私”纳入人格利益范畴（部分国家将其类型化为隐私权），同时在人格利益或隐私权保护之外设立专门的个人信息保护法。鉴于我国在隐私与个人信息保护的立法上遵循了大陆法系国家的区别立法模式，故本文将数据所涉及的个人信息上的利益内容归纳为个人信息和隐私利益。

（3）社会公共利益。社会公共利益指向的是社会公共秩序所维护的不特定多数人的利益。数据是我国发展数字经济，提高人民生活水平的重要推手，具有重要的社会价值。但实践中单一的个人或用户数据的价值有限，高水平、高质量的数据集合往往依赖数据从业者投资开发数据技术并对海量数据作技术处理，故满足国家创新数据经济结构的政策要求的关键在于形成以数据从业者为中心的发展结构，激励相关企业通过数据从业活动充分对数据予以开发利用。[2]此外，当数据能够在科研活动、疫情防控、抗震救灾等事件中发挥积极效应时，数据持有者应当部分牺牲其利益或让渡私权，因此种情形下数据的披露、公开和使用是实现公共管理的合理正当手段，应当为法律所支持。正如 GDPR 第 89 条即对“基于公共利益、科学或历史研究目的、统计目的”的个人数据处理行为作了特别的保障（safeguards）和减损（derogations）规定。因此，社会公共利益构成了可交易数据范围的边界之一。

（4）国家数据安全利益。数据已经成为信息时代的关键生产要素，其重要性也使得数据本地化存储和跨境数据流动管控成为各国立法的普遍选择。企业所拥有的数据集合对于国家的政治、经济、军事、科研等重要领域具有深刻影响。基于海量数据并利用数据分析、存储和计算的技术能够预测国家政治、经济和文化发展态势，分析国内外贸易情况，更甚者能够制造舆论，进而影响一国的社会思潮和政治局势等。故确定可交易数据的范围也应当以国家数据主权战略为边界。

二、交易数据是否已“去身份化”

数据集合本质上是个人或用户数据的集合，其中必然涉及个人隐私和信

〔1〕参见高富平：《个人信息使用的合法性基础——数据上利益分析视角》，载《比较法研究》2019 年第 2 期，第 76 页。

〔2〕参见龙卫球：《再论企业数据保护的财产权化路径》，载《东方法学》2018 年第 3 期，第 58~59 页。

息利益的保护，出于对保护个人信息和隐私利益的考量，可用于交易的数据必然是经过清洗、脱敏等处理的。从个人信息保护的角度来看，数据清洗、脱敏过程中的识别、更正、替换和删除数据等行为实际上蕴含着去身份化[1]操作，例如，能够识别特定个人身份的信息即属于“不相关”“不必要”保留的信息，需要经过数据清洗后实现去身份化。这一去身份化操作在我国《个人信息保护法》第 51 条第 1 款第 3 项、《网络安全法》第 42 条、《民法典》第 1038 条第 1 款等法律法规中也有明确规定。因此，数据能否交易的判断规则之一在于是否已“去身份化”。

（一）个人信息去身份化的立法表达：“匿名化”和“去标识化”

“匿名化”最早出现在 1995 年欧盟颁布的《关于在处理个人数据方面保护自然人和此类数据自由流动的条例》（Directive95/46/EC）中，其序言 26 规定“（数据）保护原则不适用于以无法再识别（NoLongerIdentifiable）数据主体的方式匿名提供的数据”。可见，该条款中的“匿名化”是以“无法再识别”为界定标准的。随后 GDPR 在其序言 26 中延续了这一规定，并进一步将“匿名化数据”定义为“与已识别或可识别的自然人无关的信息，或与以无法识别或不再可识别数据主体的方式匿名的个人数据有关的信息”。“去标识化”（De-Identification）缘起于美国立法。2003 年美国的《健康保险携带与责任法》（HealthInsurahuncePortabilityandAccountabilityAct，HIPAA）中的隐私规则和安全规则生效。HIPAA 隐私规则第 164.514 条以归纳和反向列举相结合的方式界定去标识化：第 164.514（a）条以归纳的方式明确了“不能识别个人身份且没有合理依据认为该信息可用于识别个人身份的健康信息不是可识别个人身份的健康信息”，第 164.514（b）条反向列举明确，只要健康信息全部移除 18 种标识符[2]，可排除在可识别个人身份的健康信息范畴外。[3]尽管欧美在个人去身份化的立法上分别采用了“匿名化”和“去识别化”的表述，但两者均以“不可识别”作为个人信息去身份化的法律认定标准。

---

[1] 去身份化并非学界采用的主流表达，此表达系本文暂时“创设”的用以概括“匿名化”和“去标识化”两个术语的上位概念。

[2] HIPAA 隐私规则第 164.514（b）条列举的 18 种标识符包括姓名、小于州的地理分区、与个人直接相关的日期信息、电话号码、车辆标识符和序列号、传真号码、设备标识符和序列号等。

[3] 参见王禄生：《区块链与个人信息保护法律规范的内生冲突及其调和》，载《法学论坛》2022 年第 3 期，第 88 页。

我国个人信息去身份化的法律认定标准在欧美“不可识别”的单一判定标准之基础上，开辟了另一路径：“不可识别”和“不能复原”的双重维度。2017年我国《网络安全法》第42条第1款〔1〕明确规定，个人信息去身份化操作应当满足两个要件：“不可识别”和“不能复原”。2021年的《个人信息保护法》中则在此基础上进一步明确了同时满足“不可识别”和“不能复原”两个要件的属于匿名化数据，并在其第4条中明确个人信息不包括匿名化处理后的信息。《信息安全技术—个人信息安全规范》（GB/T 35273-2020）中也有相同的规定〔2〕。但值得注意的是，《信息安全技术—个人信息安全规范》（GB/T 35273-2020）第3.15款中还规定了去标识化——“通过对个人信息的技术处理，使其在不借助额外信息的情况下，无法识别或者关联个人信息主体的过程”。换言之，去标识化仅需要满足“不可识别”这一个要件。由于去标识化数据保留了可以复原识别或关联个人信息主体的能力，任何信息处理者均有可能获取还原标识符的“额外信息”，进而反向复原或重识别出特定个人，故去标识化数据仍应纳入我国法律语境下的个人信息范畴。

由此可见，欧美立法中的以“不可识别”为单一判定标准的“匿名化”或“去标识化”操作，在我国演变成为以“不可识别”和“不可复原”为双重判定标准的“匿名化”，以及以“不可识别”为单一判定标准的“去标识化”操作分离并存的格局。在实务中，个人信息经技术处理后，若同时符合匿名化标准所要求的“不可识别”和“不能复原”两个要件，该类信息的处理不再受个人信息处理规则的约束；若数据仅符合“不可识别”要件，属于尚未达到“不能复原”标准的去识别化数据时，仍需确保其在使用、流转与共享时的安全，即个人信息处理者应受到《个人信息保护法》《网络安全法》等相关法规的约束。由于我国现行立法和相关标准规范未明确“不能复原”标准的具体法律要求，故下文将对此问题展开探讨。

（二）我国“匿名化”和“去标识化”的区辨：“不能复原”问题的澄清

“匿名化”和“去标识化”两个术语的并列出现并非为我国立法首创，

〔1〕《网络安全法》第42条第1款规定：“网络运营者不得泄露、篡改、毁损其收集的个人信息；未经被收集者同意，不得向他人提供个人信息。但是，经过处理无法识别特定个人且不能复原的除外。”

〔2〕《信息安全技术—个人信息安全规范》（GB/T 35273-2020）第3.14款规定匿名化指的是“通过对个人信息的技术处理，使得个人信息主体无法被识别或者关联，且处理后的信息不能被复原的过程”。并在该条款的注解中明确“个人信息经匿名化处理后所得的信息不属于个人信息”。

尽管欧盟并未采用“匿名化”和“去标识化”二元划分的立法模式，但欧盟数据保护第29条工作组早在2014年发布的《第05/2014号意见书：匿名化技术》（Opinion 05/2014 on Anonymisation Techniques）中就将匿名化技术描述为“一种应用于个人数据的技术，目的是实现不可逆转（irreversible）〔1〕的去标识化”，并指出该技术包括随机化技术〔2〕和泛化技术〔3〕（也被称为“一般化技术”）。〔4〕我国在2019年发布的《信息技术安全—个人信息去标识化指南》（GB/T 37964-2019）附录A中也明确了“常用去标识化技术”包括“随机化技术”和“泛化技术”。可见，“匿名化”和“去标识化”采用了相同的技术方法。这就衍生出一个问题：既然去标识化数据是可以被反向重识别的，“匿名化”与其采用的技术方法相同，理论上也应当可以复原匿名化数据。这意味着“不能复原”在技术层面不具有绝对性，那么“匿名化”和“去标识化”的界限何在？

从理论视角来看，技术层面的“不能复原”不等同于法律上的“不能复原”。技术层面的“不能复原”表达的是客观事实，法律上的“不能复原”表达的是法律事实，客观事实和法律事实是存在区别的。客观事实通常被认为属于哲学范畴，它反映的是实际存在的事物、现象和过程，是一种不以人的认知为转移的、以客观而绝对的形态呈现出来的独立存在。〔5〕相反，法律事实是由法律工作者（法官、监察官、律师等）构造的与法律相关联的事实，必然会受到人的认知的限制，呈现出来的是相对稳定性和一定主观性。在司法个案中，法律事实表现为裁判者与争讼两造分别依据证据规则，通过证据材料、双方质证辩论后构造的案件事实。因此，有学者曾言道，“客观事实，

〔1〕 此处的“不可逆转”与我国《网络安全法》规定的“不能复原”意思相近。

〔2〕 随机化技术是通过修改原始数据的真实值，打乱不同主体之间的属性，打破数据和数据主体之间的链接，使数据本身的属性不能准确反映特定个体，但保留数据属性值的整体分布。

〔3〕 泛化技术（也称“一般化技术”）是通过改变数据属性的规模或数量级，如从个体到群组，从而实现对数据主体的泛化隐匿，这些泛化技术包括K-匿名（k-anonymity）、L-多样性（l-diversity）、T-相近（t-closeness）、差分隐私等。

〔4〕 See United States Department of Health and Human Services, “Summary of the HIPAA Privacy Rule”，载https://www.hhs.gov/hipaa/for-professionals/privacy/laws-regulations/index.html，最后访问日期：2024年2月13日。

〔5〕 参见黄宏生：《客观事实与法律事实的关系及意义》，载《福建论坛（人文社会科学版）》2007年第7期，第139页。

存在于法外空间，是彼岸的自在之物”[1]。平移至个人信息“不能复原”的场域下，技术层面的“不能复原”是不以人的认知为限制的客观事实，而法律层面的“不能复原”则会受到人的认知的限制，后者只能无限趋同于前者但无法完全等同。[2]因此，尽管“不能复原”在技术逻辑上无法自洽，但也不妨碍其作为“匿名化”和“去标识化”的法律区分标准。

法律层面的“不能复原”实际上折射的是法律对“匿名化”和“去标识化”所要求的去身份化处理的程度及其状态有所差异。就“匿名化”而言，根据《网络安全法》第42条的规定，“匿名化”所要求的“不能复原”有两个注意要点：一是无法重新识别的主体囊括除匿名化数据控制者外的所有主体，包括匿名化数据接收者在内的可以接触到匿名化数据的所有主体。二是匿名化处理后的数据不可逆，即要求在任何情况下都无法通过自身存储或其他渠道获得的额外信息完成特定个人主体的识别或者关联，也无法复原出原始个人信息。因此，“匿名化”要求确保数据控制主体以外的所有主体均无法复原信息（绝对不能复原）。

就“去标识化”而言，根据《个人信息保护法》第73条，“去标识化”要求在“不借助额外信息”的情况下，确保数据接收方无法重新识别或者关联个人信息主体。[3]这里蕴含着两个注意要点：一是无法重新识别的主体特指去标识化数据的接收者。二是去标识化的技术基点是去标识化数据控制者以外的主体无法获取可用于还原的“额外信息”，这就相当于课以去标识化数据控制者对“额外信息”分开存储和特殊保护的义务。总的来说，“去标识化”要求确保作为相对方的数据接收方无法重新识别（相对不能复原）。

从实践视角来看，我国当前尚未明确“匿名化”在实务中的具体判定标准，但欧盟的《第05/2014号意见书：匿名化技术》中已有相关可资借鉴的规定。囿于匿名化技术会不断发展，且不同匿名化技术的适用场景及实际情况多元化，该意见书并未“一刀切”地在欧盟立法中设置统一的匿名化标准，而是要求在“匿名化”过程中应综合考量两个方面：一是情境因素，即充分考虑数据控制者和任何第三方用于复原个人信息的“所有”“可能合理”之

---

〔1〕 王敏远等：《“证据法的基础理论”笔谈》，载《法学研究》2004年第6期，第116页。

〔2〕 参见梁灯：《隐私计算定向广告应用的法律边界》，载《信息通信技术与政策》2021年第7期，第70~71页。

〔3〕 参见许可：《个人信息治理的科技之维》，载《东方法学》2021年第5期，第66页。

手段，尤其应该考虑在尖端科技中，哪些能成为“可能合理”的方法。[1]二是匿名化固有的风险因素，具体包括通过这种技术“匿名”的任何数据的可能用途以及应当评估所致风险的严重性和可能性。[2]这两个因素均值得我国借鉴，同时我国立法可在“情境因素”下进一步明确“所有”“可能合理”手段的判断标准：一是实际环境的个人信息复原成本。倘若某一复原个人信息的手段需要耗费倾国之力，那么对于普通个体而言，这显然并非“可能”“合理”的手段，但对于一国政府部门而言则应另作判断。二是考虑当前的科技水平。例如，某些匿名化技术在当前的电子计算机时代是有效的，但将其置于量子计算机时代就可能转变为无效技术，这也是各国立法明确规定应阶段性地评估匿名化技术风险的重要原因。

三、交易数据是否涉及公共利益和国家安全

随着数字经济社会的不断发展，各行各业对数据的需求不断增高。比如，政府部门可以通过对数据的合理利用提高社会治理中公共决策的准确性、效率性和价值性；企业可以通过数据的挖掘和利用来释放较大的商业价值；公众生活日常需要获取的关于交通、天气、教育、金融等信息也都是以数据为载体。为此，国家也大力推动公共数据的开放利用，使之推动现代社会高质量发展。[3]因此，基于公共利益最大化的考量，完全公益性的数据原则上应当免费开放，而非以交易形式开放。

信息科技的发展使国家安全的范围延展到网络空间，对涉及国家安全的数据保护成为网络空间领域维护国家安全的重要事项。党的十九大报告指出：“要坚持总体国家安全观，完善国家安全制度体系，坚决维护国家主权、安全、发展利益。”以涉及国家秘密的数据为例，我国《保守国家秘密法》第2条明确规定：“国家秘密是关系国家安全和利益，依照法定程序确定，在一定时间内只限一定范围的人员知悉的事项。”可见，涉及国家秘密的数据具备保

〔1〕 参见张涛：《欧盟个人数据匿名化治理：法律、技术与风险》，载《图书馆论坛》2019年第12期，第92~93页。

〔2〕 Article 29 Data Protection Working Party, Opinion 05/2014 on Anonymisation Techniques, WP 2516. pp. 3~7.

〔3〕 参见苏成慧：《论可交易数据的限定》，载《现代法学》2020年第5期，第141页。

密的必要性、非公开性和不可滥用性等特征，[1]不能用于交易。

此外，除了被认定为国家秘密的数据外，公开后可能会对公共安全或公共利益造成损害的数据也不应被纳入可交易数据范围。例如，行政机关在履行职能和提供社会服务过程中获取的其他社会主体的相关数据，这些数据可能涉及个人隐私或企业商业秘密，但不属于国家秘密的范畴，依法能够在政府和其他公共组织之间共享，但不能对外开放，亦属于不可交易的数据。

第二节 数据要素的定价规则

在传统交易过程中，买卖双方需要通过磋商就所交易商品的价格、交付方式、交付时间等事项达成合意，而交易的本质在于权利流转以及资产变现，故磋商价格是磋商环节中极为重要的一环。换言之，在数据交易过程中，数据资源产品与服务的定价是交易环节的重要一步。传统商品的价格通常基于多个因素来确定，包括原材料成本、劳动成本和市场需求等，并与商品的内在价值成正比。而数据无独立经济价值，其交易性受制于信息的内容，其价值的实现有赖于数据安全和自我控制保护，这就为数据要素的定价设置了障碍。

此外，数据交易的实质应为相应产权内容的交易，故交易市场中数据的价格应是数据产权的价格，不仅取决于对应数据的价值，还取决于数据产权的内容。通过市场化合约的方式，交易双方得以约定数据的使用权限及期限，并通过对数据产权的估值，以拍卖或谈判的形式达成交易，但应以何种标准确定数据产权的估值等问题尚待探索。

一、数据要素定价的研究现状

目前关于“数据要素如何定价”的研究大多集中于经济学领域，法律领域的相关研究较少。对于“数据要素如何定价”主要形成了三种研究路径：一是基于传统会计学确定数据要素定价；二是基于“信息熵”[2]确定数据要素定价；三是对数据要素进行多维度定价。

---

[1] 参见郑春燕：《政府信息公开与国家秘密保护》，载《中国法学》2014 年第 1 期，第 150~151 页。

[2] “信息熵”表示信息中排除冗余后的平均信息量，是与买家关注的某事件发生的概率相关的相对数量。信息熵越大，某事件发生的不确定性越小，正确估计它的概率越高。

1. 基于传统会计学确定数据要素定价

此种研究路径主要是将收益法、成本法和市场法等传统会计学的价值评估方法应用于不同类型的数据。例如，唐（Tang）等人提出了一种基于最小来源的通用数据定价模型，该模型满足了理想的特性，如贡献单调性、有界价格和贡献套利自由；[1]格什（Ghosh）和罗斯（Roth）提出成本法适用于买方差异不大、制作成本几乎是公开信息、供给竞争激烈的数据产品，以及对个人数据的隐私补偿定价；[2]鄢浩宇指出，数据交易应当充分发挥市场自主定价的作用（市场法）。[3]

2. 基于"信息熵"确定数据要素定价

"信息熵"定价在传统金融、期权领域运用广泛，主要通过不同时间的历史数据来预测未来时期的期权价值。[4]一般来说，熵越大，信息内容的有效性越大，交易价格越高。因此，通过对数据元组（组成数据集的小单位）的隐私含量、被引用次数、供给价格、权重等因素的结合，我们可以对数据要素的信息熵进行动态定价。[5]沈（Shen）等人提出了一种新颖的基于信息簇的个人数据定价方法，并将价格计算依托于每个数据元组的簇。[6]彭（Peng）等人提出了一种基于分级的交易数据集隐私度量方法，根据隐私含量和数据引用指数对待交易数据元组进行定价。[7]

3. 对数据要素进行多维度定价

此种研究路径主要是为了在合理评估数据要素价值的基础上，同时兼顾买卖双方的利益。泽沐塔尔（Zeithaml）提出了涉及 PCEFS（Price、Competitive、

---

[1] See Tang R., et al. *The price is right*, in International Conference on Database and Expert Systems Applications, 2013, pp. 380~394.

[2] See Ghosh A. & Roth A., "Selling privacy at auction", *Games and Economic Behavior*, Vol. 91, 2015, p. 334~346.

[3] 参见鄢浩宇:《数据定价的机制构建与法律调节》，载《金融经济》2022年第9期，第36页。

[4] See Buchen W. P. & Kelly M., "The Maximum Entropy Distribution of an Asset Inferred from Option Prices", *Journal of Financial and Quantitative Analysis*, Vol. 31: 1, 1996, pp. 143~159.

[5] 参见熊巧琴、汤珂:《数据要素的界权、交易和定价研究进展》，载《经济学动态》2021年第2期，第152页。

[6] See Shen Y. et al. *Pricing personal data based on Information Entropy*, in Proceedings of the 2nd International Conference on Software Engineering and Information Management, 2019, pp. 143~146.

[7] See Peng H., Zhou Y., "A Data Pricing Model Based on Privacy Measurement", *Computer Engineering & Software*, Vol. 40: 1, (2019), pp. 57~62.

Emotional、Functional、Social）五个维度的模型，该模型定义并关联了价格、感知质量和感知价值。[1]梁（Liang）等人从数据对象、数据需求方和数据提供方三个方面提出构建数据价格特征指标体系，采用对数函数拟合模型。[2]萨伊科（Sajko）等人提出可对数据的现值、成本、数据本身的特征和质量等多个维度的重要性和价值展开定量评级，再结合群组决策和价值矩阵等定性分析方法，得到数据在每个维度的价值，最后得到综合价值。[3]理查德（Richard）和斯特朗（Strong）认为数据资产价值的评估主要应考虑数据成本、数据质量、数据产品的层次和协同性、买方的异质性等要素。[4]赵子瑞以数据质量评价指标、数据拆分指标、数据历史成交价指标和数据效用指标为基础，构建了一套大数据交易定价指标体系，同时提出了包含人力指标、物力指标、交易佣金指标的大数据交易基本价格指标以及包含大数据产品指标、数据历史成交价指标、数据效用指标的大数据交易调整价格指标。[5]包晓丽、齐延平认为，数据要素定价需要综合考量数据横纵向容量、质量、来源、互联性以及与特定法益的关联性等因素。[6]

以上关于数据要素定价的研究路径均存在一定的弊端：传统会计评估法可能会低估数据集的价格，且如果出现现有数据集质量不佳或市场需求疲软等情况，企业可能会延迟或放弃开发数据集；基于“信息熵”形成的数据要素定价模型往往无法实现动态定价，具有一定局限性；对数据要素进行多维度定价也存在影响定价的指标、因素等考虑不周全，实践中买卖双方利益难以平衡等问题。因此，推动数据要素市场制度建设仍然需要立足我国法律文化与具体国情，对数据要素市场的运行发展及数据要素的定价现状进行实证研究，分

---

〔1〕 See Zeithaml A. V.，“Consumer perceptions of price，quality，and value：a means-end model and synthesis of evidence”，*Journal of Marketing*，Vol. 52：3，（1988），pp. 2~22.

〔2〕 See Liang J.，Yuan C.，*Data Price Determinants Based on a Hedonic Pricing Model*，Big Data Research，Vol. 25，（2021），pp. 100~249.

〔3〕 See Sajko M.，Rabuzin K.，Bača M.，“How to calculate information value for effective security risk assessment”，*Journal of Information and Organizational Sciences*，Vol. 30：2，（2006），pp. 263~278.

〔4〕 See Richard Y. W. & Strong M. D.，“Beyond accuracy：What data quality means to data consumers”，*Journal of management information systems*，Vol. 12：4，（1996），pp. 5~33.

〔5〕 参见赵子瑞：《浅析国内大数据交易定价》，载《信息安全与通信保密》2017 年第 5 期，第 61~67 页。

〔6〕 参见包晓丽、齐延平：《论数据权益定价规则》，载《华东政法大学学报》2022 年第 3 期，第 68~69 页。

析和总结影响数据要素定价的影响因素，探索科学合理的数据要素定价机制。

二、数据要素定价的影响因素

数据要素的价值不是一成不变的，会受到内在或外来各种因素的影响，衍生而来的数据要素的定价也会围绕其价值上下波动。因此，数据要素定价需要考虑多方面的因素，包括数据要素的供求关系和经济效益，数据要素可以多次交易且边际成本几乎为零的特性等。这也是数据要素难以定价的主要原因之一。同时，目前已出台的数据要素价值估值（一般业界称为数据资产价值评估）的国家和产业标准普遍采取了成本法、收益法和市场法，但均存在局限性。因此，欲构建科学合理的数据要素定价机制，需要梳理、总结目前关于数据要素定价的影响因素和方法的研究成果，借鉴其中的有益之处，弥补其中的不足之处。

数据要素定价的影响因素不是单一的，数据完整性、数据品种、数据运维成本等都会影响其定价。结合既有研究成果，笔者可以将数据要素定价的影响因素分为四类：一是数据控制者处理数据的成本；二是基于数据特征的价值；三是数据对消费者（用户）的价值；四是数据交易的具体场景。

1. 数据控制者处理数据的成本影响数据要素定价

在理论层面，包晓丽、齐延平提出数据开发成本的参数包括数据收集、存储、联网、挖掘加工以及交付的固定成本和编辑成本。[1]李雪梅和赵小磊提出，边际成本分析有助于确定数据的定价，能够保证每个数据单位的成本与其产生的边际收益相匹配；[2]冯塔纳（Fontana）提出可以采用成本法估计英国国家医疗服务体系收集的医疗数据的价值；[3]沙皮罗（Shapiro）和瓦里安（Varian）认为数据产品具有很高的固定成本和几乎为零的边际成本。[4]在实践层面，《资产评估专家指引第9号——数据资产评估》提出数据资产的

〔1〕 参见包晓丽、齐延平：《论数据权益定价规则》，载《华东政法大学学报》2022年第3期，第69页。

〔2〕 参见李雪梅、赵小磊：《基于经济学视角的数据要素定价研究》，载《河南社会科学》2024年第1期，第37页。

〔3〕 See Fontana G. et al.，"Ensuring that the NHS realises fair financial value from its data"，*Lancet Digital Heath*，Vol. 2：1，(2020)，pp. e10~e12.

〔4〕 See Shapiro C. & Varian，H. R.，"Versioning：The smart way to sell information"，*Harard Business Review*，Vol. 76：6，(1998)，pp. 106~114.

总成本主要包括建设成本、运维成本和管理成本三类，其中建设成本是指数据规划、采集获取、数据确认、数据描述等方面的成本；运维成本包含着数据存储、数据整合、知识发现等评价指标；管理成本主要由人力成本、间接成本以及服务外包成本构成。[1]《电子商务数据资产评价指标体系》同样认为数据资产成本价值主要包括建设成本、运维成本和管理成本，其中管理成本的评价指标与《资产评估专家指引第 9 号——数据资产评估》相一致，建设成本和运维成本的评价指标则存在差异：建设成本的评价指标包括数据规划、数据采集、数据核验和数据标识；运维成本的评价指标包括数据存储、数据整合、知识发现、数据维护和设备折旧。

2. 基于数据特征的价值影响数据要素定价

基于数据特征的价值是数据要素定价的关键因素已经在理论与实务中达成共识，理论与实务纷纷探索基于数据特征的价值评估指标。理论层面，对于基于数据特征的价值评估指标，陈筱贞提出数据实时性、数据样本覆盖面、数据完整性、数据品种、时间跨度与数据深度等六项评估指标；[2]王文平提出数据量、数据种类、数据完整性、数据时间跨度、数据实时性、数据深度、数据覆盖度、数据稀缺性等八项评估指标；[3]包晓丽、齐延平提出基于数据特征的参数包括数据横向容量、数据纵向容量、数据质量、数据来源、不同数据集之间的互联操作性；[4]海克曼（Heckman）等人认为数据要素的完整性和准确性与数据要素价值成正比；[5]贝格曼（Bergemann）等人认为数据要素价值与数据的异质性密切相关。[6]实践层面，基于数据特征的价值评估指标，贵阳大数据交易采取数据品种、时间跨度、数据深度、数据完整性、数据样本覆盖、数据实时性等六项评估指标；[7]Gartner 和中关村数海数据资产

[1] 中国资产评估协会：《资产评估专家指引第 9 号——数据资产评估》，载 http://www.cas.org.cn/ggl/61936.htm，最后访问日期：2024 年 2 月 13 日。

[2] 参见陈筱贞：《大数据交易定价模式的选择》，载《新经济》2016 年第 18 期，第 3~4 页。

[3] 参见王文平：《大数据交易定价策略研究》，载《软件》2016 年第 10 期，第 94~97 页。

[4] 参见包晓丽、齐延平：《论数据权益定价规则》，载《华东政法大学学报》2022 年第 3 期，第 68 页。

[5] See Heckman J. R. et al., *A pricing model for data markets*, Proceedings of the iConference, 2015, pp. 1~12.

[6] See Bergemann D., Bonatti A., Smolin A., "The design and price of information", *American Economic Review*, Vol. 108: 1, (2018), pp. 1~48.

[7] 参见《贵阳大数据交易所 702 公约》第 12 条。

评估中心提出的基于数据特征的价值评估指标包含数据的数量、范围、质量、颗粒度、关联性、时效性、来源、稀缺性等。[1]《电子商务数据资产评价指标体系》提出的数据资产标的价值评估指标包括数据形式（数据载体、数据规则、数据表达、数据描述）、数据内容（数据准确性、数据真实性、数据客观性、数据有效性、数据可靠性）和数据绩效（数据关联、数据特征、数据预期、数据应用、数据时效）。[2]

3. 数据对消费者（用户）的价值影响数据要素定价

包晓丽、齐延平提出基于消费价值的参数包括效率价值、投资回报率、风险维度、排他性以及权属级别；[3]德勤和阿里研究院的研究包括风险维度指标，因为法律限制程度也会影响数据的交易价值；[4]海克曼（Heckman）等人和沈（Shen）等人提出了基于价值的指标（数据对用户的价值）；[5]阿克雷德（Akred）等人认为数据的价值与其在支持商业决策中的价值相关联。[6]

4. 数据交易的具体场景影响数据要素定价

欧阳日辉和杜青青认为场景影响数据效用，进而影响数据产品定价；[7]熊巧琴和汤珂指出基于场景的定价特点是数据要素定价与其他要素定价最大的不同；[8]穆迪（Moody）和沃尔什（Walsh）认为在某些对时效性要求较强

---

〔1〕 See Douglas L.,“Why and how to measure the value of your information assets”, https://www.gartner.com/en/documents/3106719-why-and-how-to-measure-the-value-of-your-information-ass，最后访问日期：2024年2月15日。

〔2〕 参见《电子商务数据资产评价指标体系》（GB/T 37550-2019），载 https://openstd.samr.gov.cn/bzgk/gb/newGbnfo? hcno=20775B4FD5BABBFE66E2C1CC0F6EEE0A，最后访问日期：2024年2月15日。

〔3〕 参见包晓丽、齐延平：《论数据权益定价规则》，载《华东政法大学学报》2022年第3期，第69页。

〔4〕 参见德勤有限公司、阿里研究院：《数据资产化之路——数据资产的估值与行业实践》，载 https://www2.deloitte.com/cn/zh/pages/finance/articles/data-asset-report.html，最后访问日期：2024年2月13日。

〔5〕 See Heckman J. R. et al., *A pricing model for data markets*, in Proceedings of the iConference, 2015; Shen Y., Guo B., Shen Y., et al.,“A pricing model for big personal data”, *Tsinghua Science and Technology*, Vol. 21: 5, (2016), pp. 482~490.

〔6〕 See Akred J. & Samani A.,“Your data is worth more than you think”, 载 https://sloanreview.mit.edu/ article/your-data-is-worth-more-than-you-think/，最后访问日期：2024年2月17日。

〔7〕 参见欧阳日辉、杜青青：《数据要素定价机制研究进展》，载《经济学动态》2022年第2期，第126页。

〔8〕 参见熊巧琴、汤珂：《数据要素的界权、交易和定价研究进展》，载《经济学动态》2021年第2期，第151~152页。

的应用场景中，只有最新的数据才有价值，比如消费者的住址、定位。但在科学研究、行为预测等场景下，历史数据和当前数据的重要性差别并不大，甚至早期的数据价值更大。[1]

通过观察和总结数据要素定价影响因素的理论研究和产业实践，我们可以发现，数据要素定价的影响因素是多元的，具体如下：

（1）基于数据特征的价值影响数据要素定价，包括：①数据品种，即数据的类型；②数据来源，即数据是原始数据还是衍生数据；③数据广度，即数据的覆盖面；④数据深度，即数据所能触达的程度；⑤数据精确度，即数据的准确性；⑥数据长度，即数据的时间范围和序列长度；⑦数据新鲜度，即数据的时效性；⑧不同数据集间的互联操作性，[2]如数据载体是否统一、数据表达方式是否一致，等等。需要注意的是，数据是动态的，对于基于数据特征的价值考量也需要从动态维度出发，且需要结合社会经济形态进行分析。

（2）数据控制者处理数据的成本影响数据要素定价，包括：①建设成本，包括数据规划、数据收集、数据核验和数据描述；②运维成本，包括数据存储、数据联网、数据整合、知识发现以及数据维护和设备折旧；③管理成本，包括人力成本、间接成本和服务外包成本。需要注意的是，这些成本有的基于传统会计制度可以客观定额，但有些成本尤其是间接成本不易估算。以微信 APP 为例，企业通过微信 APP 可以收集到用户留下的大量相关信息，但是对于建设微信 APP 的费用、微信 APP 市场推广的费用、微信 APP 维护和运营人员的薪酬等，虽然都是成本，但有多少应归属于微信 APP 所搜集的数据要素的成本，难以测算。

（3）数据对消费者（用户）的价值影响数据要素定价，包括：①数据效率，即数据帮助消费者（用户）能够节省多少时间、精力或金钱；②数据预期收益，即消费者（用户）预期能够从数据中获得多少收益；③数据风险，即数据与个人隐私、法律管制间的关联程度；④数据排他性程度，即数据是否以排他性方式交易，以及以何种排他性方式交易；⑤权属类型差异，即数

---

〔1〕 See Moodly, D. L. & Walsh P., *Measuring the value of information: An asset valuation approach*, in European Conference on Information Systems (ECIS' 99), 1999, pp. 496~512.

〔2〕 参见包晓丽、齐延平：《论数据权益定价规则》，载《华东政法大学学报》2022 年第 3 期，第 68 页。

据权利具有可分解性（所有权、持有权、加工使用权、收益权、处分权），数据要素价值因其交易的权利类型和交易方式（购买、租赁、许可等）而有所不同。需要注意的是，数据效率、数据预期收益、数据风险、数据排他性程度以及权属类型差异在数据要素定价应用中都是暗含主观评价的。

（4）数据交易的具体场景影响数据要素定价。成本、收入与相对市场力量是影响数据要素定价的主要因素，但其最终的均衡价格取决于双方的相对市场力量，即最终的数据要素定价需要在具体的交易场景中实现。而且，数据具有多维使用的特性，在不同应用场景下，数据要素的价值不尽相同。因此，未来通过制度设计来创造更多的交易场景是平衡数据要素定价、流通和高效率配置的关键所在。

三、数据要素定价的方法

目前理论与实务对于数据要素定价主要是借鉴传统无形资产的价值评估方法，大体上包括成本法、收益法、市场法三种基本方法及其衍生的方法。

1. 成本法

成本法一般包括（同样）重置成本法（Reproduction Cost Method）和（同类）重置成本法（Replacement Cost Method），[1]是将形成数据要素所需投入的全部成本作为数据要素价值的基准，计算公式为：评估价值=重置成本-贬值因素。其中，重置成本包括形成数据要素的合理成本（直接成本和间接成本）[2]、税费和利润；贬值因素[3]因数据要素不具有实物形态且时效性强，主要表现为经济性贬值。

成本法的优点是简便易行，但缺点也很明显，主要体现在三方面：一是数据要素作为生产经营中的衍生产物，难以计算其形成的成本。而且，即便能够计算直接成本，间接成本的分摊也不易估计。例如，企业将用户在浏览网站时留下的相关信息加工形成数据要素，此时相关成本会包括网站建设成

[1] 参见包晓丽、齐延平：《论数据权益定价规则》，载《华东政法大学学报》2022 年第 3 期，第 70 页。

[2] 对于公司内部产生和收集的数据资产，重置成本包括直接成本和间接成本，其中直接成本主要有收集、存储、处理数据的人力成本、设备成本等，间接成本主要为数据所附着业务的研发成本、人力成本等；对于外购数据资产，重置成本为在现行市场条件下，重新取得同样一项数据资产所需支付的金额。

[3] “贬值因素”主要分为经济性贬值、实体性贬值和功能性贬值。

本、网站市场推广费用、网站维护和运营人员的薪酬等，但这些成本是否全部属于形成数据要素的成本，以及有多少应当归属于形成数据要素的成本等，均难以确定。二是数据要素的贬值因素很难估算，造成各类数据要素贬值的因素各不相同。例如医疗设备数据的准确性、交通数据的时效性等，这些贬值因素的价值影响难以量化。三是成本法难以体现数据要素可以产生的利益。虽然重置成本本就包括了对合理利润的估算，但是目前数据要素能够带来的利润并没有形成一个行业通识或惯例，这导致重置成本在考虑合理利润的时候就难以选择恰当的利润率，从而导致存在相当程度的误差。

2. 收益法

收益法是基于数据要素的预期应用场景，对在应用场景下预期未来产生的经济收益进行求取现值的一种估值方法，即结合数据的预期应用场景，确定数据要素的收益期限、期限内的每年预期收益以及对应的预期收益折现率，从而估算出数据要素未来收益期限内的总的收益折现值。〔1〕当然，在估算数据要素的预期收益折现值时必然需要考虑数据要素的贬值问题。收益法衍生的无形资产估值方法主要有：权利金节省法（Relief from royalty）、多期超额收益法（Multi-period excess earnings）、增量收益法（With-and-without method）。其中，权利金节省法也称许可使用费节约法，是基于因持有该项资产而无需支付特许权使用费的成本节约角度的一种估值方法；多期超额收益法是通过计算该项无形资产所贡献的净现金流或超额收益的现值的一种估值方法；增量收益法是通过比较该项数据要素使用与否所产生现金流的差额的一种估值方法。〔2〕

上述三种收益法都能够较为直观且便于理解地反映数据要素的经济价值，但是三种收益法又都存在局限性。首先，就权利金节省法而言，因数据要素的许可费率尚未形成行业标准，难以准确估算数据要素的许可使用费；其次，就多期超额收益法而言，数据要素在不同场景下能够贡献的超额收益存在差异，而某一类数据要素可适用的场景往往是多样化的，这就导致数据要素的

〔1〕参见李永红、李金骜：《互联网企业数据资产价值评估方法研究》，载《经济研究导刊》2017年第14期，第106页。

〔2〕参见德勤有限公司、阿里研究院：《数据资产化之路——数据资产的估值与行业实践》，载 https://www.deloitte.com/cn/zh/pages/finance/articles/data-asset-report.html，最后访问日期：2024年2月13日。

超额收益难以全面测算；最后，就增量收益法而言，数据要素是动态的，实践中是否使用数据要素所产生的现金流是不固定的且难以测算。

3. 市场法

市场法是指根据相同或相似的数据要素的近往期成交价格，通过对比分析，确定数据要素价值基准的方法，[1]其计算公式可以表现为：评估价值=可比数据要素成交额×Σ 修正系数。其中可比数据要素是指内容和形式相同或相似、交易背景相同或相似的数据要素；修正系数包括数据价值密度修正系数、数据容量修正系数、数据交易日修正系数等。[2]

市场法的优势较为明显，不仅能够客观反映数据要素的市场情况，且对数据要素进行价值评估时的评估参数、指标等都是直接从市场中获取，具有真实性和可靠性。但是，一方面，市场法需要以公开、活跃、完善的数据交易市场为基础，虽然目前贵阳市、北京市、广州市等地已经相继成立了数据交易所或交易平台，但是这些交易所或交易平台尚未成熟，且活跃度不够，尚无法提供大量全面的交易数据等信息；另一方面，采用市场法对数据要素进行价值评估，需要以内容和形式相同或相似、交易背景相同或相似的其他数据要素为基准对比分析进而修正，但是只要应用场景不同，即便是相似，数据要素价值也不具有可比性，难以修正。

4. 其他衍生方法

上述三种基本方法还衍生出了其他数据要素价值评估方法。第一，价格区间博弈法，即在重置成本法（最低价格）和多期超额收益法（最高价格）这一区间范围内，由数据供需双方通过博弈确定最终数据的最终成交价格；[3]第二，部分定价法，即借鉴经典资产估价方法设计大数据要素评估的基本方法，并引入 Shapley 值法和破产分配法设计大数据要素分解估价方法；[4]第三，综合定价法，即针对不确定性大、价值难以量化的数据要素，当相似或同类数据要素的估价积累了一定的样本量，可以借鉴统计学置信区间估计或统计分

[1] 参见鄢浩宇：《数据定价的机制构建与法律调节》，载《金融经济》2022 年第 9 期，第 64 页。

[2] 参见刘琦等：《市场法评估大数据资产的应用》，载《中国资产评估》2016 年第 11 期，第 33~37 页。

[3] 参见赵丽、李杰：《大数据资产定价研究——基于讨价还价模型的分析》，载《价格理论与实践》2020 年第 8 期，第 125~126 页。

[4] 参见左文进、刘丽君：《大数据资产估价方法研究——基于资产评估方法比较选择的分析》，载《价格理论与实践》2019 年第 8 期，第 117~118 页。

布等非参估计的思想进行数据要素的估价。对于可用多种方法进行价值评估的数据要素，可采用综合评价的方法对其价值进行评估。[1]

总的来说，传统估值方法对于数据要素定价而言，既有值得参考借鉴的地方，也存在相应的局限性。实践中需要对数据要素进行分级分类管理，结合应用场景多样性特征，对传统的估值定价方法进行修正和完善，建立“数据要素类型-应用场景-估值定价方法”配套的估值定价方法体系。下文对三种常见场景的数据要素评估方法的应用进行阐述。

1. “有偿开放的公共数据”以调用频次为基础适用成本法估值定价

公共数据是各级政府部门、企事业单位在依法行政履职或提供公共服务过程中产生的数据。公共数据共享有利于提升公共机关管理、服务和监督的能力，故各公共部门为更好地履行社会治理职能也会互相调用彼此掌握的公共数据，如国家企业信用信息公示系统、个人信用信息服务系统、人口信息管理系统、国家气象科学数据中心的数据。为此，《政务信息资源共享管理暂行办法》确立了“以共享为原则，不共享为例外”、“需求导向，无偿使用”的基本原则。[2]《开放数据宪章》更是将普遍免费作为数据开放的一般原则。

然而，当前越来越多企业已经意识到这些公共数据库的数据具有巨大经济价值，并将其中的内容作为数据挖掘的对象，开发了企业工商信息查询系统（如企查查）、交通查询系统（如高德地图）、气候查询和预测系统（如墨迹天气）等数据产品。虽然公共数据理论上具有非竞争性和几乎为零的边际成本，可以无限复制，属于公共物品，但实践中，每一项公共数据的使用是需要占据一定的带宽等资源，产生一定的拥挤效应，成为具有一定竞争性的准公共物品。[3]绝对化的免费会导致在出现拥挤效应时，拥挤成本全部外部化，对于使用者来说产生过度使用的激励，最终加剧拥挤，带来社会福利损失。[4]因此，在社会主体将公共数据主要用于科研、教育、公共服务等情形

---

〔1〕 参见韩秀兰、王思贤：《数据资产的属性、识别和估价方法》，载《统计与信息论坛》2023年第8期，第11页。

〔2〕 参见《政务信息资源共享管理暂行办法》第5条。

〔3〕 参见马颜昕：《公共数据授权运营的类型构建与制度展开》，载《中外法学》2023年第2期，第340页。

〔4〕 参见马颜昕：《论公物公众使用收费的标准》，载《现代法学》2018年第1期，第106页。

下，因并非以盈利为目的，且未显著增加公共部门的负担，公共数据应当无偿开放；在社会主体以营利为目的时，为避免过度开发或滥用公共数据，以及避免显著增加公共部门的负担，公共数据应当有偿开放。

有偿开放的公共数据定价不应以可得利润为标准，应以调用频次为基础，以开发成本为标准，适用成本法进行估值。这是因为公共数据的产生是基于公共服务，公共数据库的搭建也是为了公益，并不存在以私益为驱动的市场竞争。而且，真正增加公共部门负担的是大量调用公共数据的行为占用了带宽等资源，调用频次越高占用的带宽等资源越多，出现拥挤效应的可能性也就越高。基于公共数据开放共享的精神，对于调用频次较低的公共数据使用行为，因未显著增加公共部门的负担应当在可公开范围内无偿开放；对于调用频次较高且以营利为目的的公共数据使用行为，应当基于调用频次的定价模型（调用频次越高价格越高）定价。[1]综上所述，有偿开放的公共数据应以调用频次为基础适用成本法估值定价。

2. “免费服务换取数据”以同类交易费用为参考适用市场法估值定价

目前，主流的商业模式是“免费服务换取数据”。网络经济的发展规律显示，用户注意力和用户黏性是互联网企业获取利益的关键要素，因此，互联网企业通常选择免费向用户提供服务，以吸引用户注意力，累积黏性用户，这也是典型的平台运营模式。此种商业模式下，互联网企业不仅能够获得更多黏性用户，而且能够获取大量用户数据。但是，这并不意味着这些以免费服务换取的用户数据没有价值。实际上，用户浏览的网页、使用的 APP 等均需要企业为此支出相应的建设、维护和运营成本，且用户在享受免费服务的同时，也承担着个人信息和隐私可能被泄露的隐性成本。故以免费服务换取数据本质上是用户和企业达成合意开展的持续性交易，其中免费服务就是获取数据的对价。在此种场景下，数据要素定价规则并非没有适用空间，但是我们仍然需要从数据生态体系的角度判断此种交易模式是否存在不公平的问题。

“免费服务换取数据”的交易模式，可以采用市场法对数据要素进行估值定价。当前的市场实践也已经反映出可以同类交易费用为参考，通过市场法确定数据要素的估值定价。以 Robinhood 为例，一般情形下，券商向客户提供

[1] 参见包晓丽、齐延平：《论数据权益定价规则》，载《华东政法大学学报》2022 年第 3 期，第 71~72 页。

证券交易后将向其收取一定比例的佣金，但 Robinhood 并不收此类交易费，而是通过向客户提供其他收费服务以及向高频商出售交易数据的方式盈利。[1] 此例子中的市场同类交易的客观存在不仅证明了用户数据的价值，而且也是以同类交易服务费为参考，借鉴市场法确定数据要素定价的有效实践。

3. 标价出售的数据产品以可比案例为参考适用市场法估值定价

数据要素外部商业化，即将数据整理分析后形成可以对外服务的数据产品的过程，这是数据要素发挥其内在价值的典型应用场景。“芝麻信用”是数据要素外部商业化的典型实例。“芝麻信用”是蚂蚁金服生态体系的其中一个重要数据产品，其利用云计算、机器学习等数字技术，从用户信用历史、行为偏好、履约能力、身份特质、人脉关系五个维度对用户的信用进行评估。“芝麻信用”目前出售给从事购物、租赁、商旅出行、本地生活等众多商户，例如，“街电”（从事租赁移动充电宝的商户）就使用了“芝麻信用”这一数据产品，当用户的芝麻信用分达到一定数值时，可以免除缴纳租赁移动充电宝的押金。除“芝麻信用”外，类似的数据产品还有阿里巴巴旗下的“生意参谋”（现改名为“生意助手”）和“数据银行”等。这些数据产品在市场上已经是较为普遍的存在，大体上已经形成了行业通识的标准化价格，估值定价的难度不大，可以内容和形式相同或相似、交易背景相同或相似的其他数据产品为参考，采用市场法定价。

第三节 数据要素交易的合同法规制

结合当前包括贵阳大数据交易所、万象交易所、数据堂等主流数据交易平台分析，数据交易模式大体上可分为数据包交易模式、API 交易模式和托管交易模式。数据包交易模式是指卖方将源数据拷贝至数据交易平台，数据买方则通过平台直接购买源数据；API 交易模式是指借用应用程序接口（API 接口）向买方提供所需数据；托管交易模式则指买方在交易平台提供的环境内使用卖方所提供的数据。上述三类交易模式均涉及三方主体：数据源层方、数据用户方和数据交易平台方。可见数据交易业态与传统交易迥异，其最显

[1] See Robinhood Markets，载 https://en.wikipedia.org/wiki/Robinhood_Markets#Products_and_services，最后访问日期：2024 年 2 月 10 日。

著的特征是数据交易业态介入了信息服务功能显著的平台。

数据交易平台方的介入不仅使数据交易双方的交易形态和法律关系更加复杂，还导致数据交易的法律关系问题在理论中存在争议：有学者持“三分法”，即认为以交易对象为标准，数据交易的法律关系可分为数据买卖合同关系，数据许可合同关系以及数据服务合同关系；〔1〕也有学者持“两分法”，认为数据交易的法律关系可分为数据许可合同关系与数据加工处理合同关系。〔2〕这些观点均值得商榷。

民法中的买卖合同以特定标的物为对象，具有唯一性和排他性，而数据的可复制、可删除等特性决定了其不具有唯一性和排他性，这导致数据交易无法成立买卖合同关系。此外，数据交易能否成立数据许可合同关系也应当受到质疑。学者们将数据交易认定为许可合同关系的主要原因是将数据划归至知识产权领域。尽管知识产权的规制对象——智力成果与数据同属于无形的信息范畴，但对于数据而言，其本身的利用价值不在于其具有创造性、新颖性等特点，而在于其蕴含着通过分析和挖掘方能发现的潜在价值。将数据交易比照民法中的承揽合同关系进行法律规制有其合理性，但仍然无法涵盖现有的数据交易模式。以 API 数据交易模式为例，承揽合同是以完成一定的工作并交付工作成果为标的的合同类型，其标的物具有特定性，但 API 模式下的数据交易仅仅通过向用户提供接口允许其对平台的数据进行访问的方式完成数据交易，平台本身并不存储和分析信息，仅对数据进行必要的实时脱敏、清洗、审核和安全测试，这显然无法认定为承揽合同关系。

总的来说，数据蕴藏着巨大的经济价值，必须通过私法技术的使用才可充分发挥。数据要素市场化配置的核心环节是提高数据交易的活跃度，为落实《中共中央、国务院关于构建更加完善的要素市场化配置体制机制的意见》中“健全要素市场化交易平台”“完善要素交易规则和服务”，形成健全的数据要素市场运行机制，必须用一定的技术方法与手段将数据交易纳入私法调整范畴，以此实现数据要素的市场化。

---

〔1〕 关于“三分法”观点，参见瞿淼、孙欢欢：《数据交易合同的法律问题》，载 https://www.kwm.com/zh/cn/knowledge/insights/data-transaction-contracts-and-related-legal-issues-20170330，最后访问日期：2024 年 2 月 15 日。

〔2〕 关于“两分法”观点，参见武长海、常铮：《论我国数据权法律制度的构建与完善》，载《河北法学》2018 年第 2 期，第 45 页。

《民法典》合同编作为规范交易市场的基本法律，应当在数据要素市场化配置过程中发挥出应有的法律功能。鉴于数据的分类方式、交易模式的不同，都会使交易过程中的相关主体发生截然不同的法律关系表现形式，可从合同法的视角，剖析数据源层方、数据交易平台方以及数据用户方三方间的法律关系，并在相对性法律关系中合理界定各方主体的权利义务，从而达到平衡各方利益，化解各方当事人利益纠纷的效果。

一、数据要素交易的多元法律关系

尽管数据交易平台与交易双方形成了复杂多元的法律关系，但从合同法的角度仍然能够对上述三方主体间的法律关系进行解构：首先，数据源层方与数据用户方作为交易双方毫无疑问存在合同关系，但两者间的合同关系具体应当如何定性还有待进一步分析。其次，实务中数据交易平台方为数据源层方提供相应服务，其法律关系在理论界尚存在争议，例如，有学者认为应当区分平台运营模式分别构成居间合同、委托合同或保管合同,〔1〕也有学者将其定性为居间合同或委托合同。〔2〕无论如何定性，数据交易平台方与数据源层方间的合同关系均确认无疑。最后，有学者认为，平台与用户之间存在的免费信息服务协议在严格合同定义上难以界定为交易，因为双方本无特定的缔约意图，且在流量争取上平台也没有施惠于用户的动机。〔3〕因此，用户方与平台方是否形成合同关系主要依赖于用户方是否向平台支付对价，在没有对价的情形下两者间的合同关系难以成立。这一观点值得商榷，“免费”是否真的等于“无偿”？实际上平台与用户之间的法律关系仍可纳入合同法范畴，具体论述详见下文，此处暂不赘述。

基于“关系范式”的研究视角，多重角色的参与意味着将产生多重性的法律关系结构及差异化的规范体系。具体至数据交易中，数据源层方、数据用户方以及数据交易平台方三个参与主体之间的法律关系可以通过合同法进

---

〔1〕 参见张敏、朱雪燕：《我国大数据交易的立法思考》，载《学习与实践》2018 年第 7 期，第 63 页。

〔2〕 参见张阳：《数据的权利化困境与契约式规制》，载《科技与法律》2016 年第 6 期，第 1112~1114 页。

〔3〕 参见梅夏英：《〈民法典〉对信息数据的保护及其解读》，载《山西大学学报（哲学社会科学版）》2020 年第 6 期，第 29 页。

行解构，且应分别定性为“数据服务合同”关系，中介、委托合同关系以及“平台服务合同”关系（见图1），并根据这三层法律关系的性质进一步明确参与主体在各个层面法律关系中的主要权利义务，塑造其应有的法律品格，进而构建数据交易规则体系。下文将就上述三层法律关系及其权利义务构造作详细分析。

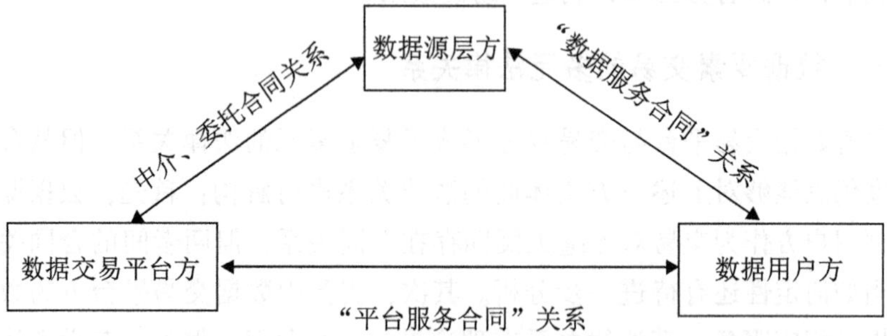

图1

除数据交易模式大体上可分为数据包交易模式、API交易模式和托管交易模式外，结合各地数据交易机构的实践并根据数据交易平台作用的不同，数据交易平台运营模式又可分为两类：数据撮合交易运营模式与数据增值服务运营模式。数据撮合交易运营模式又被称为“数据集市”，即数据交易平台只是简单地撮合买方和卖方，交易对象为数据源层方提供的基础数据，平台不对数据进行任何预处理或深度的信息挖掘分析；数据增值服务运营模式则需要数据交易平台根据用户需求，对数据源层方提供的基础数据进行清洗、分析、建模、可视化等操作，形成定制化的数据产品。下文将结合不同数据交易模式及其交易平台运营模式分析数据交易所涉三方主体间的合同关系。

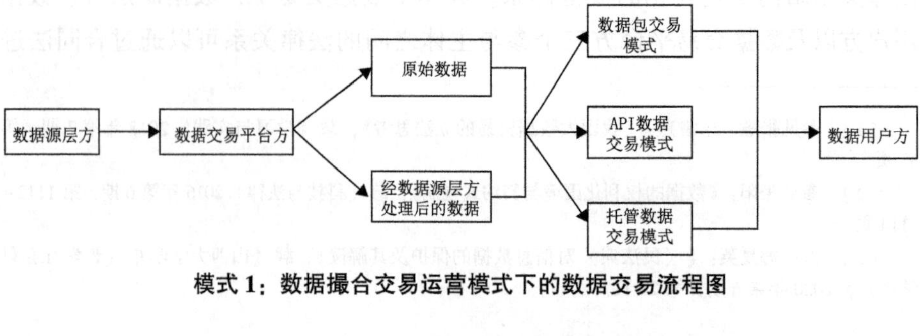

模式1：数据撮合交易运营模式下的数据交易流程图

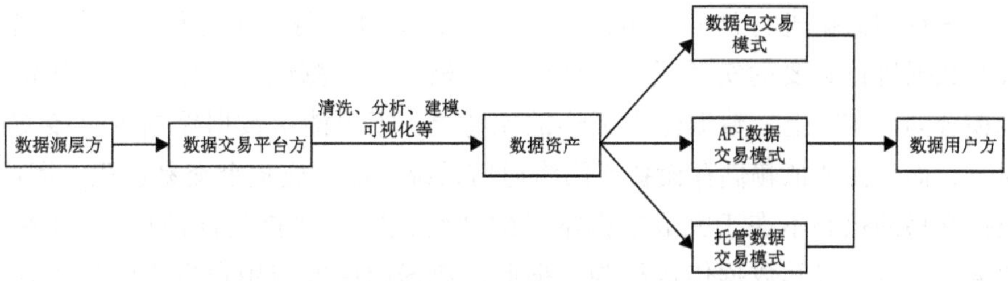

模式 2：数据增值服务运营模式下的数据交易流程图

（一）数据源层方与数据用户方间的法律关系

数据源层方与数据用户方作为交易双方毋庸置疑存在合同关系，但关于该合同性质的认定，学界尚存争议。多数学者持“三分法”，即结合数据交易的三种模式认为两者间的合同关系可分为数据买卖合同，数据许可合同以及数据服务合同。[1]也有少数学者持“两分法”，即认为数据包交易模式下的合同可认定为许可合同，其余两种数据交易模式下的合同则可比照适用承揽合同。[2]上述观点均值得商榷。

首先，民法中的买卖合同以特定标的物（动产、不动产）为对象，具有唯一性和排他性，而数据的可复制、可删除以及可传送的特征决定了其不具有唯一性和排他性，这导致其无法成立买卖合同。其次，能否成立数据许可合同也应当受到质疑。学者们将数据交易合同认定为许可合同的根源是将数据划归至知识产权领域。尽管知识产权的规制对象（智力成果）与数据同属于无形的信息范畴，但对于数据而言，其本身的利用价值不在于其具有创造性、新颖性等特点，而在于其蕴含着通过分析和挖掘方能发现的潜在价值，如此一来，缺乏智力成果内容的数据无法被置于知识产权的规制范围。最后，将数据源层方与用户方间的合同比照民法中的承揽合同进行法律规制有其合理性，但仍然无法涵盖现有的数据交易模式。以 API 交易模式为例，承揽合同是以完成一定的工作并交付工作成果为标的的合同类型，其标的物具有特定性。但在 API 交易模式下，数据源层方仅仅通过向用户方提供接口并允许

〔1〕 参见瞿淼、孙欢欢：《数据交易合同的法律问题》，载 https://www.kwm.com/zh/cn/knowledge/insights/data-transaction-contracts-and-related-legal-issues-20170330，最后访问日期：2024 年 2 月 15 日。

〔2〕 参见武长海、常铮：《论我国数据权法律制度的构建与完善》，载《河北法学》2018 年第 2 期，第 45 页。

其对平台的数据进行访问的方式完成交易，平台本身并不存储和分析信息，仅对数据进行必要的实时脱敏、清洗、审核和安全测试，这显然无法认定为承揽合同。实际上，数据作为无形的比特流，不可能由数据控制者直接交付对方，而是需要依赖储存设备或网络通信系统才能完成整个交易过程。因此，数据交易的核心不在于完成数据本身的“转让”或“排他性使用”，而在于数据控制者完成其数据传送行为。据此，数据源层方与用户方之间应当存在服务提供关系，源层方为用户方提供数据服务，用户方接受源层方的数据服务并支付相应的对价，与网络服务合同相类似，可认定为两者间成立“数据服务合同”。当前《民法典》合同编中的有名合同并未包括“数据服务合同”，该合同类型应当属于无名合同。根据《民法典》第467条的规定，无名合同可适用《民法典》合同编通则的规定，并可以参照适用与“数据服务合同”最相类似的有名合同之相关规定。据统计，实践中贵阳大数据交易所、万象交易所、数据堂等主流平台均将数据交易合同定性为“买卖合同”，故而“数据服务合同”可适用《民法典》合同编通则的规定，并可以参照适用买卖合同的相关规定。

（二）数据源层方与数据交易平台方间的法律关系

数据源层方与数据交易平台方间的法律关系，可解构为中介合同关系与委托合同关系。

（1）中介合同关系。《民法典》第961条规定：“中介合同是中介人向委托人报告订立合同的机会或者提供订立合同的媒介服务，委托人支付报酬的合同。”数据交易平台方在源层方与用户方的交易过程中，实际上充当着发挥实时动态更新整理、发布、传播各类数据职能的信息中介，解决了数据源层方与用户方之间的信息不对称等问题。因此，数据源层方与平台方之间存在中介合同关系的事实。

（2）委托合同关系。数据源层方与数据交易平台间存在的委托合同关系在不同数据交易平台运营模式下的反映有所区别。数据撮合交易运营模式下的委托合同关系仅存在于托管交易模式中。托管交易模式下数据源层方预先与数据交易平台达成协议，将数据包拷贝至平台，数据用户方则根据交易平台发布的各类数据信息，自主选择向数据源层方发出要约，数据源层方在确认用户方所发出的数据要约后向交易平台发送交易确认结果，由交易平台向数据用户方开放相应数据端口使用权限。实质上数据交易平台在这一交易流程除发挥了中介作用外，还与数据源层方形成了委托关系，即表现为数据源层方委托数据交易平台方为数据用户方提供相应的数据端口使用权限。而数据增值服务运营模式下的委托合同关系不仅体现于托管交易模式中，因在该运营模式下，数据源层方将基础数据提供至交易平台，并以支付佣金的形式委托该平台对基础数据进行清洗、建模、分析和可视化技术处理，由此形成一种数据分析结果并出售至数据用户方，此种情形下，数据源层方与数据交易平台方同样形成了委托合同关系。

（三）数据用户方与数据交易平台方间的法律关系

数据用户方与数据交易平台方之间应当形成有偿合同关系。当数据用户方以支付对价的形式入驻数据交易平台，双方之间认定为有偿合同关系毫无争议。然而，数据交易平台通常以发布格式性规约加上免费提供平台服务的模式吸引数据用户方以同意的形式进入平台。在交易平台的免费模式下，从表面审视，数据用户方无偿接受了数据交易平台方的服务，仅数据交易平台方单方面投入了大量的网站建设与维护成本，双方之间不存在互易之对价，故而双方间的法律关系在理论与实务中通常被认定为无偿合同关系。但“免费”是否真的等同于“无偿”？在现代私法视野中，主体“人像”已走上普遍商化的不归路，[1]何来免费的在线服务？立足经济学的角度，以网络技术为基础开发的数字产品与服务具有边际成本递减的特性，亦即数字化产品与服务在生产之初需投入昂贵的开发、运营成本，但一旦成功后其复制、传播等边际成本极低，甚至不可避免地趋于“零”。而数据交易平台方提供的所谓“无偿服务”，本质上是典型的平台战略模式——通过设定“付费方”与“被补贴方”的方式，吸引“被补贴方”入驻平台，转而以“被补贴方”的群体数量吸引“付费方”支付更多的费用，以形成平台生态圈。当“被补贴方”群体规模达至电子商务临界值并形成黏性用户后，平台将通过额外的增值服务及广告获利；当“被补贴方”群体规模达致垄断的临界值时，平台即可取得市场支配地位。[2]在数据交易过程中，数据用户方往往充当着“被补贴方”的角色，反之数据源层方则为“补贴方”，数据交易平台表面上为数据用

〔1〕 参见宁红丽：《无偿合同：民法学与社会学之维》，载《政法论坛》2012年第1期，第115页。

〔2〕 参见陈威如、余卓轩：《平台战略：正在席卷全球的商业模式革命》，中信出版社2013年版，第44~45页。

户方提供着“无偿服务”，实则通过交叉网络效应在更隐蔽层面获取利益，换言之，数据用户方也为其所享受的“无偿服务”支付了一定的经济代价。“对价之给付可以是作为，也可以是不作为，且对价不以等价为限，无论互易之利益是否等价均为对价。”[1]由此无论数据用户方是否支付对价，数据交易平台与数据用户方之间均形成有偿合同关系。同时因数据交易平台所采用的新型平台战略经营模式，数据交易平台与数据用户方间的有偿合同关系无法界定为现有法律规定下的任何一种有名合同类型，故而其属于无名合同。依据《民法典》的相关规定，可适用《民法典》合同编通则的规定，并类推适用最相类似的合同。

二、“数据服务合同”关系中的权利义务

基于上述数据源层方与数据用户方间成立的“数据服务合同”关系的定位，数据用户方主要享有请求及时提供符合质量要求的数据服务的权利，以及负担及时支付对价的义务。相应的，数据源层方则享有请求及时支付对价的权利与负担及时提供符合质量要求的数据服务的义务。

（1）关于数据用户方所负担的支付对价之义务问题，实则涉及数据的定价问题。当数据交易市场处于经济学理想市场，即交易双方“势均力敌”的情况下，由市场自发探索形成价格是应当允许的。然而，经济学理想市场属非常态化，常态化下的数据交易市场往往是处于卖方市场抑或买卖双方垄断的情形。此种情况下，因数据具有巨大的社会价值，对个人、社会乃至国家的影响都极为深远，且以平台为媒介的数据交易价格若无法律监管，极易导致垄断、不正当竞争等问题，不利于数据的开放流通以及数据交易市场的培育和规范。因此，有必要借公法指引数据交易市场作出合理定价。例如，可由政府部门出台相关行政法规的方式加以引导：当处于卖方市场时，阻碍数据交易流通的力量主要是卖方的市场力量，为引导卖方出让数据，采用成本加成的定价方案或为可行；当处于买卖双边垄断情形下，以拍卖模式进行交易或更显公平，但上述定价方案的具体核算方式尚待在经济学框架下进行讨论。

（2）数据源层方所负担的及时提供符合质量要求之数据的义务，蕴含以

---

[1] 傅鼎生：《义务的对价：双务合同之本质》，载《法学》2003年第12期，第72页。

下三方面的要求：一是在约定时间内提供服务；二是提供的数据符合交易标的要求；三是提供的数据符合一定的质量标准。

数据作为无形的比特流，必须依赖储存设备和网络通信系统才能完成交付，其履行核心在于数据控制者完成数据传送行为，即在线履行。《民法典》第 512 条第 2 款与《电子商务法》第 51 条第 2 款均明确规定，采用在线履行方式完成交易的，以标的物进入对方当事人指定的特定系统并且能够检索识别的时间为交付时间。倘若合同中双方明确约定了交付时间则应当尊重当事人意思自治，在未有明确约定时，数据包交易模式下宜认为平台将特定数据转移至用户方指定系统之时为交付时间；API 交易模式下，数据是以提供 API 接口权限的方式交易数据，故而应当将用户方获取 API 接口权限之时确定为交付时间；托管交易模式下数据用户方须在平台提供的环境下获得相应数据，此时平台须为数据用户方开设登录相应网络环境的账号密码，据此应当认为平台将登录相应网络环境的账号密码信息转移至用户方指定系统之时为交付时间。目前《民法典》与《电子商务法》关于数据交易在线履行问题的立法规定尚显简陋，可通过发布相关司法解释或增设相应规范的方式作进一步细化。

数据源层方负有确保数据符合交易标的要求的义务，亦即数据源层方应当确保其所提供的数据在可交易范围内。数据交易主要涉及政府数据、企业数据以及个人数据，对于三类数据的可交易范围应当差异化限定。目前我国立法尚未明确可交易的数据范围，就政府数据而言，其开放范围即可交易范围，《政府信息公开条例》已详尽规定了政府信息公开的范围、类型等，关于政府数据交易的立法应当与之相衔接，且 2020 年《数据安全法（草案）》第 39 条已提出由国家制定政务数据开放目录，构建统一的政务数据开放平台。据此，建议在政府数据交易中可以“正面清单”的形式明确列举可用于交易的政府数据类型；就企业数据与个人数据而言，目前我国虽未出台专门的立法规范可交易的企业数据与个人数据，但《民法典》《网络安全法》《个人信息保护法（草案）》《数据安全法（草案）》等法律法规已有零散规定，内容多涉及隐私权、个人信息保护，以及商业秘密保护等原则性条款，关于企业数据与个人数据交易范围的立法应当注意与上述法律法规相衔接，确保立法外部体系与内部体系的逻辑自洽。此外，鉴于与政府数据的交易相比，企业数据与个人数据在实务中交易的频次更高、数量更大，其流通开放的范围亦应更为宽泛，建议后期相关法律法规可以“负面清单+概括列举”的方式明确禁止交易的企业数据与个人数据类型。

数据源层方除须确保所提供数据应当落入可交易范围外，还负有确保提供的数据符合一定质量标准的义务。数据质量标准是一个复合型概念，包括元数据、数据使用以及数据内容。具体而言，数据源层方确保数据符合质量标准的义务主要包括四个方面：第一，确保交易数据的收集合法性；第二，明确交易数据的用途、方式和期限；第三，确保交易数据内容的真实可信；第四，对交易数据进行风险评估并加以提示。目前我国立法层面关于上述四方面要求的规定较为零散，且在数据收集合法性标准、数据风险评估等方面仍存在不统一、不明确的弊端，立法供给明显不足。《数据安全法（草案）》已公开征集意见，该草案明确提出国家将对数据实行分级分类保护，开展数据活动必须履行数据安全义务与承担社会责任等。借此契机，未来可在《数据安全法》中全面考量数据交易所涉多元利益的平衡，明确数据交易活动的理念与原则，并配套出台相关法律法规，明确关于数据收集主体、目的、程序，以及免责事由等具体要求，构建统一的数据分级分类风险评估机制。

三、中介、委托合同关系中的权利义务

如前所述，数据源层方与数据交易平台方之间存在中介合同关系与委托合同关系，双方权利义务构造遵循《民法典》合同编中有关中介合同与委托合同的法律规定。值得注意的是，数据本身的生成、转译、传输及存储均依赖代码，具有虚拟性，其交易核心在于数据控制者完成数据传送行为，交易过程高度依赖数据交易平台所提供之网络技术系统的稳定性和安全性。因此，数据交易平台在双方的委托、中介关系中实际上还承担着确保远程缔约系统、数据传送系统处于持续稳定运行的义务，亦即安全保障义务。因远程缔约系统、数据传送系统故障造成意思传达错误、合同无法继续履行等损害交易双方利益的情形时，数据交易平台理应对交易双方承担相应的损害赔偿责任。目前已有相关政策法规，例如《网络交易管理办法》要求第三方交易平台经营者建立检查监控制度、负有交易安全保障义务；《网络安全法》则规定网络运营者负有制定网络安全事件应急预案，及时处置系统漏洞、计算机病毒、网络攻击、网络侵入等安全风险的义务。需要强调的是，在合同框架下数据交易平台方基于其特殊地位应当承担安全保障义务，但这一义务应当是有必

要限度的，安全保障义务和责任的设置不能仅依赖私法层面的约束，政府的治理和管理职责同样不可缺位，要避免政府将应当承担的治理和管理职责转嫁至平台企业，变相增大其权利以免平台企业负重前行。此外，传统违约责任减免责事由并不包含技术风险，但数据交易全程依赖网络技术的特性也使得我们应当反思：立足于行业特性和国家经济发展要求的考量，基于技术风险合理分配原则的合同减免责事由在数据交易架构中是否存在适用空间？

四、“平台服务合同”关系中的权利义务

合同义务是法律规定或合同约定的当事人为或不为一定的行为，但在前述数据用户方与数据交易平台方间的合同关系中，平台方通常出于利益最大化考量，会利用格式规约扩大自己的权利并限缩或免除自己的责任。但从法学与社会学的角度审视，权利与义务是相互依存的，权责义应当相一致。因此，当无法通过约定要求数据交易平台方负担与其权利相符的义务时，法律应当适当规定合同框架下数据交易平台方对数据用户方所应承担的义务。据此，除双方合同约定的义务外，数据交易平台对于数据用户方还应当负有服务说明、告知义务，形式审查义务以及安全保障义务，因安全保障义务在前文已阐释，下文就服务说明、告知义务以及形式审查义务作进一步讨论。

（1）数据交易平台方对于数据用户方应当负有服务说明、告知义务。我国《消费者权益保护法》第 8 条第 1 款明确赋予消费者知情权，即“知悉其购买、使用的商品或接受的服务的真实情况的权利。”数据交易以网络技术为依托，网络空间的虚拟性、非面对面性决定了数据用户在选择某一项数据服务时很大程度上依赖于平台方对该服务事项所发布的事前信息说明，亦即数据用户方的知情权有赖于数据交易平台对于数据源层方所提供数据服务之信息披露与事前说明。我国《电子商务法》第 17 条对此义务也进行了明确规定，填补了此前我国并无网络空间范围内平台企业服务说明、告知义务的专门立法空白。国外也针对这一义务出台了诸多法律法规，例如欧盟方面发布《关于远距离合同中消费者权益保护指令》，该指令第 4 条对商品或服务提供者设定了应当预先告知消费者合同相关信息的义务。

（2）数据交易平台方应当负有形式审查义务。如前所述，数据用户方的知情权有赖于数据交易平台实现，由此衍生的还有数据交易平台方的形式审查义务，该项义务包括形式审查数据源层方资质、数据源层方提供数据服务

时的信息说明等内容。在法律性质上，该项形式审查义务应当归属合同附随义务的范畴；在审查方式上，应当既包括主动式的事先审查，也包括被动式的事后纠正；在审查范围上，应当重点检视数据源层方发布的交易信息是否有危害数据用户方人身财产安全之虞，其资质信息是否存在虚构、捏造等情形；在审查标准上，考虑到网络空间的虚拟性，可采用“表面合规标准”，即仅依常理对数据源层方的基本信息及其所提供的相关资料是否符合法律规定与平台规则进行表面审查。当然，不能对数据交易平台方课以过重的形式审查义务，否则该义务可能转化为互联网上私主体的单方执法权，且义务设置过重极易导致其与政府公共安全职能等公法上的义务相混淆，以致公私法义务界限不清，责任难以落到实处。[1]这一形式审查义务在我国立法中亦多有呈现，尤其体现于《电子商务法》第二节“电子商务平台经营者”中。该法第27条、第28条、第31条、第38条等形成了电子商务平台经营者审查义务的规范群。相类似的条文还出现在《网络商品交易及有关服务行为管理暂行办法》《全国人民代表大会常务委员会关于加强网络信息保护的决定》《关于促进出版物网络发行健康发展的通知》《互联网用户账号名称管理规定》《食品安全法》《反恐法》等政策法规中。

第四节　跨境数据流动的国际规则与我国对策[2]

与传统的资源不同，数据具有可复制性且不影响其本来的价值，并可以因数据的持续开发利用而不断产生新的价值。跨境数据流动和利用既可促进传统产业创新，也可以促进数字经济发展，但也可能威胁到数据安全乃至国家安全。究竟是促进“数据自由流动”还是加强“数据本地化”，如何在安全和发展中实现平衡，对各国政府提出了考验。[3]由于数据资源已经成为基础性战略资源，各国为了争夺数据资源，纷纷利用属人管辖、属地管辖等管

[1] 参见姚黎黎：《互联网平台免费服务提供者义务之设定》，载《重庆邮电大学学报（社会科学版）》2017年第6期，第65页。

[2] 原文为孙占利、严思雨撰写的《跨境数据流动的国际规则动态与我国对策》，载《汕头大学学报（人文社会科学版）》2021年第8期，后期有修改。

[3] 参见上海社会科学院：《全球数据跨境流动政策与中国战略研究报告》，载 https://mp.weixin.qq.com/s/wxvc9-mFWZuDkIL-fBsWEQ，最后访问日期：2023年2月11日。

辖原则来强化对数据资源的管理与控制，并尝试推动形成符合其利益诉求的国际规则，国际规则博弈激烈而又复杂，研判其发展态势和如何采取适宜的对策是亟待解决的问题。

一、主要经济体关于跨境数据流动规则的立场与实践

（一）欧盟

欧盟虽然在数字技术、应用及市场份额方面无法与美国和我国相比较，但它在2015年就制定了欧盟单一数字市场战略，2017年发布《构建欧盟数据经济》，2017年发布《欧洲企业间数据共享指南》，2018年发布《欧洲数据经济中的私营部门数据共享指南》，2020年发布《欧洲数据战略》，并在相关立法中处于领先位置，彰显了欧盟试图通过建立欧盟内部的“单一数字市场”赢得新一轮国际竞争的雄心。欧盟关于跨境数据流动的立法主要有《通用数据保护条例》（GDPR）和《非个人数据在欧盟境内自由流动框架条例》。

2018年实施的《通用数据保护条例》（GDPR）继承了95指令对欧盟境内外数据流动进行区别对待的理念，对内禁止成员国借数据保护名义限制个人数据在欧盟境内的自由流动，以推进欧盟单一数字市场战略；对外则予以限制，但在汇集各国和地区做法的基础上，提出了多种合法的数据跨境流动方式，包括充分性决定机制、有约束力的公司规则机制、标准合同条款机制、行为准则机制、认证机制、国际协议等。需要特别注意的是，GDPR要求域外国家的企业必须事先通过欧盟委员会的“充分性保护认证”以证明该国的数据保护水平，才能实现与欧盟之间的跨境数据自由流动。[1]“充分性保护认证”是欧盟委员会在综合评估一国的法治水平、人权保护水平、数据保护制度独立监管机构的运行效果、执法能力、救济机制、参与的国际条约等因素后，对一国能够提供与GDPR相同的数据保护水平的认定。[2]获得认证并不意味着一劳永逸，此后欧盟委员会还会对该国进行审核。若是没有获得“充分保护认证”，境外的数据控制方或处理方就只能在证明其对数据安全采取了合理保护时，才可向数据接收方所在国传输。GDPR还规定了即使不符合上

〔1〕参见单寅、王亮：《跨境数据流动监管立足国际，看国内解法》，载《通信世界》2017年第14期，第25页。

〔2〕参见邓志松、戴健民：《限制数据跨境传输的国际冲突与企业应对》，载《网络信息法学研究》2018年第1期，第187~188页。

述条件仍可以跨境传输的例外，包括获得数据主体的明确同意，或出于维护公共利益等情形。[1]

对于非个人数据，为消除欧盟成员国的数据本地化限制，实现欧盟单一数字市场战略，2018年欧盟《非个人数据在欧盟境内自由流动框架条例》强调，非因公共安全理由，原则上不禁止非个人数据在欧盟境内的自由流动。欧盟还禁止内部成员通过要求使用本国计算设施处理数据、数据存储和处理本地化的行为，禁止在其他成员境内存储或处理数据以及将使用本国计算设施作为允许数据流动的条件等方式的限制。[2]

欧盟虽然认为通过裁判是无法赢得比赛的，但寄希望于建立对中国和美国都具有吸引力的欧盟模式。2020年，欧洲数据保护委员会发布了关于数据跨境传输的最新指南，欧盟委员会陆续通过了《数据治理法》《数字服务法》以及《数字市场法》。2022年欧盟委员会又通过了《数据法》。这些指南和法案都直接或间接影响到与欧盟有关的跨境数据流动，并对相关的国际规则乃至其他国家的国内立法产生不同程度的影响。

（二）美国

美国在信息和通信产业处于绝对的领先地位，一直主张跨境数据的自由流动。然而，事实上美国贯彻的是内外有别的政策。2018年3月美国通过了《澄清域外合法使用数据法案》（即“云法案”），在该法中，美国依其国家利益采用“数据控制者标准”划定管辖范围，无论通信、记录或其他信息是否存储在美国境内，服务提供者均应当按《存储通信法》规定的义务要求保存、备份、披露通信内容、记录或其他信息，只要上述通信内容、记录或其他信息为该服务提供者所拥有、监管或控制，都可以成为调取数据的来源。[3]该法仅支持两种情形下的抗辩，即目标对象不在美国居住的非美国人及披露内容的法律义务将给服务提供者带来违反“符合资格的外国政府”立法的实质性风

---

[1] 参见娄鹤、陈国彧：《中国企业个人数据跨境传输最佳法律实践探讨》，载《信息安全与通信保密》2019年第8期，第55~56页。

[2] See World Trade Organization：“Joint Statement On Electronic Commerce Eu Proposal For WTO Disciplines And Commitments Relating To Electronic Commerce Communication From The European Union”，载https://trade.ec.europa.eu/doclib/docs/2019/may/tradoc_ 157880.pdf，最后访问日期：2024年2月18日。

[3] 参见刘云：《中美欧数据跨境流动政策比较分析与国际趋势》，载《中国信息安全》2020年第11期，第76页。

险。[1]

但是，美国对他国获取本国数据却进行严格的限制，以确保外国政府对美国隐私权和公民自由提供有力的实体与程序保护，要求政府符合“适格外国政府”的主体条件，要求他国在网络犯罪与电子证据方面有足够的实体法及程序法、有足够且透明的机制以确保能够对外国政府收集与使用电子数据的行为进行问责等。[2]此外，美国根据《出口管理条例》和《国际军火交易条例》对军用和民用相关行业的技术数据的跨境实施许可管理。2018 年 8 月通过的《2019 年外国投资风险审查现代化法》将外国人投资保存或收集美国公民敏感个人数据的公司纳入审查范围。

从美国与其他国家签署的条约来看，奥巴马政府时期签订的《跨太平洋伙伴关系协定》（TPP）第 14.13 条规定，缔约方不得将要求受约束的组织和个人使用该缔约方领土内的计算设施或者将设施置于其领土之内作为在其领土从事经营的条件。尽管特朗普政府退出了 TPP，但 2018 年签署的《美国—墨西哥—加拿大协议》吸收了上述规定。美国也在与其他国家的谈判协议中积极推广反数据本地化政策，但也存在弹性处理或妥协的情况，例如在美国与韩国重新签署的《美韩自由贸易协定》，将反数据本地化规则修改为“避免对跨境的电子信息流施加或维持不必要的障碍”，由此对数据跨境流动进行必要控制、保留的出口。[3]

（三）俄罗斯

俄罗斯从维护国家安全角度出发，通过修宪和立法加强数据本地化管理和限制跨境数据流动，以抵御跨境数据流动风险。按照《关于信息、信息技术和信息保护法》和《俄罗斯联邦个人数据法》的规定，互联网信息服务组织传播者、信息拥有者以及运营商有义务将数据留存在俄罗斯境内储存和处理。在执法层面，俄罗斯也要求进行网络传播的信息组织者将俄罗斯用户的网络通信数据、用户本身数据和用户活动数据在俄罗斯境内保留 6 个月，并

---

〔1〕参见洪延青：《美国快速通过 CLOUD 法案 明确数据主权战略》，载《中国信息安全》2018 年第 4 期，第 33 页。

〔2〕参见公安三所网络安全法律研究中心：《美 CLOUD 法案概述》，载 https://mp.weixin.qq.com/s/k7kYUwtW_ F_ K9khdK73mXA，最后访问日期：2024 年 2 月 15 日。

〔3〕参见刘云：《中美欧数据跨境流动政策比较分析与国际趋势》，载《中国信息安全》2020 年第 11 期，第 75 页。

应告知俄罗斯当局。[1]俄罗斯对履行本地化义务的主体范围相当广泛，对个人数据本地化存储的要求相当严苛，在俄罗斯存储的个人数据要满足最先、最全、最新的要求。[2]

数据存储本地化并不等同于禁止数据跨境传输，俄罗斯在法律上并没有禁止个人数据出境，但要求数据首次存储必须在俄罗斯境内的服务器。[3]另外，《俄罗斯个人数据保护法》规定在满足一定条件下，个人信息可以进行跨境传输，该等条件包括：接收国符合同等保护要求；经个人信息主体书面同意；俄罗斯联邦签署的相关国际性条约；国防和国家安全需要的情况；执行合同时，合同一方为个人信息主体；在无法得到个人信息主体书面同意的情况下，出于保护个人信息主体或者他人生命、健康及其他与生命息息相关的利益时。

（四）东盟与东亚自贸区

2021 年 1 月东盟批准《数据管理框架》和《跨境数据流动合同范本》，二者均非立法，主要目的是帮助东盟企业建立有效的数据全生命周期保护和引导东盟企业间的跨境数据流动，进而促进东盟数字经济的发展。

特别值得提及的是，2020 年 11 月 15 日，东盟十国与中国、日本、韩国、澳大利亚、新西兰等 15 个国家签署了《区域全面经济伙伴关系协定》（RCEP），标志着世界上人口数量最多、经贸规模最大、发展潜力最大的东亚自贸区成功启航。

RCEP 关于跨境数据流动的规则主要是第 14 条“计算设施的位置”和第 15 条“通过电子方式跨境传输信息”。其中，第 14.1 条和第 14.2 条明确提出缔约方不得将要求涵盖的人使用该缔约方领土内的计算设施或者将设施置于该缔约方领土之内，作为在该缔约方领土内进行商业行为的条件；第 14.3 条则规定了计算设施本地化要求的例外情形，即缔约方认为是其实现合法的公共政策目标所必要的措施，只要该措施不以构成任意或不合理的歧视或变相

---

〔1〕 参见上海社会科学院：《全球数据跨境流动政策与中国战略研究报告》，载 https://mp.weixin.qq.com/s/wxvc9-mFWZuDkIL-fBsWEQ，最后访问日期：2024 年 2 月 15 日。

〔2〕 参见洪延青：《俄罗斯数据本地化和跨境流动条款解析》，载 https://mp.weixin.qq.com/s/PZJSUJC_6ztnAVuLxC5NcQ，最后访问日期：2024 年 2 月 15 日。

〔3〕 参见上海社会科学院：《全球数据跨境流动政策与中国战略研究报告》，载 https://mp.weixin.qq.com/s/wxvc9-mFWZuDkIL-fBsWEQ，最后访问日期：2024 年 2 月 15 日。

的贸易限制的方式适用，或者该缔约方认为对保护其基本安全利益所必需的任何措施，其他缔约方不得对此类措施提出异议；第 15.1 条和第 15.2 条规定了电子方式传输信息的监管要求；第 15.3 条则与第 14.3 条的内容一致，规定了跨境传输信息的例外情形。

此外，与跨境数据流动紧密相关的另一个问题是个人信息保护，RCEP 第八条“线上个人信息保护”主要规定如下：每一缔约方应当采取或维持保证电子商务用户个人信息受到保护的法律框架；在制定保护个人信息的法律框架时，每一缔约方应当考虑相关国际组织或机构的国际标准、原则、指南和准则；每一缔约方应当公布其向电子商务用户提供个人信息保护的相关信息，包括个人如何寻求救济和企业如何遵守任何法律要求；缔约方应当鼓励法人通过互联网等方式公布其与个人信息保护相关的政策和程序；缔约方应当在可能的范围内合作，以保护从缔约方转移来的个人信息。

二、国际组织推进跨境数据流动国际规则的努力与进展

（一）联合国

为了国际社会的整体发展，联合国试图通过各种方式使各国在数据资源管辖的领域达成共识，倡导在保障数据安全的前提下实现数据资源的开放共享与合作，建立数据资源共同体。联合国于 2007 年启动实施“全球脉动”项目，试图通过推动数据高效采集与数据分析方法创新突破，探索数据资源服务于社会经济的有效途径，从而为实现全球可持续发展发挥实效；2016 年 4 月，联合国贸易和发展会议（以下简称“贸发会议”）发布的《数据保护规则与数据全球流动：贸易与发展的影响》提出，数据流动对于数字经济贸易的创新、竞争与发展起着愈发重要的作用，应运用专门的文件和促进一种或更多的机制来解决数据跨境流动问题。

2018 年 7 月，联合国秘书长设立的数字合作高级别小组的工作报告《相互依存的数据时代》提到，大数据时代迫切需要形成以人类共同的价值观为基础的数字合作，让更多的利益方参与到数据治理的合作中。小组基于对当前全球数字合作机制的分析，提出了改进全球数字合作架构的模式，以此来激发多方之间有针对性的、灵活和开放的磋商。报告建议制定《全球数字信任与安全承诺》来塑造共同的愿景，确定数字稳定性的属性，阐明并加强对技术负责任地使用的规范，并提出行动重点。报告还建议通过《全球数字合

作承诺》完善全球数字合作框架，加强数字治理机制，加强国际和平与安全，促进经济发展和环境的可持续性发展。

2021年9月29日，联合国贸发会议发布《2021年数字经济报告》，主题为“跨境数据流动与发展：数据为谁流动”。报告指出，发达国家和发展中国家在互联网连接、接入和适用方面仍然存在很深的数字鸿沟，随着数据作为一种经济资源以及跨境数据流动发挥越来越大的作用，数字鸿沟又呈现出与“数据价值链”有关的新层面。同时，报告呼吁采取创新的数据和数据流动治理方针，以确保更公平地分配数据流动带来的收益，同时化解风险和担忧。从全局出发的全球政策方针必须反映数据的多面性和相互关联性，以推动包容和可持续发展的方式平衡不同利益和需求，并让数字化就绪程度较低的国家充分参与其中。〔1〕

（二）WTO

WTO作为全球经济治理的重要支柱，是多边贸易协调机制的核心平台。根据WTO《服务贸易总协定》（GATS）中的电信服务附件规定，成员国应保证任何其他成员的服务提供者可以跨境传送、使用在其境内服务器中存储的信息，但受到GATS第14条的一般例外条款的约束，即“本协定的规定不得解释为阻止任何成员采用或实施以下措施：为保护公共道德或维护公共秩序而必需的；为保护人类、动物或植物的生命或健康而必需的；为确保服从与本协定规定不相抵触的包括与下述有关的法律和法规所必需的：（1）防止欺诈和欺骗做法的或处理服务合同违约情事的；（2）保护与个人资料的处理和散播有关的个人隐私以及保护个人记录和账户秘密的；（3）安全问题”。该等例外也被概括为个人信息保护例外和安全例外。

近年来，数据成为数字经济最重要的驱动力，互联网的无国界性高速便捷传输为数据在全球范围内的自由流动提供了新的渠道。WTO电子商务议题也及时跟进了这一变化，并成为跨境数据流动问题的重要讨论平台。在WTO电子商务议题谈判中，各成员对于数据跨境流动规则的立场分歧尤为明显。

以美国为代表的发达经济体成员（日本、加拿大和新加坡等）普遍支持数据跨境自由流动，甚至美国、欧盟、日本和新加坡等还明确表态，禁止各

〔1〕 参见联合国贸易和发展会议：《数字经济报告2021》，载 https://unctad.org/system/files/official-document/der2021_overview_ch.pdf，最后访问日期：2024年2月15日。

成员实行数据本地化措施。[1]例如，美国的提案中包含建立确保数据跨境传输、禁止数据本地化和随意屏蔽网络及过滤在线内容的规则，主张成员不应禁止或限制个人、企业因商业目的的数据跨境转移，但存在“合法公共政策目标”例外，并且应在实施限制措施前提供证明。美国还提议进行数据流动的必要性测试，要求成员符合合理公共政策。欧盟提案则认为在跨境数据流动中应将保护个人数据和隐私作为基本权利放在首位，原则上禁止限制跨境数据流动，例外情形下成员可以采用适当的保障措施来确保个人数据和隐私的安全。但是，欧盟内部也存在分歧，如法国、德国有数据本地化要求，而瑞典则倾向于跨境数据自由流动。

以中国（及俄罗斯）为代表的发展中经济体成员偏重强调安全性，要求对电子商务中数据的跨境传输制定安全规则。例如，中国提案提出谈判应以世贸组织现有协定和框架为基础，坚持发展导向，尊重成员监管权利和发展中成员的合理诉求，重点讨论通过互联网实现交易的跨境货物贸易及物流、支付等相关服务，以及认为电子签字、电子认证和电子合同的认可和标准化有助于促进电子交易发展，推动建立规范便利、安全可信的电子商务交易和市场环境。澳大利亚、新西兰的提案未提及该问题的相关方面。[2]

总体而言，在 WTO 电子商务议题中，“美式数字规则”“欧式数字规则”及“发展中国家的数字规则”代表着不同的利益诉求，如何平衡数据的利用与保护将成为各成员方讨论的重点，各方需要本着共商共建共治的理念，在求同存异的基础上探寻分歧的弥合之道。

（三）其他国际组织

1980 年经济合作与发展组织（OECD）发布《关于隐私保护和个人数据跨境流动指南》（以下简称《指南》），首次提出了数据跨境流动的概念与原则。《指南》旨在推进各成员采取措施确保数据流动的安全与畅通，不得随意施加限制，但可根据本国的隐私立法与实际情况对特定种类的数据进行特别限制，也可以互惠原则为由对数据的使用进行限制。虽然《指南》中设置了诸多例外条款，但是各成员对数据跨境流动原则达成了一致意见，即在安全

---

〔1〕 在 2016 年 JOB/GC/97/Rev. 3 文件中，加拿大、智利、哥伦比亚、科特迪瓦、欧盟、韩国、墨西哥、黑山、巴拉圭、新加坡和土耳其就电子商务贸易政策表态，要求对各类数据本地化进行规制。

〔2〕 参见程斌琪、李杨：《后疫情时代 WTO 电子商务议题谈判前景》，载《国际经济合作》2021 年第 3 期，第 16 页。

的前提下保障数据的自由流动。该指南至今仍被视为规制个人数据跨境流动以及隐私保护的重要规范。[1]《指南》于2013年进行了修改，提出了自由流通和合法限制原则，要求成员应避免以保护隐私为由对跨境数据流动设置超出其保护水平的障碍，但在成员违反指导原则或出于规避本国隐私立法的目的进行数据流动等情形下可以设置限制。2014年OECD通过了《互联网政策制定原则建议》，提出维护互联网开放性，支持以多利益相关方式制定互联网政策（包括保护隐私安全和促进跨境数据自由流动），加强国际合作。

亚太经济合作组织（APEC）于21世纪初设立了数字经济行动框架与行动议程，成立了数据隐私小组，制定了亚太经合组织跨境隐私规则系统（CBPR）与《经合组织隐私框架》。APEC肯定了数据流动在数字经济中的价值，认为安全是保障信息和数据的自由流通的重要前提。[2]跨境数据流动应当严格遵循APEC隐私框架的要求，数据使用者在使用数据时必须取得数据主体的同意，或其能够确保将严格遵守APEC隐私框架的相关规定进行数据的使用。CBPR还对数据跨境流动采取认证的规定，数据控制者可以自由选择是否进行CBPR认证，只有通过CBPR认证的数据控制者才被认为满足了隐私保护要求，方可在APEC区域内实现跨境数据自由传输，但该数据控制者也应受到区域内隐私执法当局按照本国法采取的监管。APEC还倡导要加强对消费者信息的保护，要在保障数据自由流动的前提下加强监管，平衡数据发展与数据安全。

国际商会（ICC）认为数据本地化所带来的损失要远远大于其带来的经济利益，破坏数据流动将不利于世界经济的可持续发展，强制数据本地化将会限制外国企业的准入，还会造成贸易壁垒，增加微型、中型和中小型企业（MSMEs）的成本。随着经济数字化转型时期的到来，跨境数据流动变得愈发重要。2018年5月，ICC呼吁各成员防止数字保护主义，鼓励各成员摒弃不合理的数据本地化措施。ICC数字经济委员会通过对私营部门的政策领导、监

[1] See OECD Guidelines on the Protection of Privacy and Trans border Flows of Personal Data，载https://www.oecd.org/internet/ieconomy/oecdguidelinesontheprotectionofprivacyandtransborderflowsofpersonaldata.htm，最后访问日期：2024年2月18日。

[2] 参见徐磊：《APEC跨境商业个人数据隐私保护规则与实施》，载《商业时代》2014年第30期，第102~103页。

管和鼓励，促进数字经济的全球性发展与信息和通信技术的稳定增长，并且提议确保数据的自由流动，禁止数据本地化，不得为数据流动增加限制性壁垒，致力于防范网络安全风险。

三、跨境数据流动的国际规则的总体观察与趋势研判

虽然相关国际组织和主要经济体以不同的方式尝试推进建设跨境数据流动的国际规则，但由于复杂的国家利益冲突、不同的价值追求以及不充分的国家间信任度，相关的博弈激烈而又复杂，需要理清争议问题及其成因，并对其发展趋势进行研判，以便我国采取适宜的对策予以积极应对。

（一）数据资源的属人管辖和属地管辖冲突严重影响数据的跨境流动

一国对某种传统资源（例如石油资源）的主权管辖以属地管辖为基础，但数据资源与传统资源不同，其主要在网络空间中进行流动，网络空间的虚拟性与无国界性决定了数据资源管辖的复杂性。网络信息技术的发展带动了数据资源的跨境存储与流动，根据储存地和占有主体的不同，数据资源将受到多个不同国家法律的管辖。[1]为了争夺数据资源，一些国家争相扩展其管辖权。例如，《美国澄清域外合法使用数据法》依据属人原则要求美国企业协调调取全球各地属于其管理控制的数据，将管辖的范围延伸至其他国家的境内范畴。俄罗斯则通过属地管辖原则加强对本国数据资源本地化管理，其《关于信息、信息技术和信息保护法》和《个人数据法》严格要求互联网信息服务组织传播者、信息拥有者以及运营商将数据留存在俄罗斯境内，以保护国家安全。可见，国家之间关于数据资源管辖的立法方面存在冲突。[2]一些国家基于对数据安全的考虑，对数据资源的管辖实行本地化存储政策，对重要数据资源禁止或限制流出境外。

诚然，各国依据主权原则对数据资源可能使用属人管辖叠加属地管辖原则，严格管制本国数据资源的储存与流动，从而对跨境数据流动形成事实上的壁垒。然而，其他国家也会进行政策复制，导致国家间就会出现竞争性的壁垒升级。同时，由于现有的国际法对很多具体管辖权问题表述模糊，使得

---

〔1〕 See Filippi P. D. & Mccarthy S., *Cloud computing: Centralization and data sovereignty*, European Journal of Law and Technology, Vol. 3: 2, (2012), pp. 1~21.

〔2〕 参见《俄罗斯关于信息、信息技术和信息保护法》第16条第4款，《俄罗斯联邦个人数据法》第18条第5款。

各国对法律的条文和内涵在理解上存在不一致，[1]进一步加剧了数据资源的管辖冲突。

（二）数据跨境自由流动和本地化存储成为争议焦点

数据跨境自由流动和数据本地化存储本身并不矛盾，然而严格的数据本地化存储往往伴随着对跨境数据流动的严格限制。支持数据跨境自由流动的国家和组织认为数据天然会进行流动，开放与共享是互联网时代的基本理念，限制数据跨境流动会影响数据价值的实现。数据跨境自由流动意味着国家和组织可以获得更丰富的数据，从而获取更大的经济效益。支持数据本地化存储的国家和组织则认为数据跨境流动的前提是保证本国数据安全，不得威胁国家利益和国民基本权益。实行数据本地化存储，监管者对境内的数据、设施、企业与个人可以通过立法、执法、司法等手段实现相对可控，可以避免跨境数据流动带来的不确定风险，保证本国数据安全。同时，数据本地化存储还有利于本国产业创新升级。

数据的天然流动性（可复制且不损害其价值）和经济全球化使得跨境数据流动不可避免，也因此，即使是要求数据本地化存储的国家，也允许在满足数据主体同意、协议约定、执法需要、数据安全保障、数据安全审查等条件下进行数据跨境流动。然而，这些条件的设置并无统一的国际规则，各方自行其是将会使相关的争议持续下去。

（三）各国对如何平衡安全与发展的关系难以达成普遍性共识

从目前国际组织的立场和绝大多数国家的立法来看，跨境数据流动规则应当平衡安全与发展的关系，但对于如何平衡二者关系尚未达成共识，突出表现在对跨境数据流动的限制性条件和不同的数据安全保护要求的设置，其根源在于各个国家的数据利益不同，特别是发达国家与发展中国家对数据资源的利用能力存在巨大差异。总体而言，发达国家在重视本国数据安全保护的同时强调跨境数据自由流通，而发展中国家则强调数字资源的主权属性和跨境数据流通中的数据安全保护。

然而，即使在发达国家及其组成的国际组织之间，对此问题也存在不同的主张或做法，例如欧盟和美国。2000 年 7 月，欧盟和美国在承认差别的前

〔1〕参见申佑：《国际法中的管辖权的冲突》，载《湖北成人教育学院学报》2004 年第 3 期，第 26~27 页。

提下签署了《安全港协议》，首次构建了个人数据流动的国际合作机制。美国尊重欧盟对其公民的属人管辖，通过协议直接要求参与跨境数据交换的美国企业遵守欧盟的数据保护规则。[1]在实际操作中，美国商务部将给出承诺遵守该协议的企业清单，以此保证欧洲公民的数据在国外受到与其在欧盟成员方国内相当的保护，实现双方在数据领域的交流共享。2013 年美国“棱镜计划”曝光，欧盟意识到该协议无法阻挡美国对他国网络数据的肆意攫取。2015 年，随着欧盟最高法院对奥地利人 Max 指控 Facebook 向美国政府提供数据一案作出的最终判决，《安全港协议》也随之失效。

基于传统的盟友关系，欧盟和美国为结束跨境数据流动无所依据的尴尬，于 2016 年再次达成共识，签署了《隐私盾协议》。通过该协议，欧盟公民的个人数据保护有了多重的救济途径，美国政府和企业也承担了更为严格的数据保护义务。然而，欧盟和美国对此问题的矛盾并未因此而化解。2019 年 7 月，欧洲数据保护委员会称美国和欧盟之间需要达成一项国际协议，以确保美国根据新法案提出的数据调取请求符合欧洲法律。特别需要提及的是，2020 年 7 月 16 日欧洲法院以《欧美隐私盾协议》允许美国对欧盟公民的个人数据进行大规模监控为由判定“无效”。可见，双方的争议未能彻底解决，且随着情势的变化不断出现新的争议。

（四）认可数据安全保障是跨境数据流通的必要条件，但世界各国与国际组织对其保障标准难以达成一致

在全球互联互通的时代背景下，跨境数据流动日益频繁且难以监控。随着数据流出境外的数量增加，涉及的数据类型更多和范围更广，数据安全乃至国家安全面临重大威胁。在数据跨境流动过程中，从存储到传输再到投入应用，无一不潜藏着风险。例如，传输过程中可能被人为地中断，利用网络技术将数据截取加以修改，然后再投入流通，导致数据所记载的信息不真实，更有甚者将截取的信息向外泄露或以其他非法方式进行利用，从而实现非法获益等不法目的。数据安全得不到充分保障，不但会对数据主体的权利产生侵害，而且可能威胁到一国的国家安全和社会稳定。2013 年美国“棱镜计划”的曝光在数据安全领域为各国敲响警钟，各国开始重视对数据安全的保

[1] See Long W. J. & Quek M. P., “Personal data privacy protection in an age of globalization: the US-EU safe harbor compromise”, *Journal of European Public Policy*, Vol. 9: 3, (2002), pp. 325~344.

护，为防止本国的数据遭到他国的监控或遭到其他技术性侵害，纷纷通过立法加强对跨境流动中的数据安全管理，如制定严格的数据本地化政策、实施重要数据或关键数据出境的安全审查等措施。

一些国家明确禁止涉及国家安全与公共利益的重要数据进行跨境流动。意大利、匈牙利等国禁止将政府数据存储于国外“云服务”提供商的服务器中；澳大利亚规定为政府部门开发的数据以及有关个人健康方面的数据不得存储于公共云数据库中；[1]韩国要求金融领域内的企业服务器必须设立在韩国境内；印度则要求企业将部分互联网基础设施存放于境内，公民的个人信息、政府信息和公司信息不得向境外流动。[2]而且，印度拒绝新一次的电子商务议题谈判，拒绝签署G20峰会通过的涉及数据自由流动等议题的“大阪数字经济宣言”，对数据全球化流动的国际协商产生了一定的影响。

从联合国、WTO、OECD等国际组织的相关会议讨论和文件来看，各国际组织皆以推进跨境数据规范流动和合法利用为目标，并不否定数据安全的重要性，且在不同程度上肯定了数据安全保障是跨境数据流通的必要条件，但由于利益冲突等原因，各方对数据安全的保障标准难以达成一致。目前看来，通过普遍性国际组织形成普遍性的跨境数据流动国际规则遥遥无期，区域性国际组织（例如欧盟和东盟）虽然容易达成共识，且在某些情况下可以促进普遍性的国际共识，但也可能强化与区域外国家和地区的利益冲突与规则矛盾。

（五）个人信息或数据保护成为各国数据治理的重点并构成跨境数据流动的实质性障碍

传统的数据或信息保护立法重点关注国家机密和商业秘密，但这种情况近年来发生了较大变化，对个人信息或数据的保护已经突破了民法隐私权的保护方式，出现在跨境数据流动、网络安全、数据安全等的立法中，呈现出综合运用民事责任、行政责任及刑事责任的立体化数据治理保护模式。

欧盟、美国、日本、德国等诸多国家和国际组织纷纷以立法、决议、宣言、会议讨论等形式关注个人数据保护。从当前的相关立法来看，合法、正

---

〔1〕 参见沈玉良等：《全球数字贸易规则研究》，复旦大学出版社2018年版，第202~203页。

〔2〕 参见茶洪旺、付伟、郑婷婷：《数据跨境流动政策的国际比较与反思》，载《电子政务》2019年第5期，第126页。

当、必要已经成为普遍遵循的个人数据保护原则，收集个人数据要征得数据主体同意和使用个人数据不得超过事先明示之用途也已经成为立法共识，非法泄露或出售个人数据的行为也是各国立法严厉打击的对象，对未成年人的个人信息及个人敏感信息予以重点保护也是通行做法。我国《民法典》虽未确立个人信息权，但将个人信息作为信息时代的重要权益予以保护，目前正在制定的《个人信息保护法》则是对个人信息的全方位、系统性的专门保护立法。

总体来看，当前各主要经济体的数据治理框架重点集中在个人数据或个人信息保护方面，盖因个人是数据的重要生产者和最原始的数据主体，其合法权利在数据成为生产要素的背景下越发受到重视，相应的保护规则也越来越严格，但严格的个人信息或数据保护将会成为跨境数据流动的实质性障碍。

四、跨境数据流动国际规则问题的我国对策

面对复杂而又激烈的国际博弈，我国需要在把握跨境数据流动的国际规则的现状、分歧及成因的基础上，针对争议的焦点问题采取适宜的对策以积极应对。

（一）尊重数据主权和协调各国的数据资源管辖冲突

主权是一个国家固有的、最基本的也是最主要的权利。随着人类进入数字化时代，大数据、云计算等信息技术广泛被应用于经济社会、国防军事等领域，世界各国对数据的依赖程度快速上升，数据已成为国家基础性战略资源，对经济运行机制、社会生活方式、国家治理能力、国防和军队建设等产生重要影响，国家竞争焦点正从资本、土地、人口、资源的争夺转向对数据资源的争夺。

纵观代表性立法，欧盟秉承人权保护限制个人数据跨境流动，对内则禁止成员借数据保护名义限制个人信息在欧盟境内的自由流动；美国基于利益导向促进数据跨境自由流动，以“数据贸易保护主义”为由反击他国的数据本地化政策，但同时又注重本国的数据安全保护，2018 年《澄清海外合法使用数据法》更是允许联邦执法机构强制位于美国的公司提供被要求的数据，无论其数据是否存储在美国境内。前文述及，欧盟和美国废除《安全港协议》后于 2016 年签署了《隐私盾协议》，但在 2020 年 7 月 16 日，欧洲法院以该协议允许美国对欧盟公民的个人数据进行大规模监控为由判定“无效”；《俄

罗斯个人数据法》等立法则要求信息通信网络和运营商在俄罗斯设立数据中心和将个人数据在境内存储；我国《网络安全法》确立了关键信息基础设施中个人信息和重要数据的本地化存储和跨境传输评估制度，相关立法也在数据分级分类的基础上确立了不同程度的本地化存储要求和跨境流动限制。

各国依据国家主权对其数据资源主张数据主权并借此拥有类似自然资源的永久管辖权。然而，从上述代表性立法可见，由于理念和利益的差异，当不同的国家或国际组织对数据资源分别主张属人管辖和属地管辖时，就会产生数据资源的主权管辖冲突，从而直接影响跨境数据流动。各国的自行其是也使得跨国公司无所适从，影响其国际投资的积极性和效率。数据资源与传统的自然资源并不完全相同。数据资源具有无形性，这是其与传统的自然资源的直观区别，但二者最主要的区别是数据资源具有可复制性且不减损其价值。跨境数据流动有助于各国交换数据资源和充分利用数据资源的价值，造福全人类的共同福祉，这也是国际社会普遍主张促进跨境数据流动的主要原因。当然，数据的跨境流动应当以数据安全保障为必要条件。

为解决数据资源的主权管辖冲突，各国、国际组织应遵循国际法的基本准则，互相尊重各国的数据主权，以公正公平的方式推进构建数据资源主权管辖冲突的协调机制，寻求共同利益最大化，促进跨境数据的有序自由流动。具体而言，首先，涉及国家秘密的数据叠加适用属地管辖和属人管辖，保障一国对其国家秘密的控制与排他权利；其次，对不涉及国家秘密的数据资源以属地管辖为主，以保障各国对其数据资源的主权，但各国有权依据对其中的个人数据实行属人管辖，以保障一国对本国公民的个人数据安全保护；最后，为了更好地打击危害全人类的犯罪，允许各国对特定的数据资源采用普遍管辖，但相关国家应保障相关数据的安全且不得用于其他用途。

上述设想只是协调各国对数据资源的管辖冲突的基本路径，并不能完全解决数据资源的管辖冲突问题，尚需秉承互利共赢理念，探索以数据资源的惠益分享模式解决相关的分歧。

（二）以数据资源的惠益分享模式解决分歧

习近平总书记在讲话中多次强调各国之间要相互促进、优势互补，倡导国际社会共同构建人类命运共同体，建设互相尊重、公平正义、合作共赢的新型国际关系。习近平在2019年G20峰会发言中指出：“利用数据资源，不能关起门来搞发展，更不能人为地干扰市场；要共同完善数据治理规则，确保数据的安全有序利用。”

在当前的跨境数据流动中，数据流出国无法从数据流入国获取收益，但要承担数据安全风险，且可能造成该国的数据资源主权的损伤。数据资源具有可复制性，也具有可“再生性”（即对数据资源的二次或多次开发利用），此与传统的自然资源并不相同，各国争夺数据资源的根本原因在于数据资源的巨大利益。如能建立一种互利共赢的数据资源合作机制，就可以满足各方的利益诉求，促进数据资源的开放与合作，推进跨境数据的安全有序利用。

数据资源的惠益分享是指数据资源的使用者需要取得资源提供者的同意，并通过协议安排给予数据资源提供者一定的补偿或其他收益性合作条件。数据资源的惠益分享模式既可以实现共同利益最大化，也可以通过数据资源的优势互补实现数据资源的价值最大化，符合互利共赢的理念要求。

数据资源的惠益分享是可行的合作安排，需要我国选择适宜的合作国家和采取适当的方式来推进与其他国家的合作。笔者建议首先选择“丝绸之路”沿线国家，以“数字丝绸之路”建设为契机，推行数据资源的惠益分享模式，共同分享数据资源的充分利用所带来的收益。在积累经验的基础上，扩大到与传统友好型国家进行合作共享。由于西方发达国家的技术霸权思维和不愿意放弃其全球垄断地位，加之数据资源关乎国家安全，数据资源的用途具有不可控制性，数据资源的利用结果也具有未知性，初期难以且不便与其达成合作安排，需待条件成熟时再与其进行合作。

惠益分享的关键在于做出互利共赢的合作安排。合作双方应在承认国家对数据资源主权和保障数据安全的基础上，经过公平磋商，以协议的形式约定公平合理的惠益分享方式，惠益可以是货币分享方式（包括一次性付费、获益提成及入门费加提成方式），也可以是非货币方式（如数据资源互换、共同合作开发利用数据资源、数字资源处理结果共享等灵活方式）。惠益分享可使得数据输出国和输入国公平分享跨境数据流动的益处，帮助数据弱国参与分享数字红利，促进信息化与经济全球化的交融发展。

（三）确立不同的跨境数据流动规范

在中央新一轮开放发展战略的指引下，我国明确在跨境数据流动方面坚持数据安全与发展并驱前行。数据安全管理并非要求将数据限制在我国境内，而是要在对数据进行分级分类的基础上确立差异化的跨境数据流动规范，信息技术与法律融合采取有效的安全保护措施，保障数据依法有序自由流动，实现数据安全与发展的动态平衡。

平衡数据安全与发展的关系的关键是对数据进行分级分类管理。对于数据分类，学界存在不同的主张，例如有人主张将数据分为未分类的公共数据、专属数据、客户机密数据。也有人主张依照数据的物理属性将数据划分为数值型数据、分类型数据与性质型数据。实际上，数据可以做多种类型的分类，不同的分类方式取决于分类的目的，并无唯一正确的分类标准或方法。

就跨境数据流动而言，可将其分为国家与公共安全数据（按保密法进行分级管理）、个人数据（分为一般个人数据和个人敏感数据，儿童个人数据实行特别管理）、商业数据（分为保密商业数据和非保密商业数据）。在对跨境数据流动进行安全审查时，可通过考量数据的性质、价值和影响划分数据的安全级别，从而匹配不同的跨境流动管理办法。我国数据出境安全审查制度大致也是这样设置的，《个人信息保护法》和《数据安全法》也将进一步完善数据分级分类基础上的安全保护制度。

对于数据安全保护，也应重视技术与法律的融合保护，二者优势互补，发挥协同保护效应。例如，可以结合区块链的分布式账本技术对数据进行分类分级管理，根据不同的场景（主要是数据的分级分类）需要选择使用联盟链、私有链、公有链，并利用区块链的共识机制和智能合约可信地自动执行数据交换，从而保障数据跨境流动的安全与效率的动态平衡。

（四）推进制定国际规则和打造国际合作机制

数据具有天然的流动性，数据资源正在全球范围内流动是不争且不可避免的事实。国际社会应当积极磋商制定跨境数据流动的国际规则，减少立法差异给跨境数据流动带来的阻碍。联合国、WTO 等国际组织已经开始推动制定统一的跨境数据流动国际规则，希望以此来规制跨越国界的数据获取和使用问题。然而，各国由于经济实力、科技水平、国家政策等方面的不同，对跨境数据流动的利益诉求也存在差异甚至矛盾，尚未就国际规则达成共识。

根据国际数据公司（IDC）的预测，到 2025 年，中国数据圈将增至 48. 6ZB，占全球 27. 8%，成为全球最大的数据圈。我国是最大的发展中国家，也是数据大国，应抓住难得的历史机遇，主导国际规则的话语权，积极推进跨境数据流动规则的制定，致力于打造公平互利的国际数据合作机制。

我国可通过积极推动国际组织关于跨境数据流动议题的讨论，广泛听取不同国家的利益诉求，厘清各国跨境数据流动政策、配套机制与技术水平的差异，积极参与跨境数据流动规则的设计，重视跨境数据流动中安全与发展的平衡，在求同存异的基础上提出多方共同认可的数据跨境的最小限制标准，确保该限制的透明与无歧视性，并通过国际规则将各方共识固定下来，避免各方因数据流动发生摩擦。

我国应当在尊重各国主权原则的前提下加强与他国的双边和多边交流，共享跨境数据流动的经验和数字红利，增强国家间的战略互信，以率先示范的方式打造公平互利的国际合作机制。具体而言，在维护各方利益的前提下，我国可以与其他国家签订数据共享协议，明确数据共享的目的，列明可共享的数据目录，承诺确保处理和转移数据的安全性和保密性，对数据转移与共享进行必要的限制。为确保协议的执行，可设立监督机构监管数据资源的流动和使用情况。

美国“净网计划”的影响较大，也引发了中美“数据脱钩”的担忧。然而，挑战中蕴含着机遇，我国作为负责任的大国，应本着维护国际社会共同利益、互利共赢及共商共建共治的理念，向数据弱国提供网络信息技术支持和资金援助，在资金、技术、人才、国际规则话语权等方面支持数据弱国提升自主创新与发展能力，尽力缩小“数字鸿沟”，使各国平等获得更多发展机遇和更大的发展空间，促进全人类的共同繁荣和人类命运共同体建设。

第六章

数据要素治理

第一节　数据要素治理之“源”

所谓数据要素治理，从不同视角可以给出不同定义。仅从文义解释的角度上看，数据要素治理包括数据确权、数据要素市场建设和数据要素交易规则等在内的一整套数据管理体系，其最终的目标是在控制数据安全风险的基础上尽可能提升数据使用价值。因此，在讨论如何治理数据要素之前，有必要讨论数据要素的价值及其安全风险。

一、数据要素的价值

2020年发布的《中共中央、国务院关于构建更加完善的要素市场化配置体制机制的意见》指出，要健全土地、劳动力、资本、技术和数据等要素的市场化配置。这是数据首次被明确视为生产要素，充分肯定了数据要素的经济价值。随着实践的深入，人们发现数据要素不仅可以促进经济发展，而且在推动社会发展、提升国家治理能力等方面还具有巨大的价值。

（一）数据要素的经济价值

数据要素的重要价值主要体现在经济方面，其催生出一种新的经济范式——“数字经济”。数字经济以数据为关键生产要素，以现代信息网络为重要载体，以信息通信技术的有效使用为效率提升和经济结构优化的重要推动力，是以新一代信息技术和产业为依托的新经济形态。目前，数字经济是新兴技术和先进生产力的代表，把握数字经济发展大势，以信息化培育新动能，用新动能推动新发展，已经成为全球经济发展的普遍共识。

数据要素是数字经济发展的关键生产要素，其经济价值主要体现在以下三个方面：

（1）提高生产效率。信息技术的应用推动实体经济各个环节的数据采集、计算和分析，使数据产品作用于传统生产要素，实现了传统生产要素的数字化、网络化和智能化，成倍地提高了经济运行体系的整体生产效率，实现了乘数效应。例如，数字化的生产过程应用了自动化技术、信息技术等，实现了数据控制的机器自动化生产，相比手工生产，成倍地提高了单位时间的产量和质量。同时，数据要素分析能够为企业刻画消费者的个人偏好，[1]为企业提供消费者群体的信息，从而为满足消费者需求提供个性化服务。这无疑极大降低了产品生产环节的无谓消耗，大幅优化了资源配置和生产加工能力，使生产效率大幅提升。

（2）提高市场交易效率。在经济领域，完全竞争市场在现实中不可能出现。在市场交易活动中，交易当事人对市场信息的掌握总是不充分的，这使得信息在经济活动中很有价值。而数据是信息的载体，通过数据分析获得信息和知识并将其应用于市场，能显著提高市场交易的效益。[2]例如，电子商务交易就应用互联网和大数据分析等技术，实现了数据展示和客户行为数据分析，并且突破了时空的界限，汇集了各地的购买需求，成倍地提高了单位时间的交易量，降低了搜寻成本，实现了精准的供需匹配。

（3）优化生产要素配置结构和效率。数据分析能获得其他生产要素的信息或知识，减少传统生产要素为获得这些信息或知识所做的投入，部分替代其他生产要素的投入和功能，大幅节约生产和运输成本等。另外，通过经营管理数字化、网络化和智能化的应用，各类生产要素的信息可以实时呈现，这能显著优化劳动力、资本、技术等生产要素资源的配置结构，大幅提升生产要素资源配置的效率及管理和决策水平。

（二）数据要素的社会价值

数据要素的不断应用与发展，使其逐渐作用于社会各个领域，其价值主要体现在以下四个方面：

（1）驱动民生领域的变革，如在医疗健康领域，大数据技术在流行病的

[1] 赵磊：《数据产权类型化的法律意义》，载《中国政法大学学报》2021年第3期，第79页。

[2] 赵刚：《数据要素：全球经济社会发展的新动力》，人民邮电出版社2022年版，第125页。

各类人群筛选、疫情监测分析、防控救治等方面发挥了重要作用。在教育领域，以数据为支撑的智能教育基于全过程的学习数据分析，可以通过生成学生个性化知识树，自适应帮助学生调节学习节奏。

（2）在政府、社交媒体等非经济平台采集的数据，成为数字时代社情民意的传声筒。数字技术的发展使得普通个体在社会议题上拥有了选择、制作和传播信息的能力。[1]当反映个体意见的数据汇聚起来时，便形成了社会舆论。因此，从另一个角度上看，这些数据亦是知悉社情民意的重要依据。

（3）数据能够提供行为依据。当前我国正处于百年未有之大变局中，各种社会矛盾相对比较突出、社会风险频发。通过对政府网站、微博、论坛等各类网站的数据进行收集分析，可以感知当前社会发展存在的风险与机遇，从而为未来的行为提供依据。

（4）数据的创新应用能赋权社会组织。[2]社会组织是社会治理的重要主体，是保证社会平稳运转的重要环节。社会组织基于其职能，掌握大量的数据。在数字时代，社会组织必须依靠互联网思维，实现网络化、全球化、平台化的转变，[3]灵活运用其掌握的数据，重塑组织结构，提升治理能力。

（三）数据要素的治理价值

正如习近平总书记所说“要建立健全大数据辅助科学决策和社会治理的机制，推动政府管理和社会治理模式创新”，[4]用数字技术变更推进治理体系变革，促进国家治理体系和治理能力现代化，是我国与时俱进的治国理念的重要体现。数据要素在国家治理层面主要有两方面的价值：

（1）提升政府数字治理能力。在数字化浪潮中，数据已经成为政府融合数字空间与现实社会的重要桥梁。政府以数据要素为基础，通过运用大数据、人工智能等技术对数据进行分析，能够更加全面地掌握经济社会运行规律，预

---

[1] 杨嵘均：《论网络空间草根民主与权力监督和政策制定的互逆作用及其治理》，载《政治学研究》2015 年第 3 期，第 118 页。

[2] 丁未：《新媒体赋权：理论建构与个案分析——以中国稀有血型群体网络自组织为例》，载《开放时代》2011 年第 1 期，第 128 页。

[3] 孟天广：《政府数字化转型的要素、机制与路径———兼论“技术赋能”与“技术赋权”的双向驱动》，载《治理研究》2021 年第 1 期，第 11 页。

[4] 习近平：《实施国家大数据战略加快建设数字中国》，载 https://baijiahao.baidu.com/s?id=1586288177396250778&wfr=spider&for=pc，最后访问日期：2023 年 7 月 9 日。

测、研判潜在的社会风险，增强政府的社会监督管理能力。[1]同时，数据要素可精准、动态地反映社会生活的运行状态，提高政府对社情民意的把控，为政府科学决策提供依据。

(2) 数据要素优化政府内部工作流程。通过数字技术，对数据要素的分析与利用可以改善政府的决策流程，提升政府治理效率和精准度，同时有利于加大行政监督检查力度。例如，贵阳市制定了统一的“数据铁笼”实施指南，全面推动行政机关网上办公、网上审批、网上执法，让行政执法全程数字化，处处留数据，通过数据记录和分析，让权力在社会公众的监督下透明、规范地运行。

二、数据安全风险的出现

(一) 个人数据安全风险

在大数据时代，数据不仅是一种资源，更是一种具有交换价值的商品。现代信息技术的发展，使得全球范围的网络社会得以成形，且展现出全球性、开放性以及虚拟性等异于现实社会的特征。这不仅为网络社会的繁荣发展创造了先决条件，同时也成为威胁个人数据安全的最直接因素。

近年来，在网络空间内，未经公民个人授权或依法有权公开个人信息的机关及组织的许可，便非法公开、传播、贩卖或使用个人信息的违法犯罪行为屡见不鲜。《中国网民权益保护调查报告（2022）》显示，近一年网民因为垃圾信息、诈骗信息和个人信息泄露等现象，导致遭受的经济损失人均124元，总体损失约805亿元（我国网民数量6.49亿×网民平均经济损失124元=804.76亿元）。近七成的网民个人身份信息和个人网上活动信息均遭泄露。近半数的网民个人通信信息被泄露。[2]

个人信息泄露的常态化不仅威胁到网络社会的持续健康发展，同时由信息泄露滋生的电信诈骗、网络诈骗、敲诈勒索等下游犯罪也在肆意侵犯公民个人的隐私权、财产权等人格权益，给公民个人和社会带来了严重的危

[1] 孟天广、张小劲：《大数据驱动与政府治理能力提升——理论框架与模式创新》，载《北京航空航天大学学报（社会科学版）》2018年第1期，第19页。

[2] 《网民调查报告多篇》，载 https://www.haoword.com/gongzuozongjie/diaocha/1114226.html，最后访问日期：2023年7月13日。

害。[1]

(二) 商业数据安全风险

数字经济的本质结构在于，数据经营者以数据资产化追求为中心，围绕数据收集、利用、开发甚至经营展开活动，由此而形成复杂而动态的数据活动和利益关系。[2]对碎片化的数据进行收集、记录、存储、加工及利用皆是数据利用的必要环节，流通环节的数据代表着数据处理全流程中经营者的收益。由于该类数据与数据经济紧密相连，因此该类数据往往被称为“商业数据”。

商业数据要发挥其价值，必然要求数据量大，且数据分析足够全面、深入。而这使得数据经营者具有广泛收集数据的倾向与动力，一方面，这会导致数据过度收集，侵犯公民个人隐私等权利；另一方面，这也会令大部分数据被集中至一个或多个数据库中，一旦受到网络攻击，则会导致大量商业数据泄露。如国家互联网应急中心发布的《2019 年上半年我国互联网网络安全态势》显示，2019 年上半年我国境内感染恶意程序的主机高达 240 万台，境内外 1.4 万个 IP 地址对境内 2.6 万个网站植入后门，同比增长 1.2 倍。[3]

同时，在商业交往中，商业数据的流动也伴随着许多风险。例如，对同行进行的数据爬取行为，会干扰被爬取方的正常行为，给被爬取方造成损害，可能会违反著作权法、反不正当竞争法及反垄断法等。再如，第三方应用的数据泄露；2019 年，HackenProof 安全研究员 Bob Diachenko 发现，MongoDB 数据库中有超过 2.02 亿份中国求职者的详细简历信息已在网上被公布，疑似为第三方应用泄露。[4]

(三) 国家数据安全风险

大数据时代，对于数据资源的掌握与利用能力，已经成为国家的核心竞争力，一些重要数据更是关乎国家安全，若对其治理不当，则可能导致其在

---

[1] 肖成俊、许玉镇：《大数据时代个人信息泄露及其多中心治理》，载《内蒙古社会科学（汉文版）》2017 年第 2 期，第 186 页。

[2] KANG J.，“Information privacy in cyberspace transactions”，*Stanford Law Review*，50（1998）：1193～1294.

[3] 参见 https://baijiahao.baidu.com/s? id=1641891403798555254&wfr=spider&for=pc，最后访问日期：2023 年 7 月 13 日。

[4] 《2019 年数据泄露全年盘点，让人“触目惊心”》，载 https://baijiahao.baidu.com/s? id=1654043811049450777&wfr=spider&for=pc，最后访问日期：2023 年 7 月 13 日

收集、存储和跨境过程中出现安全风险，进而威胁国家经济安全、政治安全和社会秩序安全。国家数据安全风险主要来自两个方面：

（1）数据跨境流动引发的国家数据安全风险。“数据跨境流动”包括数据入境和数据出境。数据入境看，表现为本国机关调取存储于国外的非公开数据。随着各国逐渐重视数据的价值，跨境调取数据的行为逐渐演变为国家间的数据争夺，加剧了国际关系的紧张程度。数据出境，能够反映一国公民隐私、国家重要行业和关键领域的数据，如果在没有规制的情况下出境，将会泄露国家机密。且数据出境后，由于数据流入地的数据保护程度不同，出境的数据可能会受到二次泄露或侵害。

（2）基于网络技术的优势而获得的“网络霸权”“技术霸权”成为国家数据安全的核心外部威胁。[1]相关国家试图依托其领先的大数据与科技手段，遍布全球的跨境企业与几近由其垄断的数据市场，以及国际网络空间领导地位，积极推行数据主权意识形态，推行以自身利益为诉求的国际攻守同盟，抢占他国数据资源、阻碍他国数据经济和社会健康发展，维持本国地位，实现数据霸权。如以美国为例，其正通过数据自由传输政策，巩固在全球网络空间中的霸权地位。[2]国家间的“数字鸿沟”将会持续存在，在这样的背景下，如何防范数据霸权主义已成为全球数据治理面临的核心挑战。

第二节　数据要素治理之“实”

一、国内数据要素治理现状

（一）我国数据治理规则的体系框架

“数据”不同于物理空间意义上的“物”，其具有多样性、变异性、分布性和关联性等基本特征。因此，“数据治理”不同以往对传统的“物”进行治理。从法律意义上看，数据治理是指在公权力机关、企业和个人等不同数据

[1] 参见蔡翠红：《大变局时代的技术霸权与“超级权力”悖论》，载《学术前沿》2019年第14期，第18页。

[2] 参见余丽、张涛：《美国数据有限性开放政策及其对全球网络安全的影响》，载《郑州大学学报（哲学社会科学版）》2019年第5期，第13页。

关系主体之间科学配置权利、义务和责任。[1]因此，数据治理规则体系建设的重点在于通过一系列制度规则，厘清不同主体围绕数据产生的权利义务关系。

近年来，从中央到地方，各级政府、相关部门在数据治理规则体系建设方面取得显著的成效。在中央层面，中共中央、国务院围绕数据基础设施建设、开放共享、示范应用、要素市场、安全保障等方面进行顶层设计，相继发布了《国务院关于印发促进大数据发展行动纲要的通知》《政务信息系统整合共享实施方案》等政策文件和《网络安全法》《个人信息保护法》等法律法规。同时，农业、生态、医疗、科技等相关部委针对各自领域中的具体问题，分别出台了大数据发展指导意见。

在地方层面，许多地方政府根据中央和部委相关政策精神，相继出台结合本地实际的地方性条例。贵州省 2016 年出台《贵州省大数据发展应用促进条例》，是全国第一个出台大数据地方性法规的省份。随后，天津、海南、山西、吉林等省份也相继出台各自的大数据发展条例。目前，中央、各部门和地方分层分级的政策法规体系已经初步建立。

（二）我国数据治理的组织架构

数据作为一种新型的生产要素，其在市场配置和流通方面都面临着体制机制的障碍，数据要素的高效流通有待数据要素市场规则的完善。构建统一集中、分层分级合理的数据管理组织架构是完善数据要素市场规则的核心内容，近年来我国正在不断探索建立数据管理体制机制。

首先，在统筹协调方面。2022 年 7 月，为贯彻落实《国务院关于印发促进大数据发展行动纲要的通知》，进一步加强组织领导，强化统筹协调和协作配合，加快推动大数据发展，经国务院同意，建立促进大数据发展部际联席会议。联席会议由国家发改委、中央网信办、教育部、科技部、工业和信息化部等 20 个组成，国家发改委为牵头单位。其工作职责在于推进实施数字经济发展战略，统筹数字经济发展工作，研究和协调数字经济领域重大问题，指导落实数字经济发展重大任务并开展推进情况评估，研究提出相关政策建议；协调制定数字化转型、促进大数据发展、“互联网+”行动等数字经济重

[1] 辛勇飞：《中国数据治理规则体系构建：现状、挑战与展望》，载《学术前沿》2023 年第 6 期，第 8 页。

点领域规划和政策，组织提出并督促落实数字经济发展年度重点工作，推进数字经济领域制度、机制、标准规范等建设；统筹推动数字经济重大工程和试点示范，加强与有关地方、行业数字经济协调推进工作机制的沟通联系，强化与各类示范区、试验区协同联动，协调推进数字经济领域重大政策实施，组织探索适应数字经济发展的改革举措。

其次，在行业部门管理方面。自2018年国务院机构改革后，地方政府亦按中央要求进行政府机构改革，包括以不同方式设立或者调整合并数据治理机构。截至2022年，全国共有23个省市建立了数据治理机构。从这些机构的隶属关系来看，主要分为政府组成部门、政府部门管理机构两大类，前者主要隶属于政府或政府办公厅，后者主要隶属于发展改革委、工信厅或网信办。

（三）我国数据治理的监督保障机制

近年来，为加强个人信息保护，保障个人合法权益，相关部门持续开展了一些专项监督检查活动，初步形成常态化的监督机制。例如，中央网信办、工业和信息化部、公安部、国家标准委四部门于2017年7月展开“个人信息保护提升行动”之隐私条款专项工作，主要针对个人信息收集乱象，围绕APP产品和服务广泛存在的隐私条款笼统不清、不主动向用户展示隐私条款、征求用户授权同意时未给用户足够的选择权、大量收集与提供所谓服务无直接关联的个人信息等行业痛点问题，开展针对微信、新浪微博、京东商城等十款网络产品和服务的隐私条款评审工作。其效果显著，参评的十款产品和服务随后在隐私政策方面均有不同程度的提升，均能做到明示其收集、使用个人信息的规则，并征求用户的明确授权。

2019年1月25日，中央网信办、工业和信息化部、公安部、市场监管总局正式发布《关于开展APP违法违规收集使用个人信息专项治理的公告》，自2019年1月至12月，在全国范围组织开展APP违法违规收集使用个人信息专项治理。这加强了对违法违规收集使用个人信息行为的监管和处罚，处罚措施包括责令APP运营者限期整改，逾期不改的公开曝光，情节严重者依法暂停相关业务、停业整顿、吊销相关业务许可证或吊销营业执照。

二、域外数据要素治理考察

（一）欧盟模式

作为世界数字竞争格局中的重要一点，欧盟对技术发展应对较为敏锐和积极。目前欧盟新一届委员会颁布一系列战略文件，来推动自身的数字化转型。[1]就战略目标而言，《欧盟数据战略》（2020）强调要提升欧洲的数据主权，确保欧盟成为数据驱动型社会的榜样和领导者；《塑造欧洲数字未来》（2023）提出欧盟的数字战略旨在为欧洲个人和企业以及地球的数字化转型服务，使之符合欧盟的价值观，塑造一个数字技术为人民服务、数字经济公平竞争、数字社会开放民主和可持续的未来；《2030 数字罗盘》认为，欧洲需要立足于增强公民和企业的数字权利，保障数字生态系统和供应链的安全性和韧性，才能推动欧洲数字化经济和数字化社会走向可持续性繁荣。可见，欧盟希望在防范数字风险的基础上，保障欧盟民众和企业的数字权利，并发挥数据效能、赋能数字经济，推动数字化社会的转型和发展。同时，欧盟亦强调数据主权的重要性，希望通过发展数字技术确保欧盟在世界范围内的数字竞争中处于领先地位。

就数据管理的组织架构而言，欧盟已形成以囊括超国家层面、国家层面和组织层面的多层次管理模式，其突出特点是设立专门的机构和专职人员负责数据管理相关事宜。[2]欧盟数据管理机构主要包括综合管理委员会和专业的数据管理委员会。其中，综合管理委员会作为综合性的管理委员会，在欧盟委员会主席的授权下，通过协调、监督、咨询和战略定位为委员会的业务管理提供支持，其职责范围主要涉及战略规划、财务和人力资源管理、信息管理、风险管理、信息技术和网络安全、安全和业务连续性、反欺诈活动和业务审计等方面。数据、信息和知识管理指导委员会作为专业的数据管理委员会，负责制定数据、信息和知识管理方面的政策并提供指导，同时需要向综合管理委员会提供数据管理方面的专业支持。

就数据治理模式机制而言，数据安全是数字经济蓬勃发展的重要前提，也

〔1〕 郭丰、秦越：《欧盟维护数字主权的理念与行动》，载《信息资源管理学报》2022 年第 4 期，第 71 页。

〔2〕 梅宏主编：《数据治理之路：贵州实践》，中国人民大学出版社 2022 年版，第 18 页。

是数字时代国家安全的直接体现。[1]欧盟秉承“保护数据就是保护人类本身”的基本原则，将数据安全和隐私保护作为其数据战略的起点，制定了严格的数据安全治理规则。一方面，欧盟强化了个体层面的数据隐私安全。2018 年欧盟出台《通用数据保护条例》（GDPR），确立了知情权、修正权、被遗忘权等 7 项数据权利，强化了个人对其数据的控制、决定权；另一方面，欧盟为企业和其他社会组织处理个人数据提供了指导原则和数据保护要求。同时，欧盟格外强调国家层面的数据主权安全，因此其始终强调要坚持欧洲价值观，加强数据存储本土化，减少对非欧盟国家的技术依赖，确保欧洲数据基础设施、网络通信能力的完整性和恢复力。

在数据开放与共享方面，欧盟特别强调对数据的共享、开放和利用，从而实现数据驱动创新和经济发展的最终目的。在数据共享方面，欧盟从公共利益和经济利益角度出发，提出私营部门数据共享的新探索，突破了传统的数据共享概念。在数据开放方面，公共部门开放数据政策与开放科学数据政策是欧盟开放数据政策的重要方面。

在数据安全方面，欧盟格外重视数据安全，尤其是对关于个人隐私安全的数据保护非常严格，这客观上阻碍了数字经济的发展。为了平衡数据安全与数据经济发展，欧盟也出台了相应的政策以促进对非个人数据的开发利用。一方面，欧盟实施《通用数据保护条例》（GDPR），建立新的数据安全治理体系；另一方面，为了充分激发欧洲数字单一市场和数字经济的潜力，欧盟委员会于 2019 年实施《关于欧盟境内非个人数据自由流动框架条例》，包括确保数据自由跨境流动、确保数据可用于监管控制以及鼓励制定云服务行为准则等三个方面的规则要求。该条例与 GDPR 共同发挥作用，为欧盟境内数据的自由流动、保护和利用规则提供了全面、一致的方法，平衡了数据利用、数据安全和隐私保护之间的关系。另外，2019 年通过的《网络安全法》还首次建立了欧盟范围的网络安全认证框架，以确保在欧洲内部市场采用通用的网络安全认证方法，并最终改善各种数字产品和服务中的网络安全。

（二）美国模式

在数据治理实践中，各国政府均面临一个重要问题，即如何在“企业和

[1] 赵海乐：《网络服务国家安全审查的国际投资法规制研究》，载《经贸法律评论》2022 年第 3 期，第 39 页。

政府对个人数据访问”与“个人数据隐私”之间取得适当的平衡。长期以来，美国政府秉持“商业优先”的治理理念，优先考虑数据的商业化使用，充分挖掘数据的商业价值，提倡数据在境内外自由流动，从而使数字经济与技术红利最大化。但近年来，随着国内外形势的变化，美国政府的数据治理态度有所转变。[1]

在数据治理的战略规划方面，美国政府将数据问题纳入战略构思最早始于奥巴马政府时期。2012 年奥巴马政府颁布《数字政府战略》，明确了数字政府的三大目标和四项原则。三大目标为保障美国人民和流动性强的劳动力随时随地通过任何设备访问高质量的数字政府信息和服务的权利；确保美国政府融入新的数字世界；开发政府数据以刺激全美国的创新，改进政务服务。四个原则是以信息为中心、统一信息共享标准、以客户为中心、强化安全和隐私保护；2016 年奥巴马政府发布《联邦政府大数据研发战略规划》，其目标是对联邦机构的大数据相关项目和投资进行指导，围绕代表大数据研发关键领域的七个战略进行，确保美国在研发领域继续发挥领导作用，通过研发来提高美国和世界解决紧迫社会和环境问题的能力；2019 年，特朗普政府发布《联邦数据战略》，其核心思想在于“将数据作为一种战略资源”，随后，美国多个部门陆续发布各自的数据战略，以此响应联邦政府的战略部署，美国数据战略体系由此初具雏形；如 2020 年 9 月，美国国防部发布了《国防部数据战略》(DoD Data Strategy)，要求包括国防部部长办公室、参谋长联席会议主席办公室、各军种以及联合作战司令部等军事部门应重视数据流通与数据安全，将国防部逐渐打造成“由数据驱动的机构”。[2]

在数据管理体制方面，美国秉持“以数据价值为中心”的理念，其数据治理体系以数据治理机构为支撑，推动与联邦政府各利益相关方的协助和变更管理，从而确定可为纳税人带来最大价值并支持政府高效的解决方案。美国数据治理体系包括管理和预算局、联邦总务署、总统管理委员会、共享服务治理委员会和业务标准委员会等重要主体。其中，共享服务治理委员会由各理事会的代表组成，包括绩效改进委员会、首席财务官委员会、首席人力

[1] 杨楠：《美国数据战略：背景、内涵与挑战》，载《当代美国评论》2021 年第 3 期，第 77 页。

[2] “DoD Data Strategy”, U. S. Department of Defense, August 10, 2020, https://media. defense. gov/2020/Oct/08/2002514180/-1/-1/0/DOD-DATA-STRATEGY. PDF.

资本官委员会、首席分析官委员会、首席信息官委员会等。在职能方面，管理和预算局、联邦总务署及总统管理委员会共同制定总体战略和关键优先任务；共享服务治理委员会负责向管理和预算局提供共享机会和制定活动实施方面的建议，同时辅助业务标准委员会解决在创建业务和数据标准方面的不足之处；业务标准委员会负责与每个委员会以及各个职能领域的权威治理机构合作，设计一个集成端到端的未来任务支持活动状态。由此，美国数据管理体系通过各个政府部门和机构的共同作用实现了预算、人员、业务、数据和政策的协同，形成了一个互联互通互信互认的管理机制。

在数据治理内容方面，美国联邦政府以数据开放与共享为核心内容，并围绕数据开放与共享逐渐明确方向、理念、方法，体现在多个方面的政策设计之中。就数据开放而言，美国政府相继出台了《透明和开放政府》《开放政府指令》《开放政府计划》《开放数据政策》《开放数据并让机器可读》。其中，《透明和开放政府》确立了数据共享开放过程中透明性、参与性和协作性三大基本原则；《开放政府指令》要求联邦政府各部门在政府数据网站上及时进行数据集的更新；《开放政府计划》进一步推动各部门制定阶段性开放数据计划；《开放数据政策》将信息作为资产进行管理，要求政府各个部门必须遵循元数据的标准创建和维护一个开放数据清单，并规范与客户合作的流程，在数据开放实际操作上为客户发布数据提供指导；《开放数据并让机器可读》进一步完善了美国政府数据开放的推进体系、管理框架和开放利用标准，提升了数据资源的开放性和互操作性；就数据共享而言，美国政府相继出台了《联邦数据战略——一致性框架》《联邦数据战略 2021 年行动计划》《联邦零信任战略》等政策文件，鼓励联邦政府、各级政府之间以及其他机构和私人机构之间的合作，促进政府数据在不同主体之间的共享。

在数据安全方面，在美国政府和学界看来，数据自由流动所带来的经济利益很重要，但不应以牺牲或剥夺个人的数据隐私权为代价。因此，美国政府出台了许多相关法律，如《儿童在线隐私保护法》《电子通信隐私法》《计算机欺诈与滥用法》等。同时，美国还采用多种行业自律形式；包含行业协会指引、网络隐私认证和隐私选择平台三种类型，通过行业协会进行指引、认证组织进行保护和技术手段保障用户授权来实现行业自律。另外，随着数字经济的快速发展，数据跨境需求正在不断上升。由于美国数字经济领先，相关产业基础雄厚，技术先进，平台型企业数量众多，推动数据自由流动有利于其本国的数字产业向“海外”扩张。因此，美国反对“数据本地化留存”，大力倡导全球数字自由流通。同时，美国颁布了《合法使用境外数据明确法》，规定跨境数据调取的具体要求，为执法机构获取境外数据提供法律依据。

第三节　数据要素治理之“理”

正如马克思所说：“经济基础决定上层建筑，上层建筑要与经济基础相适应。”人类社会发展的不同阶段需要构建与之相适应的制度。大数据时代的来临，迫使上层建筑做出相应的改变，需要构建以数据为调整对象的法律关系，在减少数据风险的同时更好地发挥数据的价值，以助力数字经济的发展。而建立成熟的数据要素治理规则之前，首先需要明确的治理原则与治理思路。

一、数据要素治理的基本原则

数据规制方面的具体法律法规不可能在短时间内构建完善，因此基本原则的确立至关重要，它在没有具体法律规定之时，可起到补充作用。而由于数据要素具有多方面的价值，在进行数据治理时应当进行价值衡量。因此，数据要素治理的基本原则包括人权保障原则、数据主权原则、数据安全原则、平衡原则，这些原则能够体现对人的主体地位、国家安全、社会稳定和经济发展等方面的价值平衡，既保证了数据流动安全又实现了国家利益和社会利益的最大化。

(一) 人权保障原则

根据《宪法》第33条第3款的规定，国家尊重和保障人权。根据这一要求，在进行数据要素治理时应当树立尊重和保障人权的理念。马克思主义认为，人权是一个历史范畴，“人权不是天赋的，而是历史地产生的”。[1]在马克思主义人权观看来，人权是历史的，不可能脱离具体的历史发展阶段空洞地谈论抽象的“人权”。因此，每一个历史阶段，都会产生与之相适应的“人权”。

在数字时代，需要人权以“数字形态”的方式继续承担为人类社会进行

---

〔1〕《马克思恩格斯全集》(第2卷)，人民出版社1957年版，第146页。

道德奠基的重任，[1]亦可称之为"数字人权"。[2]因此，数据要素治理需要秉承人权保障原则。人权保障原则要求数据的生成、传播、处理、分析、利用和交易不得损害基本人权，始终坚持以人为本。数据法治不是对技术的无上崇拜，不是选择走数据主义的道路，而是始终明确人的主体地位。数据的获取和应用，技术的发展与创新都应当以人的道德、伦理、尊严为根本基础，符合人的基本价值共识，明确技术研发的最终目的是实现人的自由全面发展和增进全人类的共同福祉。一切技术行为都应当尊重基本人权，做到技术可追溯，提升数据的安全性，注重隐私保护。除此之外，还应当保障公民在网络社会空间的自由与平等，大数据杀熟、网络言论自由的限度等问题都需要受到重视。

（二）数据主权原则

数据主权是数字时代的产物，是基于主权在网络空间的事实性侵蚀和国家在物理空间、网络空间对数据资源的积极诉求而诞生。广义的数据主权包括国家数据主权和个人数据主权，狭义的数据主权仅指国家数据主权。[3]目前学界通常采用狭义的数据主权概念，认为数据主权是国家主权在不同社会时代和技术背景下的弹性延伸，其主体永远都是国家，权能由国家行使。[4]

遵循这一思路，一个国家内对数据的占有权、管理权、使用权和保护权被该国独立自主地享有。数据作为信息技术的产物，可以在虚拟网络空间中快速流动和共享，不受物理空间的限制，而高效流通正是发挥其价值的必然要求。但数据可能会承载一些重要信息，能够反映数据产出国的社会生产能力、科学技术、风土人情等情况，与该国政治、经济、文化都息息相关。如果一国的重要数据被其他国家占有并控制，则可能会对该国的主权产生不利影响。

坚持数据主权原则的目的就是应对数据霸权和数据垄断。国家对于政权

---

〔1〕郑智航：《数字人权的理论证成与自主性内涵》，载《华东政法大学学报》2023年第1期，第35页。

〔2〕马长山：《智慧社会背景下的"第四代人权"及其保障》，载《中国法学》2019年第5期，第5页。

〔3〕冉从敬、刘妍：《数据主权的理论谱系》，载《武汉大学学报（哲学社会科学版）》2022年第6期，第22页。

〔4〕冉从敬、刘妍：《数据主权的理论谱系》，载《武汉大学学报（哲学社会科学版）》2022年第6期，第22页。

管辖内的数据享有收集、控制、管理和分析等权力，在对外方面，当参与国家数据活动时，国家有权决定以何种方式参与并有权对侵犯该国数据权益的国家进行抵制甚至反击。在对内方面，国家有权制定相应的法律法规，对本国领域内以及跨境数据进行监管，保障国家主权和国家安全不受侵犯，构建平等协商、互利共赢的数据交易关系。

（三）数据安全原则

在数字时代，无论是确认数据的产权，实现数据的流通、交易、使用、分配，还是建立科学合理的数据要素治理格局，都离不开数据安全。数据安全贯穿于数据产权制度、数据要素流通和交易制度、数据要素收益分配制度以及数据要素治理制度当中，它对于保护自然人、法人和非法人组织等民事主体的合法权益，维护国家安全，促进数字经济的发展至关重要。倘若不能有效地保护数据安全，就无法构建数据基础制度，也不可能真正发挥数据要素的作用。〔1〕

根据《数据安全法》第3条第3款规定："数据安全，是指通过采取必要措施，确保数据处于有效保护和合法利用的状态，以及具备保障持续安全状态的能力。"秉承这一规定，数据安全原则旨在保护数据的真实完整，不论是静态储存状态还是动态传输状态都要保证数据不被篡改或伪造。数据安全需要数据控制者与监管方的有效合作，不论是国家还是企业都应当不断进行安全体系革新和升级，构建完整的数据安全监管架构，主动接受相关监管部门的监督和检查。通过一系列规则确立数据控制者应具备的数据安全体系标准，建立供应链安全、研发生命周期、安全卡口和应用可信等企业标准，尤其是对关系到国家主权、公共安全、社会安全的数据设置严格的安全防护体系。

（四）平衡原则

数据的"价值——风险"二元性是数据要素应用于社会生产、生活的重要考虑因素。〔2〕具体而言，国家应协调数据安全与数据发展之间的矛盾与冲突，在进行数据监管的同时需要实现数据发展，符合科技发展的现实需要。

---

〔1〕程啸：《论数据安全保护义务》，载《比较法研究》2023年第2期，第60页。

〔2〕王申：《基于复合二元性的数据规制：底层逻辑、顶层设计与制度构造》，载《福建师范大学学报（哲学社会科学版）》2023年第2期，第147页。

数据安全原则强调对数据的保护，防止数据因为泄露或者篡改等给国家造成重大损失，但是如果管控过于严格，甚至推出市场竞争机制，这将同样给国家利益造成损害。构建数据要素市场客观上要求数据能够自由流动，社会的发展和进步也离不开数据的开放和共享。数据的保护应当建立在保证数据在市场上有效流通的前提下，不能为了实现绝对的数据安全而给予数据流通不必要的限制。

坚持平衡原则是为了防止数据发展失衡的情况出现，希望通过数据共享促进技术发展，促进数据的二次利用，实现技术成果向现实生产力的转化，推动科学技术为经济建设提供不竭动力。同时，平衡原则还体现反对数据垄断的意义。除国家外，许多网络平台也是数据控制者，掌握了大量个人数据，该原则对数据控制者的适用能够防止出现超级平台通过自身营造的网络生态系统实现对数据的控制。

二、数据要素治理的基本思路

新的生产力变革必将引发生产关系变革，数据治理体系则代表着新的生产关系。从狭义上讲，数据治理的对象是数据，目的是通过技术和规则确保数据与物理世界的和谐统一；从广义上讲，数据治理的对象是物理世界，目的是依托数字化理念对世界进行改造。[1]可见，数据治理涉及一国的政治、经济、社会、技术、文化等方方面面，具有非常复杂、宽广的视域。因此，在开展数据要素治理时，应当坚持整体思维、辩证思维、创新思维和底线思维等基本思路。

（一）坚持整体思维，构建成熟的数据治理体系

毋庸置疑，数据要素治理是一个系统性工程，其涉及多地区、多领域、多学科。因此，需要坚持整体思维，放眼全局，着眼数字经济时代的长远发展，明确数据治理的目标和内容。

具体而言，首先要坚持全球化视角。数字经济发展在全球范围的发展呈现非常不均衡的特点，发展中国家与发达国家之间的数字技术差异巨大。根据联合国贸易和发展会议发表的《2019 年数字经济报告——价值创造和捕获：

---

〔1〕 梅宏主编：《数据治理之论》，中国人民大学出版社 2020 年版，第 107 页。

对发展中国家的影响》[1]的统计，不同国家数字化程度差距越来越大，如在最不发达国家只有五分之一的人使用互联网，而在发达国家有五分之四的人使用互联网，非洲和拉丁美洲拥有的主机代管数据中心占世界总数的比例不到5%。

同时，数据治理缺少整体规划。据统计，联合国层面与数字合作相关的机制有一千多个，但目前仍缺乏统一的全球性数据治理议程。[2]由于数据已经成为重要的国家战略资源，世界各国的数据治理政策已形成割裂对立局面。2019年G20大阪峰会上发布了《数字经济大阪宣言》，但由于各国的国情不同，其所持观点亦存在较大分歧。如美国一直坚持数据跨境自由流动，充分利用其在ICT和数字经济上的领先优势，配合长臂管辖等手段，通过主导数据流向维护其全球地位，同时严格限制重要数据出口，通过贸易战等手段打压他国核心技术产业的发展，以保障自身产业优势；而欧盟则主张建立数字单一市场，数据可以在该欧盟市场内部自由流通并受到欧盟数字法规的严格保护，而数据的跨境流动也会受到较为严格的限制；[3]俄罗斯、印度等国为保护本国数字经济发展，通过数据本地化等政策对抗美国数据霸权。在这种情况下，我国数据治理必须坚持全球化思维，从全球发展战略层面出发，充分考虑国际数据流通需求，对接世界主要数据流通圈规则，打造全球数据治理体系等中国方案。

其次，要坚持系统性视角。系统性视角要求数据治理需要国家、企业、个人等主体积极参与。在国内数据治理方面，世界各国往往以政府数据开放共享为抓手，加强公私合作，促使企业、个人等在数据治理中发挥主体作用。并在此基础上，部分国家和地区将数据治理延伸至经济、科研等领域，推动整个经济社会的数字化治理，进而提升竞争力。如欧盟委员会于2015年启动单一数字市场战略，于2016年出台欧盟工业数字化战略，以维持欧盟在工业领域的全球竞争力，于2017年启动“打造欧盟数据经济”计划，于2020年发布《欧盟数据战略》(2020)，对构建跨部门治理框架、加强数据投入、提

[1] 参见 https://baijiahao.baidu.com/s?id=1654790251889592447&wfr=spider&for=pc，最后访问日期：2023年7月19日。

[2] 梅宏主编：《数据治理之论》，中国人民大学出版社2020年版，第107页。

[3] 靳思远：《全球数据治理的DEPA路径和中国的选择》，载《财经法学》2022年第6期，第98页。

升数据素养和构建数据空间等方面提出战略措施，积极推进数字化转型工作，打造欧盟单一数据市场。在欧盟的推动下，英国、德国、荷兰等在数字政府建设方面取得了积极成效；近年来，我国重视数字政府建设，在此方面投入了大量的人力物力，极力推动政务数据开放共享，并不断完善数据安全政策、法律法规等。但需要指出的是，我国的数据治理体系仍是政府主导，企业和个人并未充分参与，其在数据治理中的作用并未充分发挥。因此，在接下来的数据治理体系建设中，应整合政府、企业、个人等多利益相关方，从系统性的视角进行多维度考量，构建共建共享共治的数据治理体系，有力支撑国家治理体系和治理能力现代化。

最后，要坚持多学科的视角。数据治理绝不仅涉及法学，还是经济学、管理学、信息资源管理学等学科的研究重点，但现在各学科的学者大多仅从各自学科的角度对数据治理展开论述，研究角度较为封闭，难以解决实际的数据治理问题。那么接下来的问题是如何开展多学科协同治理，而这无疑很困难，因为各学科之间存在不同的研究方法、价值体系和概念框架，缺乏对彼此间认识和经验的肯定和交流，而数据治理多学科协作又是必然要求。以数据确权为例，从表面上看，数据确权仅关乎法学、经济学，但是数据权属问题涉及社会的方方面面，不能仅用法学的部门法角度或者经济学视角等单一视角研究，而需要综合多学科视角，结合数据流通的全周期，分析不同主体的角色、地位，以此决定数据权属问题。因此，必须坚持多学科视角，加强不同学科间的交流与合作，不断丰富数据治理体系的理论和方法体系。

（二）坚持辩证思维，利用数据经济的发展规律

坚持辩证思维，需要认识到数据要素的价值与风险并存，开发利用数据要素价值的同时必须正视其所蕴藏的风险。数据要素作为新型生产要素，是数字经济发展的核心要素，而数据安全则关乎国家安全和人民利益，是数字经济健康快速发展的保障。正如习近平总书记在中央网络安全和信息化委员会第一次会议上的讲话，其中关于网络安全和信息化工作的论断："做好网络安全和信息化工作，要处理好安全和发展的关系，做到协调一致、齐头并进，以安全保发展、以发展促安全，努力建久安之势、成长治之业。"〔1〕

〔1〕 参见 http://www.xinhuanet.com//politics/2016-09/23/c_129296651.htm，最后访问日期：2023年7月19日。

近年来，中国经济进入新常态，数字经济是实现经济转型升级的重要方向，并逐步成为中国经济增长的新引擎。在第六届数字中国建设峰会开幕式上发布的《数字中国发展报告（2022年）》指出，2022年我国数字经济规模达50.2万亿元，总量稳居世界第二，占GDP比重提升至41.5%，数字经济成为稳增长促转型的重要引擎。[1]随着数字经济时代的到来，国家、企业和个人对网络的依赖不断提升，数据安全成为国家安全和经济社会稳定运行的基础。人们的日常生活都将离不开网络，个人和法人等主体的身份、财产和活动等都将以数据形态呈现，而数据泄露、网络诈骗、网络攻击、数据窃取等违法犯罪行为也随之而来。与此同时，国家间对于数据资源的争夺也愈演愈烈，网络数据安全对国家安全的重要性日益凸显。

但数据具有特殊性，不同于其他资产，数据资源唯有流通起来才能实现其价值。片面强调数据安全，无疑会限制数据流通，尤其是数据跨境流通。因此，各国都希望能对跨境数据进行监管，在保障数据流通的同时确保数据安全。如欧盟通过扩张性立法将自身数据管辖权扩大，欧盟GDPR将执法范围确定为所有在欧盟开展业务的主体；美国推行长臂管辖，通过对属人管辖思路的延伸，对美国企业境外运营数据实施管辖；中国、俄罗斯、印度等国利用属地管辖的思路推动“数据本地化”政策，确保对本国范围内数据的管辖权。2019年G20大阪峰会上发布的《数字经济大阪宣言》明确指出，“为了建立信任和促进数据的自由流动，有必要尊重国内和国际的法律框架”，实则体现了尊重各国管辖权的含义。

从方法论的角度来看，秉持辩证思维，必须正确认识到数据治理中政府与市场的关系、数据发展与数据安全的关系，进一步优化政府与市场的关系，尊重和利用数字经济发展的规律，在守牢数据安全底线、维护数据主体权益的前提下，提升数据利用效率，最大化地挖掘数据要素的应用价值。

（三）坚持创新思维，发展新型数据治理理念

数据治理是经济社会发展的新课题应聚焦于数字经济时代面临的新问题、新挑战，因此，数据治理应坚持创新思维，勇于拥抱新生事物，发展新型数据治理理念。

---

〔1〕《数字中国发展报告（2022）》，载 https://baijiahao.baidu.com/s?id=1764344057463123060&wfr=spider&for=pc，最后访问日期：2023年7月19日。

（1）注意“虚”“实”同构。数据治理的本质是实现虚拟与现实的交互和融合，一方面可以确保虚拟的数字世界与现实的物理世界保持一致，另一方面可以实现通过数字世界改造物理的效果。例如，数字孪生就是实现虚拟与现实融合的一种典型技术，并成为全球信息技术发展的新焦点。

（2）对数据资源进行资产化。如前文所述，数据只有流转起来才能产生真正的价值，但数据流通需要一定的驱动力，数据资产化则是实现数据流通的重要驱动力。资产概念起源于经济学，在西方经济学理论中，资产指有经济价值的有形财产或无形权利，其主要表现是工厂、设备、土地、专利、版权、金融货币或债券等。[1]根据这一定义，并非所有数据都能成为资产，只有可控制、可量化、可变现的数据才可能成为资产，一般将实现数据资源价值的过程称为“数据资源资产化”。不过当前我国数据资源资产化仍面临不少困难，如政策法规不够完善、技术路线尚未清晰、数据要素市场尚未成熟等。

（3）坚持数据开放共享，破除“数据孤岛”。当前已经出现平台数据垄断等现象，存在损害个人数据权益的风险。同时，政府部门手中掌握着大量的数据，如公安、人社等政府部门依据职责收集并管理大量公共数据资源，但由于部门间尚未形成良好的共享机制，存在“数据孤岛”，导致各部门存在严重的数据过度收集现象。因此，有必要设置专门的数据资源管理机构，负责统筹国家范围内的数据流通工作，指导和管理区域内的数据采集、数据开放、数据流通、数据交易等活动。

（4）结合技术手段开展数据治理。人类社会对数据的利用早已有之，但是数据在近些年才成为生产要素，其原因并不在于数据本身，而是在于与数据开发、利用紧密相关的技术之发展，同时技术性特征也使得数据治理具有特殊性。[2]因此，数据治理必须紧密结合技术性因素。例如，区块链技术为多中心数据共享提供了信任机制，为数据溯源和取证提供了技术保障，智能合约为数据共享使用提供了治理手段等。

（四）坚持底线思维，切实保障国家安全和人民权益

如前文所述，数据关乎国家安全、社会发展和个人权益，应当坚持底线

---

〔1〕 韩秀兰、王思贤：《数据资产的属性、识别和估价方法》，载《统计与信息论坛》2023年第8期，第4页。

〔2〕 王申：《基于复合二元性的数据规制：底层逻辑、顶层设计与制度构造》，载《福建师范大学学报（哲学社会科学版）》2023年第2期，第147页。

思维，牢守底线，不得以有损国家安全和人民权益为代价发展数字经济。

（1）牢守国家安全底线。在数字经济时代，国家拥有数据的规模、数据流通水平、对数据的利用分断能力，都成为综合国力的重要组成部分。发达国家依靠自身掌握的数字技术，主张数据自由流通，利用长臂管辖等手段插手他国数据活动，给他国主权安全造成威胁。为此，我国应当贯彻《国家安全法》等有关规定，坚持总体国家安全观，以人民安全为宗旨，以政治安全为根本，以经济安全为基础，以军事、文化、社会安全为保障。数据安全是一项系统工程，需要经济发展与安全管理并重，要积极发挥政府机关、行业主管部门、组织和企业、个人等多元主体的作用，激励多远主体共同参与我国网络与信息安全保障体系建设工作，增强数据安全可控意识，共同维护国家安全秩序。

（2）坚持数字产业发展底线。数据要素通过不断流通而提升价值，但由于全球数据产业发展不均衡，对于数字产业较弱的国家，如果不对数据流通加以限制，则可能导致本国沦为数据资源输出国，完全无法获得数字产业发展所带来的红利。因此，对于数字产业较弱的国家，一般会采取数据本地化政策，通过政策手段扶持本国数字产业的发展，以保护本国数字产业的利益。可问题在于，这样会使得本国数字产业被排除在全球数据流通体系之外，损害数据经济发展机遇和公民福利。因此，往往需要对数据跨境流通加以合理限制。

（3）坚持保护个人合法权益底线。在数字社会，个人是最主要的数字生产者、数字世界最重要的参与者，同时也是权益最可能被侵犯的主体。伴随着各类信息化系统的深入应用，大量涉及个人生命财产的数据进入数字世界。然而，由于种种原因，大量个人数据泄露、被滥用或误用的情形频频发生。因此，在发展数字经济的同时，必须正视个人合法权益被侵害的可能性，在数据治理的过程中要始终坚持保护个人合法权益的底线。

第四节　数据要素治理之“体”

一、数据要素治理主体

在数据治理主体方面，由于我国现行法律制度并未规定数据权利，因此个人数据主体缺乏对其个人数据的有效保护手段，企业是否规范地使用用户数据也无从考证。仅依靠政府部门进行数据治理，存在诸多不足，因此有学者提出“多元共治”的理念，[1]意图让更多的主体参与数据治理。从理论上来看，学界对于数据治理主体的分类，通常以是否持有数据为标准，认为这样最有利于平衡数据的保护与利用之间的关系。其原因在于一方面对数据主体的规制更加符合法学的传统思维，也更加契合法律制度体系；另一方面，这样的分类方式可满足实践中各利益相关主体的需求。遵循这一思路，可将数据治理主体分为国家、企业和个人三类。

（一）国家层面：加强法治建设与行政监管

建立全国统一的数据要素市场是我国目前正在推动的重要举措，而数据要素市场的建设主要存在以下难点：数据的特殊性使其产权界定困难、个人隐私保护与数字经济发展的矛盾、各类数据的流通共享仍然存在障碍等。

（1）在国家层面上，需要尽快制定法律或相关法规、政策等效力文件，明确数据的权属、交易规则、合理使用数据的边界、数据跨境规则等。进一步推动数据资产立法，同时通过法律手段来保障普通个体的权益。

（2）政府机关作为最大的数据主体，其收集数据的能力远远强于普通数据企业，政府数据开放是促进数据走向市场的有效手段，是建立全国统一数据要素市场的必然要求。不过需要注意的是，政府数据开放也应当遵守严格的规则，避免在数据开放的同时扰乱市场经济秩序。我国当前的政府数据开放面临着数据标准不统一、数据质量难保障、开放数据组织不健全等问题，政府数据开放呈现无序性，数据开放并未达到预期效果。因此，应当明确政府数据开放标准，加快政府数据开放体系建设，充分实现数据共享。

（3）政府要加强行政监管。相较于立法与司法，行政监管具有即时性、高效性以及强制性。宪法和法律赋予行政机关的公共管理职能是其进行监管的基础，行政机关在提供公共服务的同时也形成了对社会的监管。数据企业在收集利用数据的过程中，如果缺乏必要的监管措施，很难真正发现其侵犯公民数据权益、国家安全的行为。企业的日常活动均受到行政机关的规制，行政机关的实时监管是促进数据企业规范数据利用行为的有力机制。

---

[1] 郭志远、潘燕杰：《大数据背景下网络空间治理的法治化研究》，载《理论视野》2020年第8期，第62页。

（二）企业层面：加强自律

大数据时代，企业每时每刻在收集、使用用户的信息，即使用户百般小心，也难以阻挡企业获取用户数据。不过从长远来看，企业只有在充分保障用户数据安全的前提下开展业务经营活动，才能获得可持续性的发展。因此，企业在利用用户数据的同时，也应当自觉加强对用户数据的保护。

（1）企业应当建立规范的合规治理体系。企业应在内部建立规范的数据收集、使用与处理流程，并对每个流程的数据情况进行严格把关，其中包括五个方面：第一，在收集个人数据时，企业设置的隐私条款应当明确且表达浅显易懂，并且提供用户同意部分隐私条款的选择，在进行网络行为信息收集时，应当经得行为人的同意；第二，在使用个人数据时，企业的使用范围应严格限制在隐私条款的范围之内，对超出条款范围使用的行为，相关政府部门应对其进行严厉处罚；第三，在处理收集的个人数据时，企业应设置专业部门，对个人数据进行精细化管理，企业员工获取内部数据需经管理层审批同意，对于员工获取的数据信息进行实时监测；第四，要为用户删除数据、注销账户提供渠道，明确对用户数据的共享、发布方式，确保不会侵犯个人隐私；最后，要明确告知用户发生争议时的询问和投诉渠道，以及争议解决机制等。

（2）企业要承担起保护用户个人信息的责任。企业应加强对处理个人信息的员工的约束，明确其安全职责，加强对员工的安全培训；对访问个人信息的内部数据操作人员进行严格的访问权限控制，确保这类操作员只接触最少的个人信息；加强审计，确保数据操作雁过留声。企业应将个人信息保护理念融入自身的运营管理全流程，在产品及服务设计阶段进行风险预测，将必要的隐私设计纳入产品及服务的最初设计之中；定期开展个人信息安全影响评估，根据评估结果采取适当措施，降低侵害个人隐私的风险。

（3）企业应将管理和技术手段结合，保护用户个人信息。针对云计算、大数据等新技术新业务带来的个人信息保护挑战，企业必须与时俱进，进一步加强大数据环境下网络安全防护技术建设，推进大数据环境下防攻击、防泄露、防窃取的监测、预警、控制和应急处置能力建设，做好大数据平台的可靠性及安全性评测、应用安全评测、监测预警和风险评估，提升重大安全事件应急处理能力。

（4）企业应当建立合理的数据信息披露制度，保证企业持有数据的公开透明。我国《公司法》第123条、证监会第40号令《上市公司信息披露管理办法》等对上市公司信息披露的制度进行了规定，但对于企业持有的数据是否应当进行披露缺乏相关规定。数据企业应当将其收集、储存、使用、加工数据的行为进行披露，在披露信息时，数据企业可以采取技术手段，保证其所披露的数据不会对其商业利用产生影响。数据企业可以在其公司网站或具有一定范围的报纸上进行信息披露，以使数据用户知晓其是否存在非法利用数据的行为。同时，数据也并不是长期具有经济价值的，当数据不能为社会带来利益时，其就成为"数据废气"。因此，数据企业披露信息也应当及时有效，避免企业信息披露制度失去应有作用。

（三）个人层面：提升维权意识和技能

长期以来，我国公民的个人隐私保护意识淡薄，更遑论维权的技能，这是导致目前个人数据权益屡屡受到侵犯的重要因素。为此，我国公民应当从以下三个方面着手，加强个人数据权益保护。

（1）认识到个人信息泄露的严重后果。较直接的个人信息泄露后果包括垃圾短信和邮件不断推送、骚扰和推销电话接二连三、被冒名办理信用卡透支消费及被诈骗团伙要求转账等。此外，还有一些不易被发现的个人信息泄露的后果。例如，大数据杀熟和动态定价导致个人利益受损；通过手机通信录匹配挖掘个人社交网络链，造成人际关系信息泄露。

（2）加强自我保护意识和提升保护技能。一方面，避免个人信息被泄露。例如，尽可能少地让手机App访问存储照片、通信录、地理定位、消费记录和快递等信息，避免连接公共场所的Wi-Fi，考虑关闭IMEI等手机设备标识信息，设置手机浏览器阻止第三方Cookie，等等；另一方面，在消费过程中尽可能做到货比三家，选择合适的商家购买产品。这样做能够在一定程度上避免被大数据杀熟，提高自身的价格敏感程度。

（3）了解与个人信息保护相关的法律法规，做到知法懂法、守法用法。一方面，注意留存大数据杀熟、动态定价、价格操纵和个人信息泄露的相关证据；另一方面，应了解我国个人信息保护的相关法律，如《网络安全法》和《个人信息保护法》等，一旦发现个人信息泄露和违法使用的行为，立即向监管部门举报，依法维护好自身权益。

二、数据要素治理框架

（一）技术是数据治理的基础性支持

数据并非物理空间中的“物”，它仅存在网络空间中。而网络空间在硬件上依托于大型服务器、存储器以及无数个人电子设备而存在，在软件上则被程序、指令和数据所塑造。就此而言，技术要素确立了网络空间的基本运行规则，而其表现形式——代码则构成了社会生活的“预设环境”和“架构”，并在网络社会中发挥着真正规制者的作用。〔1〕这便是“技治主义”观点的重要论据。但是随着研究的深入，人们逐渐发现“技术治理”并非完美。代码不可能自在自为，算法绝非凭空捏造，其始终由开发者和编码者所创造，服从人类指令，满足人类要求。这也意味着，代码自开发生成之初，便要受到人类的影响，无法做到价值中立。而且一旦代码设定完毕，某些具体后果就因为随机性或混沌理论而无法被我们所预测，深度学习算法便是典型例证。〔2〕

基于此，单纯依靠技术进行治理并不可行。但是开展数据治理不可避免会涉及技术因素，那么将技术视为“工具”，通过对“工具”的正确使用实现治理目标就成为优先选择。例如，有学者通过“项目——技术”的互动视角发现，大数据治理改革可以通过激励机制、容错机制与试点机制进行机制调适。〔3〕另有学者发现数制监督运用先进智能技术和大数据平台重构监督模型和重塑预警算法，实现权力制度法治监督智能化、规范化、统合化、可视化、便民化和小微权力跨场景智慧运行，推动“数制法治”治理优势转化为监督效能。〔4〕

在数据治理过程中，数据管理、数据存储、数据分析、数据流转等活动，都需要技术支撑。因此，在数据治理框架构建中，应重视技术的作用和价值，这亦是对数据安全和质量等技术困境的直接回应。

---

〔1〕［美］劳伦斯·莱斯格：《代码 2.0：网络空间中的法律》，李旭、沈伟伟译，清华大学出版社 2018 年版，第 136 页。

〔2〕许可：《数据交易流通的三元治理：技术、标准与法律》，载《吉首大学学报（社会科学版）》2022 年第 1 期，第 100 页。

〔3〕张翔：《大数据治理改革的制度逻辑：基于“项目—技术”互动的视角》，载《安徽师范大学学报（人文社会科学版）》2021 年第 2 期，第 80 页。

〔4〕章红、王木森：《数制法治：小微权力法治监督的逻辑与实践——基于浙江宁海小微权力清单“36 条”数字化改革的分析》，载《江汉论坛》2022 年第 12 期，第 139 页。

（二）立法立规是数据治理的根本性保障

作为法治国家，法律法规应当是数据治理的根本性保障。我国目前关于数据治理方面的法律不足、规范缺失的执法、司法“真空”现状亟待改变。以数据确权为例，目前对于数据权属问题，在立法层面上仍未有法律进行规制，这使得数据产权保护仍然处于立法空白的尴尬境地；在司法实践中，法院对于数据纠纷往往依据《民法典》《个人信息保护法》《反不正当竞争法》等法律进行裁决。但是这并不能回答企业对其所掌握的数据拥有何种权利这个问题，如部分判决承认企业对其拥有和控制的衍生数据存在人力、物力、财力的投入，从而支持数据控制企业禁止他人复制、转载其数据的诉讼请求。[1]这种做法实际上是变相承认企业对其通过加工、分析等行为形成的衍生数据享有一种新的排他性的财产权，但这缺乏立法上的确认，不足以为企业提供充足的保护和准确的行为引导。在立法层面上，由于缺乏规范的引导，执法监管部门无法判断企业的数据收集、利用等行为是否合理合法，更难以对其进行数据监管。因此，尽快完善相关立法，是构建数据治理框架的根本保障。

（三）伦理道德是数据治理的关键内核

伦理道德是社会稳定的最强黏合剂，是社会最为稳固的因素之一，在数据治理过程中，伦理道德是关键性的内核。其原因在于，其可以为判断数据风险提供依据，如有学者认为金融借贷平台借贷歧视是社会歧视思想的延伸、大数据“杀熟”是互联网平台逐利思想的体现、修图算法歧视争端是数据集引发的算法歧视、AI 聊天机器人的歧视性言论是机器学习缺乏信息过滤机制。[2]其次，伦理道德可以为数据治理的价值取向提供依据，包括要坚持保障人权，提升数据安全防护，在数据发展与数据安全中找到适当的平衡点等。

第五节　数据要素治理之“策”

一、基于数据产权的治理策略

数据作为数字经济下的新型生产要素，已快速融入生产、分配、流通、

[1] 参见上海市第二中级人民法院［2012］沪二中民五（知）初字第 130 号。

[2] 刘朝：《算法歧视的表现、成因与治理策略》，载《人民论坛》2022 年第 2 期，第 65 页。

消费和社会服务管理等各个环节，深刻改变着生产方式、生活方式和社会治理方式。充分释放数据要素价值，需要基于数字经济发展现状，创新制度设计，推动数据产权规范化运行，在确保各类数据主体享有数据权益的同时，积极促进数据要素流通。

曾有学者主张非确权保护模式，即目前应当搁置关于数据权属的争议，强调数据利用与共享制度的构建。[1]亦有学者主张数据在宏观上应属于社会控制的公共物品，以利产业发展。[2]但是在非确权保护的模式下，数据处理者对数据享有的民事利益主要依靠反不正当竞争法保护。由于反不正当竞争法具有行为法属性，其保护结果存在较高的不确定性，不能为数据处理者的财产权益提供有效的正面保护，难以适应数字经济时代大面积和持续性的数据权益保护需求。[3]而且反不当竞争法也无法为数据的自由流动与利用划清法律边界，还可能进而损害社会公众共同开发利用数据的积极性。其他市场主体对数据的利用在何种情况下构成侵害数据处理者的财产权益，在一定程度上取决于司法者的个案判断。在数据权属不清的情况下，数据处理者对数据的多维度利用也会受到限制。数据处理者虽然可以基于对数据的实际控制挖掘数据的商业价值，也可以通过与他人订立合同的方式开展数据交易，但其难以通过向不特定公众公开传播数据的方式获取经济利益，无法在数据上设立担保，在合同相对方将数据违约分享给合同外第三人等情形中，数据处理者也无法排除合同外第三人对数据的利用。这些限制都可能成为阻碍数据处理者分享数据的消极因素。因此，数据的非确权保护模式只是一种过渡性的制度安排。只有确立数据财产权制度，才能为数据处理者和其他主体开发利用数据提供稳定预期与规范指引。[4]

可见，数据确权是未来发展的必然路径，但数据确权问题过于复杂，绝不能用传统物权的视角和思维来加以定义。我国实务部门更倾向于将数据权利作为物权、债权和知识产权外的一种特别权益或权利客体来对待。例如《民法典》将数据与网络虚拟财产并列，置于总则编的第五章民事权利部分，

[1] 王利明：《论数据权益：以“权利束”为视角》，载《政治与法律》2022 年第 7 期，第 100 页。

[2] 高富平：《个人信息保护：从个人控制到社会控制》，载《法学研究》2018 年第 3 期，第 84 页。

[3] 孔祥俊：《商业数据权：数字时代的新型工业产权——工业产权的归入与权属界定三原则》，载《比较法研究》2022 年第 1 期，第 84 页。

[4] 张新宝：《论作为新型财产权的数据财产权》，载《中国社会科学》2023 年第 4 期，第 144 页。

对数据采取财产化保护路径。[1]“数据二十条”以解决市场主体遇到的实际问题为导向，创新了数据产权观念，明确提出要“探索数据产权结构性分置制度。根据数据来源和数据生成特征，分别界定数据生产、流通、使用过程中各参与方享有的合法权利，建立数据资源持有权、数据加工使用权、数据产品经营权等分置的产权运行机制”。[2]

“数据二十条”所提出的“权利分置”是数据产权制度的重大创新，对未来数据权益制度的构建具有重要的理论和实践指导意义，主要体现在以下几点：(1) 淡化了所有权问题，更为聚焦数据的使用与流通。相较于其他生产要素，数据的价值实现在于流通，孤立的、小规模的数据缺乏价值，唯有通过流通，进行数据聚合，其价值才能产生乘数效应。如果要为数据确立所有权，则会妨碍数据在市场的自由流通。因此，“数据二十条”将所有权淡化，强调数据使用权的流通，将有助于数据价值最大化，推动我国数字经济的高质量发展。(2) 提出“研究数据产权登记新方式”。数据具有数量巨大、类型丰富、流通高速等特点，难以套用传统生产要素产权登记制度，需构建一套全新的产权登记制度。而数据产权登记真正具有的基本功能就是证明功能、节约功能以及保护功能。所谓证明功能就是证明数据权利归属和内容的功能，节约功能也就是降低数据权利转让或数据交易成本的功能，而保护功能是指保护数据权利以及维护数据交易安全的作用。[3](3) “数据二十条”的权利分置体制体现了对不同主体权益的保障，数据资源持有权是对数据资源持有者的权益保护，既是对数据控制事实状态的确权承认，也反映了促进国家数据资源登记汇总和强化数据分类分级保护的公共利益。数据加工使用权是包含加工权、使用权的复合权益。数据产品经营权是企业开发、使用、交易和支配数据产品的权利，主要是一种数据竞争性权益。这些权益的设置体现了将数字经济发展红利由广大人民共享的目标追求。[4]

不过“数据二十条”仍存在不足之处，主要体现在对个体的数据权益保护不足。根据“公地悲剧”理论，只有产权明晰，各权利主体在法律范围内

---

〔1〕 参见《民法典》第127条。

〔2〕《中共中央、国务院关于构建数据基础制度更好发挥数据要素作用的意见》。

〔3〕 程啸：《论数据产权登记》，载《法学评论》2023年第4期，第138页。

〔4〕 杨东、赵秉元：《数据产权分置改革的制度路径研究》，载《行政管理改革》2023年第6期，第59页。

行使权利，最终才能达到该资源的最优配置和使用。在数据资源这块“公地”上，因为没有确立数据产权制度，数据被肆意非法收集、使用、交易，且屡禁不止，人民的人身、财产安全面临侵犯风险，公地悲剧问题严重。[1]因此最有可能受到侵犯的是公民个人，而个人缺乏数据产权，无法对抗企业过度收集个人数据的行为，而且难以从数据行为中获得公平合理的收益。“数据二十条”所提出的数据产权制度没有明确数据收益的分配方式，这会导致数据要素收益难以惠及社会公众。因此，即使在数据所有权并未明确的情况下，也应将数据收益权纳入数据产权体系建设中，尤其是个人数据收益权。

二、基于数据交易的治理策略

我国数据要素流通和交易制度的建设，应当以数据要素及其市场体系的特征为根据，平衡好数据要素市场治理和数据要素市场运行的关系，保障数据要素市场平稳运行。[2]构建数据市场交易规则体系主要包括三个方面：第一，明确数据产权；第二，搭建数据交易平台；第三，建立有序的数据交易制度。数据产权前文已有论述，本节仅对数据交易平台和数据交易制度展开论证。值得一提的是，在目前国家层面未明确数据交易规则之时，数据要素市场所运行的数据交易规则多为数据交易平台率先制定。

（一）数据交易平台的治理对策

对于数据交易平台，目前我国的大数据交易平台种类和数量众多，中国通信院发布的《中国数字经济发展白皮书（2020年）》，根据数据交易平台的成立基础和依托背景，将我国的大数据交易平台分为四类：第一种是政府主导建立的大数据交易所，例如贵阳大数据交易所、华中大数据交易所、上海大数据交易中心；第二种是企业主导型数据交易平台，即企业数据服务商，例如数据堂、美林数据等；第三种是以产业数据为基础建立的产业联盟交易平台，例如“交通大数据交易平台”、中关村大数据产业联盟、上海大数据联盟；第四种是以大型互联网公司为基础建立的数据交易平台，例如腾讯、阿里、百度和京东等。

---

〔1〕彭辉：《数据权属的逻辑结构与赋权边界——基于“公地悲剧”和“反公地悲剧”的视角》，载《比较法研究》2022年第1期，第102页。

〔2〕曾铮、王磊：《数据要素市场基础性制度：突出问题与构建思路》，载《宏观经济研究》2021年第3期，第90页。

不同的数据交易平台基于自身的特点存在一定的局限性，如企业主导的数据交易平台主要以营利为目的，对公共利益和市场秩序的考虑优先，较难通过其发挥汇集融通的数据资源、维护数据交易秩序的功能。且在运营方面，目前许多大数据交易所均不再有完善的团队支撑相关业务的开展。主要的原因在于大数据交易所对数据市场主体的吸引力不高，市场主体缺乏在大数据交易平台上参与数据交易的积极性。大部分数据供需方仅通过大数据交易中心来接触一些客户，交易过程并不依赖交易中心展开，这就导致大数据交易中心并没有真正的数据交易，不少数据交易所做起数据撮合、数据应用和数据增值服务，与交易所建立之初的定位和目标大大偏离。此外，大数据交易所还存在着重复建设、设立门槛过低、数据市场割裂等现象，无法发挥数据交易平台的功能优势。[1]

因此，在治理对策方面，首先应在数据交易所的设立上设置一定的准入条件，鼓励数据交易所实行资本实缴制，从而防止重复建设和市场割裂，为数据交易所的持续正常运营提供资金保障；其次，在业务范围上，应在发挥数据交易所的核心职能的基础上，拓展大数据交易所在公共数据开放、数据服务业务和大数据相关金融工具设计方面的相应职能；最后，应优化数据交易所检察机构的设置，从而保障数据交易所的平稳运行。

（二）数据交易规则的制度方案

对于数据交易规则，早期成立的数据交易平台在这方面作出过一些尝试。目前已经制定并实施的、较有代表性的数据交易规则和数据交易公约有《贵阳大数据交易所 702 公约》《上海数据交易中心数据互联规则》（华中大数据交易平台规则数据流通行业自律公约 2.0）等，而其他大数据交易所制定的交易规则良莠不齐，多数将以上几种交易规则作为蓝本、有的甚至直接生搬硬抄，仅对名称等内容作了简单修改。有学者曾在对十余家数据交易所的交易规则进行分析后得出，这些交易规则近 90%重复，甚至连交易规则的章节设置、序号排列、条目总数都一样。[2]在《贵阳大数据交易所 702 公约》和《贵阳大数据交易所数据交易规范》中体现了关于交易规则的规定。第一，其

〔1〕雷震文：《以平台为中心的大数据交易监管制度构想》，载《现代管理科学》2018 年第 9 期，第 19 页。

〔2〕张阳：《大数据交易的权利逻辑及制度构想》，载《太原理工大学学报（社会科学版）》2016 年第 5 期，第 30 页。

规定了交易的数据类型，即不交易底层数据，而是对基于底层数据清洗、分析、建模、可视化后出来的结果进行交易；第二，其规定了个人不允许参与数据交易所的交易，贵阳大数据交易所实行会员制，只有满足一定资质条件的法人机构才能被吸纳成为交易所的会员并参与交易，非会员只能通过委托代理的方式参与交易所的数据交易；第三，其规定了撮合数据交易的方式，贵阳大数据交易所充当交易做市商，协助双方进行数据定价和交易结算，其于 2016 年公布的《贵阳大数据交易所数据交易规范》约定了交易所部门间的协调沟通机制，通过对数据买方/卖方需求信息表的收集帮助撮合数据供需方的需求，达成数据交易；第四，其规定了数据成交和交易的方式，成交方式包括自动成交，卖方选择成交和数据分析成交，交割方式为贵阳大数据交易所为数据买家提供大数据交易终端，买方可以在终端中使用所需的数据和数据模型，也可以通过大数据接口直接接入买方系统将数据落地；第五，其规定了数据交易推荐人制度和数据交易指数编制公布制度，要求数据经交易推荐人推荐并批准后才能在数据交易所挂牌上市，数据交易推荐人应当对数据交易发行人履行相关义务并进行持续的监督，要求数据交易所针对每日的数据交易行情编制数据交易指数并公布；第六，对于公约中关于交易规则方面的未尽事宜，其较为全面地规定了交易规则应当包括的内容，为交易规则的制定提供了参考。

贵阳大数据交易所的相关数据交易规则内容较为全面，在全国范围内都具有相当的示范作用，但也存在一定的局限性。在可交易数据方面，贵阳大数据交易所不进行底层基础数据交易的优势在于可以避免陷入隐私纠纷和数据所有权纠纷的困扰之中，但也错失了对数据潜在价值的挖掘，忽视了不同主体对基础数据进行挖掘分析所能产生的价值；在可参与交易的主体方面，贵阳大数据交易所禁止个人参与交易可能是出于个人主体在交易效率、交易能力和交易经济性上的多重考虑，但也可能因此错失了市场上大量对于数据资源有交易需求的个人主体，对数据交易所的交易体量和数据流通性产生影响。在数据交易推荐和数据交易指数编制等制度方面，贵阳大数据交易所的规定高度仿照证券交易所的交易制度，虽然其目的在于借鉴证券交易所成熟的交易制度以促进数据交易所制度的发展，但该种生硬的参照在目前看来仍然过于超前，实践效果并不理想；此外，在统一的数据交易规则制定方面，贵阳大数据交易所目前仍然仅仅在《贵阳大数据交易所 702 公约》第 17 条对交易规则的内容作了原则性规定，对于交易纠纷的解决，交易中的禁止行为等内容目前仍未有具体规定。

因此，目前应当整合现有数据交易规则，并在此基础上，从可交易数据范围、可参与数据交易的主体、数据交易参与方权利义务三个方面进行完善。首先，在可交易数据范围上，可以尝试在保证数据权属和个人隐私的情况下逐步放开对基础底层数据的交易；其次，在可参与数据交易的主体上，应当在交易制度和交易条件逐步成熟的情况下尝试允许个人主体参与数据交易所的交易；最后，进一步明确数据交易参与各方的权利义务关系，为数据交易流通全过程提供保障。

三、基于公共数据开发利用的治理策略

公共数据作为社会数据资源的重要组成部分，具有高权威性、高准确率、高可信度，在金融服务、医疗健康、城市治理等场景中皆具有极高的价值和市场需求，[1]其开放利用已经成为国际上备受瞩目的数据治理新方向。公共数据价值释放既是推动经济发展、完善社会治理、提升政府服务和监管能力的需要，也是数字经济全球竞争背景下增强国家竞争力的重要抓手。[2]然而目前我国对公共数据的治理仍存在较大的不足。

（1）公共数据的定义并未明确，其认定标准并未统一；在立法层面上，公共数据规范概念的立法表述在语言逻辑方面具有趋同性，大致可将其概括为，“公共数据是主体要素+内容要素+行为要素的数据”的规范逻辑。主体要素表征产生公共数据的公共管理和服务机构，内容要素指称产生公共数据的履行公共管理职责或提供公共服务活动，行为要素则指称产生公共数据的制作或获取方式。[3]但不同立法文本中公共数据规范概念涵摄的外延范围却各不相同，甚至是大相径庭。如《深圳经济特区数据条例》将公共数据主体要素的公共管理和服务机构界定为“国家机关、事业单位和其他依法管理公共事务的组织，以及提供教育、卫生健康、社会福利、供水、供电、供气、环境保护、公共交通和其他公共服务的组织”。《广东省公共数据条例（草案

〔1〕 黄尹旭、杨东：《金融科技功能型治理变革》，载《山东社会科学》2021年第7期，第141页。

〔2〕 杨东、毛智琪：《公共数据开放与价值利用的制度建构》，载《北京航空航天大学学报（社会科学版）》2023年第2期，第38页。

〔3〕 沈斌：《论公共数据的认定标准与类型体系》，载《行政法学研究》2023年第4期，第64页。

征求意见稿）》则将教育科研、医疗卫生、社会福利等公共服务主体排除在外。在学理上，学者一般直接引用特定地方立法文本中的规范概念描述公共数据的内涵外延，或是套用现有立法逻辑描述公共数据的范畴，并在此基础上展开公共数据归属、开放等相关研究。例如，有学者直接引用《浙江省公共数据开放与安全管理暂行办法》中的概念规范，将公共数据描述为“各级行政机关以及具有公共管理和服务职能的事业单位在依法履行职责过程中获得的各类数据资源”。〔1〕另有学者在梳理上海市、北京市和成都市公共数据立法文本中的概念规范后，提出“公共数据是公权力机关依法履职过程中采集并以一定形式记录保存的各类数据资源”。〔2〕由此不难发现，公共数据认定的归属标准是立法逻辑在学理层面的延展和继续，更加强调主体要素对公共数据内涵外延的肯定价值。而各地的立法文件对公共数据的界定有明显的差异，这无疑会给后续公共数据治理造成困扰。

（2）公共数据开放利用的安全性问题。公共数据大部分掌握在政府部门手里，政府部门在开放公共数据过程中，可能会出现的安全问题有：数据容易被复制。特别是明文流通的数据，容易在分发过程中被复制，从而导致分发失控。所以，实现数据要素安全可靠的流转，需要经过严谨专业的安全评估、保护和检验，并非简单地进行脱敏、加密处理就能够保护好数据的安全。通过技术手段能够赋予数据安全性一定的保障，但这种保障并非绝对。例如，运用 API 接口所衍生出的“可用不可见”和“可见不可得”服务模式。亦有学者指出，“可用不可见”服务模式虽然可以实现不触碰原始数据而仅通过公共数据开放平台获得分析结果或服务，但是可能导致服务严重受限于平台所能提供的程序功能而无法满足市场的实际需求；“可见不可得”服务模式虽然可以得到处理过的信息，但是程序设置始终面临“防止逆向工程反推原始数据集而限制数据服务”和“避免保护多度以限制数据多次开发利用价值”的两难。〔3〕同时，为了保证数据的安全性，数据的删除、销毁模式也值得深入

〔1〕余筱兰：《公共数据开放中的利益冲突及其协调——基于罗尔斯正义论的权利配置》，载《安徽师范大学学报（社会科学版）》2021 年第 3 期，第 84 页。

〔2〕袁康、刘汉广：《公共数据治理中的政府角色与行为边界》，载《江汉论坛》2020 年第 5 期，第 120 页。

〔3〕胡业飞、陈美欣、张怡梦：《价值共创与数据安全的兼顾：基于联邦学习的政府数据授权运营模式研究》，载《电子政务》2022 年第 10 期，第 3 页。

考量，中国尚未明确数据销毁义务的义务主体、销毁方式和销毁范围等具体制度内容，导致很多情况下数据仅仅是被拒绝访问，而并未在数据库中被切实销毁。[1]

(3) 公共数据开放引发纠纷的救济途径不通畅。以政府信息公开为例，由于公共数据大部分在政府部门手里，政府信息公开几乎等同于公共数据开放。而政府信息公开在实际中往往存在两种倾向，一是行政相对人滥用诉权，错误理解政府信息，浪费司法资源，如短时间内请求多个政府部门公开政府信息，而这些要公开的信息实际上与其实际诉求并无关联；二是行政部门抵制政务数据公开，许多政府部门将政府信息公开视为义务，是一种负担，缺乏将数据公开的驱动力。这两种倾向都使得因政府信息公开引起的纠纷在行政救济中并不通畅。

因此，在治理对策方面，首先应将公共数据的概念进行统一明确，将公共数据的概念记录于行政法规范中，使公共数据正式成为法律术语；其次，针对政府数据开放问题，目前需要制定出具有综合性、统一性、全面性的政府数据开放的行政法规，明确政府数据开放的各方主体的权利义务关系；第三，将公共数据开放纳入行政执法体系，强调对个人数据的保护；第四，明确将公共数据开放与利用引起的纠纷纳入法治轨道，为数据安全提供保障。

四、基于数据安全的治理策略

党的二十大报告中单列国家安全专题，提出总体国家安全观，将统筹安全与发展作为指导方针，强调“建设更高水平的平安中国，以新安全格局保障新发展格局”。[2]总体国家安全观是我国在新时代应对日益复杂的国际局势、防范重大国家安全风险的重要指导思想，是对传统国家安全观的突破与拓展。数据安全是总体国家安全观的重要组成部分，大数据时代的数据不仅是重要商业资源，其中蕴含的重要情报价值及预测性功能更彰显了其对国家安

〔1〕 赵精武：《从保密到安全：数据销毁义务的理论逻辑与制度建构》，载《交大法学》2022年第2期，第32页。

〔2〕 习近平：《高举中国特色社会主义伟大旗帜 为全面建设社会主义现代化国家而团结奋斗》，载《人民日报》2022年10月26日。

全及战略能力的重要意义。[1]目前我国以《数据安全法》为统领，以《个人信息保护法》《网络安全法》《国家安全法》等法律法规为辅助，各级各类规范协同治理，初步构建了较为完备的数据安全保障体系。

除此之外，我国数据安全领域的行业自律也有了重大发展。数据安全难以单纯依赖政府依法监管解决全部问题，需要政府、企业、行业和公民个人等主体协同强化数据安全水平，调动行业自律，发挥多元规则的作用，不断优化数据市场环境。2019年，中国互联网协会在工业和信息化部信息通信管理局的指导下，联合业界专家共同制定《用户个人信息收集使用自律公约》，呼应了用户反映强烈的过度收集个人信息、收集信息告知不充分、不给权限就不让用、一揽子授权等问题，引导和督促互联网企业规范收集和使用用户个人信息行为，努力营造健康、诚信、安全的网络生态环境，得到了50余家互联网企业的积极响应；2020年，为切实做好电信和互联网行业网络数据安全保护工作，持续提升行业数据安全治理水平，工业和信息化部网络安全管理局指导中国互联网协会充分发挥行业组织自律职能，制定发布了《电信和互联网行业网络数据安全自律公约》。该自律公约主要倡导了企业在网络数据安全责任上的五类要求：一是明确管理责任部门，制定管理制度规范；二是加强网络数据资产梳理和分类分级管理；三是深化网络数据安全合规性评估；四是依法规范数据对外合作安全管理；五是建立完善用户举报与受理机制；在2023年5月举办的第六届中国互联网法治大会数据安全论坛上，中国互联网协会已累计组织中国电信、中国移动、中国联通、阿里、腾讯、百度、京东、360、爱奇艺等133家基础电信企业和重点互联网企业签署了自律公约。

而目前制约数据安全治理的因素主要有：第一，数字基础设施建设有待加强。根据国家统计局数据显示，2020年长途光缆线路长度四川省（最大值）与海南省（最小值）相差121 873km。[2]地区间的数字基础设施配置不平衡，特别在一些偏远贫困地区，老旧的生产设备难以支撑数据安全的实现。事实上，较落后地区的财政无法支撑其发展数字经济，更遑论数据安全治理；第二，数据保护法律体系有待完善。我国数据保护法律体系的不完善表现在

[1] 刘叶婷、唐斯斯：《大数据对政府治理的影响及挑战》，载《电子政务》2014年第6期，第28页。

[2] 国家统计局编：《中国统计年鉴—2021》，中国统计出版社2021年版，第 页。

细分法律的缺失上，如在数据跨境流动的法律规范上没有出台专项法规，只在《数据安全法》的个别条例中对数据的跨境流动进行规范；第三，行业和企业数据安全监管有待加强。正如2022年广州数据安全论坛峰会上，中国工程院院士方滨兴指出的，近年来数据安全事件涉及领域广，包括工业、金融、医疗健康、教育等多个行业。[1]数据安全事件频发反映出目前大多行业和企业对数据的重视程度不够，投入的人力、物力、财力资源不足，缺少专门的数据安全的监管机构，没有针对自身情况制定合适的数据管理制度、申诉制度、数据保护官制度，同时员工对数据安全的界定不清晰，数据安全意识淡薄等问题。

针对上述的不足之处，结合欧美国家的数据安全治理经验，首先，我国应当加强对关键数字基础设施研发的投资力度，深化政产学研合作，加大投资新兴数字技术，建设数字基础设施相关的高水平实验室，牢牢掌握关键核心技术并实现核心技术的市场化，尽快制定评估新技术实施效果的评价机制。同时要重视欠发达地区数字基础设施的建设，建立强大的覆盖度广的数字基础设施。其次，在立法方面，可以充分借鉴国外的数据安全法律体系，根据我国数据治理现状进行相关法律修订，找寻数据安全与数字经济发展的平衡点。再次，设立数据保护专职机构专事数据安全管理工作，并明确其职能。我国目前成立的大数据局虽然有利于各省和全国数据管理工作的开展，但其职能尚未完全明确，管辖内容并不统一，需要进一步明确。最后，在企业层面建立一体化工作机制保障企业数据安全。企业数据安全治理是数据安全治理的重要环节，必须充分保证企业的数据安全。可根据行业不同特点制定行业数据安全管理标准，企业内部再对数据的重要程度划分不同的保护和管理标准，明确数据安全防护的职责，保证企业在数据安全方面的投入。

五、基于数据跨境流动的治理策略

随着数据对国家政治稳定、经济发展、社会和谐的重要性日渐凸显，国内外学界均关注到跨境数据流动治理对国家主权安全的重要性，积极探讨两者间的关联，分析跨境数据流动中的数据主权争端，并探索其协调、合作和

[1]《数据专家“云山论剑”广州举行数据安全峰会》，载 https://baijiahao.baidu.com/s?id=1738047368001768626&wfr=spider&for=pc，最后访问日期：2023年7月22日。

解决措施。学界的研究主要集中于探讨跨境数据流动与数据主权的内涵与关联，关切数据治理对数据主权的影响及其背后原因。随着实践不断发展，学界开始从数据资源、管理方、个体方等多角度提出了跨境数据中的主权保障策略。如有学者认为应从数据范围、掌握数据资源的主体以及跨界数据流动的目的、条件方面予以规制。[1]总体上，数据主权下的跨境数据治理已引发学界广泛关注，且目前已形成一些成果。

在实践层面，我国目前已建立起本地化存储同出境安全评估相结合的跨境数据流动治理政策体系。具体而言，分为以下两个层面：第一，建立数据本地化存储法制政策体系，目前我国数据本地化立法已从具体领域分散立法到我国境内统一立法发展；第二，建立数据出境安全评估政策体系，我国通过了《信息安全技术—个人信息安全规范（征求意见稿）》《个人信息和重要数据出境安全评估办法（征求意见稿）》《信息安全技术—数据出境安全评估指南（草案）》等制度，进一步从个人数据和重要国家数据资源角度限制数据跨境传输中的数据类别及数量，提出相应安全标准，将大部分数据资源类别纳入本地化存储范畴。

可见，我国在跨境数据治理中重视推行属地主义，强调关键数据的本地化存储，对国家数据主权安全保障有较强效力，但这同时也存在一定的不足。首先，在治理目标上呈现偏向性。我国主要采取本地化立法和出境安全评估机制限制数据的流出，呈现出极强的单边管控性。此类限制性管辖并不利于通过双边合作促成数据的双向流动和融合创新，也削弱了对国际数据的约束力，相较国际主流的治理模式，并不能更好平衡经济利益和数据主权保障。此外以国家为主导对个人数据和商业机密的单向控制，也忽视了个人和组织的能动性，缺乏对数据自我管理和行业自治的肯定与支持，剥夺了个人和组织的数据权能，不利于激发数据市场的活力和潜能，同时也会导致国家跨境数据流动限制过度、管辖力度不当和数据治理制度僵化，不利于协调国家数据主权安全和数据自由流动。[2]其次，缺乏国际协作。我国跨境数据流动治理制度内容强调数据的本地化存储和出境安全评估，虽然在一定程度上保证

---

〔1〕 马兰：《金融数据跨境流动规制的核心问题和中国因应》，载《国际法研究》2020 年第 3 期，第 84 页。

〔2〕 冉从敬、何梦婷、刘先瑞：《数据主权视野下我国跨境数据流动治理与对策研究》，载《图书与情报》2021 年第 4 期，第 2 页。

了我国的数据主权独立和完整，有利于我国独立自主地处理我国的数据管理事宜。但一旦发生跨境数据合作争议或者数据主权争端，没有充分的法制依据判定是否构成主权侵权或违规。同时我国也相对缺乏国际数据协作和联合，在跨境数据流通领域尚未同其他国家建立国际合作协议或战略同盟，尤其在面对数据霸权威胁时难以开展有效的数据交流和协商，不利于充分保障数据主权。

因此，我国应提升制度内容完整度和域外适用性，加强国内制度的域外规制力，更好应对国际数据流通中的争议和冲突，维护我国数据主权安全。一方面，积极完善专门制度的域外数据管辖内容，使得进行跨境数据流通管辖与合作时有法可依。另一方面，推动国内制度融入国际数据框架，开展国际合作与交流，传达我国数据主权制度要求，提升国内数据制度的域外适用性；再次，我国应致力推动国际合作，更好参与国际数据流通规则制定，不断促进统一的国际数据跨境流通规范标准形成，使各国尊重彼此的数据主权，共同优化国际数据主权治理体系；最后，针对数据流通形势，我国应进行广泛的国际对话，通过多边合作参与到国际数据主权治理标准体系建设中，与国家和区域达成数据主权治理协议，从而融入国际数据主权治理体系，提升我国数据主权安全保障的国际话语权和影响力。

参考文献

1. 周汉华:《数据确权的误区》，载《法学研究》2023 年第 2 期。
2. 马长山:《智慧社会背景下的“第四代人权”及其保障》，载《中国法学》2019 年第 5 期。
3. 张新宝:《产权结构性分置下的数据权利配置》，载《环球法律评论》2023 年第 4 期。
4. 杨立新、王中合:《论网络虚拟财产的物权属性及其基本规则》，载《国家检察官学院学报》2004 年第 6 期。
5. 申卫星:《论数据用益权》，载《中国社会科学》2020 年第 11 期。
6. 周林彬:《数据权利配置的立法思路》，载《人民论坛》2021 年第 15 期。
7. 王利明:《论数据权益：以“权利束”为视角》，载《政治与法律》2022 年第 7 期。
8. 程啸、栗长江:《论大数据时代的个人数据权利》，载《Social Sciences in China》2019 年第 3 期。
9. 龙卫球:《数据新型财产权构建及其体系研究》，载《政法论坛》2017 年第 4 期。
10. 王敏远等:《“证据法的基础理论”笔谈》，载《法学研究》2004 年第 6 期。
11. 龙卫球:《再论企业数据保护的财产权化路径》，载《东方法学》2018 年第 3 期。
12. 丁晓东:《数据到底属于谁？——从网络爬虫看平台数据权属与数据保护》，载《华东政法大学学报》2019 年第 5 期。
13. 高富平:《数据生产理论——数据资源权利配置的基础理论》，载《交大法学》2019 年第 4 期。
14. 洪延青:《美国快速通过 CLOUD 法案 明确数据主权战略》，载《中国信息安全》2018 年第 4 期。
15. 郑智航:《数字人权的理论证成与自主性内涵》，载《华东政法大学学报》2023 年第 1 期。
16. 赵精武:《从保密到安全：数据销毁义务的理论逻辑与制度建构》，载《交大法学》2022 年第 2 期。

17. DAMA International:《DAMA 数据管理知识体系指南》，清华大学出版社 2016 年版。
18. ［英］维克托·迈克尔·舍恩伯格、肯尼思·库克耶:《大数据时代：生活、工作与思维的大变革》，盛杨燕、周涛泽，浙江人民出版社 2013 年版。
19. 田杰棠、刘露瑶:《交易模式、权利界定与数据要素市场培育》，载《改革》2020 年第 7 期。
20. 梅夏英:《在分享和控制之间数据保护的私法局限和公共秩序构建》，载《中外法学》2019 年第 4 期。
21. 刘琳:《大数据时代商业数据财产权理论的勃兴与批判》，载《华中科技大学学报（社会科学版）》2022 年第 2 期。
22. 金耀:《数据治理法律路径的反思与转进》，载《法律科学（西北政法大学学报）》2020 年第 2 期。
23. 戴昕:《数据界权的关系进路》，载《中外法学》2021 年第 6 期。
24. 胡凌:《数据要素财产权的形成：从法律结构到市场结构》，载《东方法学》2022 年第 2 期。
25. 李爱君:《数据权利属性与法律特征》，载《东方法学》2018 年第 3 期。
26. 钱子瑜:《论数据财产权的构建》，载《法学家》2021 年第 6 期。
27. ［美］霍菲尔德:《基本法律概念》，张书友编译，中国法制出版社 2009 年版。
28. 包晓丽、熊丙万:《通讯录数据中的社会关系资本——数据要素产权配置的研究范式》，载《中国法律评论》2020 年第 2 期。
29. 许可:《数据权利：范式统合与规范分殊》，载《政法论坛》2021 年第 4 期。
30. 徐洁:《论用益权的物权属性》，载《政治与法律》2003 年第 1 期。
31. 杜振华、茶洪旺:《政府数据开放问题探析》，载《首都师范大学学报（社会科学版）》2016 年第 5 期。
32. 李晓宇:《大数据时代互联网平台公开数据赋权保护的反思与法律救济进路》，载《知识产权》2021 年第 2 期。
33. ［美］劳伦斯·雷席格:《网络自由与法律》，刘静怡译，商周出版社 2002 年版。
34. ［英］洛克:《政府论》，叶启芳、瞿菊农译，商务印书 1964 年版。
35. 纪海龙:《数据的私法定位与保护》，载《法学研究》2018 年第 6 期。
36. 齐英程:《作为公物的公共数据资源之使用规则构建》，载《行政法学研究》2021 年第 5 期。
37. 梁继、苑春荟:《数据生产要素的市场化配置研究》，载《情报杂志》2022 年第 41 期。
38. 郑磊:《开放不等于公开、共享和交易：政府数据开放与相近概念的界定与辨析》，载《南京社会科学》2018 年第 9 期。
39. 丁晓东:《数据交易如何破局—数据要素市场中的阿罗信息学论与法律应对》，载《东方法学》2022 年第 2 期。
40. 李雄一、熊励、孙文灿等:《数据交易市场双边匹配模型与决策方法研究》，载《科技进步与对策》2018 年第 35 期。
41. 中国信息通信研究院:《数据资产管理实践白皮书（5.0 版）》，2021 年。
42. 赵豫生、林少敏:《大数据交易困境与产权界定：基于效率的政府角色》，载《兰州财经大学学报》2020 年第 1 期。
43. 张涛:《欧盟个人数据匿名化治理：法律、技术与风险》，载《图书馆论坛》2019 年第 12 期。
44. 陈舟、郑强、吴智崧:《我国数据交易平台建设的现实困境与破解之道》，载《改革》2022 年第 2 期。
45. 之江实验室、浙江大学、浙江大数据交易中心等:《数据产品交易标准化白皮书（2022）》，第四届数字经济标准创新论坛，2022 年。
46. 许伟、刘新海:《中国数据市场发展的主要障碍与对策》，载《发展研究》2022 年第 7 期。
47. 刘金钊、汪寿阳:《数据要素市场化配置的困境与对策探究》，载《中国科学院院刊》2022 年第 10 期。
48. 熊巧琴、汤珂:《数据要素的界权、交易和定价研究进展》，载《经济学动态》2021 年第 2 期。
49. 李刚、张钦坤、朱开鑫:《数据要素确权交易的现代产权理论思路》，载《山东大学学报（哲学社会科学版）》2021 年第 1 期。
50. 刘婷婷、陈诗洋、郭建南:《我国大数据交易安全风险及应对思路》，载《信息通信技术》2021 年第 6 期。
51. 欧阳日辉:《完善数据要素定价制度是实现市场化配置的关键》，载《中国发展观察》2022 年第 7 期。
52. 丁晓东:《互联网反不正当竞争的法理思考与制度重构——以合同性与财产性权益保护为中心》，载《法学杂志》2021 年第 2 期。
53. 曾雄:《以 hiQ 诉 LinkedIn 案谈数据竞争法律问题》，载《互联网天地》2017 年第 8 期。
54. 曾雄:《数据不正当竞争纠纷的司法实践——现存问题与解决路径》，载《信息安全与通信保密》2018 年第 11 期。
55. ［德］鲍尔、施蒂尔纳:《德国物权法》，申卫星、王洪亮译，法律出版社 2004 年版。
56. ［英］洛克（John Locke）:《政府论（下篇）——论政府的真正起源、范围和目的》，叶启芳、瞿菊农译，商务印书馆 1964 年版。
57. 赵自轩:《网络虚拟财产原始取得的法律依据与权利归属》，载《西南政法大学学报》2020 年第 5 期。

58. 张怀印:《数字经济时代企业市场支配地位认定:基于德国反垄断执法案例的评析》,载《德国研究》2019 年第 4 期。
59. 唐要家:《数据产权的经济分析》,载《社会科学辑刊》2021 年第 1 期。
60. 王涌:《寻找法律概念的“最小公分母”——霍菲尔德法律概念分析思想研究》,载《比较法研究》1998 年第 2 期。
61. [英] F. H. 劳森、B. 拉登:《财产法》,施天涛等译,中国大百科全书出版社 1998 年版。
62. [美] 科宾:《对股票交换的评论》,载《耶鲁法律论评》1942 年第 31 期。
63. 闫立东:《以“权利束”视角探究数据权利》,载《东方法学》2019 年第 2 期。
64. 何维达、杨仕辉:《现代西方产权理论》,中国财政经济出版社 1998 年版。
65. 何柯、陈悦之、陈家泽:《数据确权的理论逻辑与路径设计》,载《财经科学》2021 年第 3 期。
66. 姬蕾蕾:《企业数据保护的司法困境与破局之维:类型化确权之路》,载《法学论坛》2022 年第 3 期。
67. 刘伟、李风圣:《产权范畴的理论分歧及其对我国改革的特殊意义》,载《经济研究》1997 年第 1 期。
68. [美] H. 登姆塞茨:《关于产权的理论》,载 [美] R. 科斯等:《财产权利与制度变迁——产权学派与新制度学派译文集》,上海三联书店 1994 年版。
69. 孙国华主编:《法的形成与运作原理》,法律出版社 2003 年版。
70. 李齐、郭成玉:《数据资源确权的理论基础与实践应用框架》,载《中国人口·资源与环境》2020 年第 11 期。
71. 张军:《布坎南的俱乐部理论述评》,载《经济学动态》1988 年第 1 期。
72. 苑鹏:《宅基地“资格权”制度的历史演化与改革深化》,载《改革》2022 年第 4 期。
73. 汪靖伟等:《基于区块链的数据市场》,载《大数据》2020 年第 3 期。
74. 丁晓东:《论企业数据权益的法律保护——基于数据法律性质的分析》,载《法律科学(西北政法大学学报)》2020 年第 2 期。
75. [美] 劳伦斯·莱斯格:《代码 2.0:网络空间中的法律》,李旭、沈伟伟译,清华大学出版社 2018 年版。
76. 孙莹:《企业数据确权与授权机制研究》,载《比较法研究》2023 年第 3 期。
77. 吕富生:《论私人的政府数据使用权》,载《财经法学》2019 年第 6 期。
78. 衣俊霖:《论公共数据国家所有》,载《法学论坛》2022 年第 4 期。
79. 赵磊:《数据产权类型化的法律意义》,载《中国政法大学学报》2021 年第 3 期。
80. 沈斌:《论公共数据的认定标准与类型体系》,载《行政法学研究》2023 年第 4 期。
81. 赵加兵:《公共数据归属政府的合理性及法律意义》,载《河南财经政法大学学报》

2021 年第 1 期。
82. 郑春燕、唐俊麒：《论公共数据的规范含义》，载《法治研究》2021 年第 6 期。
83. 沈斌、黎江虹：《论公共数据的类型化规制及其立法落实》，载《武汉大学学报（哲学社会科学版）》2023 年第 1 期。
84. 武长海、常铮：《大数据经济背景下公共数据获取与开放探究》，载《经济体制改革》2017 年第 1 期。
85. 张敏主编：《数据法学》，中国政法大学出版社 2023 年版。
86. 郑磊、刘新萍等人：《中国公共数据开放发展报告（2022）》，社会科学文献出版社 2022 年版。
87. 焦海洋：《中国政府数据开放应遵循的原则探析》，载《图书情报工作》2017 年第 15 期。
88. 常江：《公共数据开放立法原则反思和开放路径构建》，载《华东理工大学学报（社会科学版）》2022 年第 5 期。
89. 余筱兰：《公共数据开放中的利益冲突及其协调——基于罗尔斯正义论的权利配置》，载《安徽师范大学学报（社会科学版）》2021 年第 3 期。
90. 宋烁：《构建以授权运营为主渠道的公共数据开放利用机制》，载《法律科学（西北政法大学学报）》2023 年第 1 期。
91. 李志勇：《北京金融公共数据专区助力金融“活水”精准“滴灌”》，载《经济参考报》2023 年 1 月 11 日。
92. 徐珉川：《论公共数据开放的可信治理》，载《比较法研究》2021 年第 3 期。
93. 嘎拉森、徐拥军：《公共数据开放视域下的个人信息保护风险及其治理逻辑》，载《图书与情报》2022 年第 6 期。
94. 王勇旗：《公共数据法律内涵及其规范应用路径》，载《数字图书馆论坛》2019 年第 8 期。
95. 武亚飞：《大数据时代公共数据开放立法研究》，载《科技与法律（中英文）》2022 年第 6 期。
96. 杜荷花：《国外政府数据开放平台隐私保护政策的考察与借鉴》，载《图书馆建设》2020 年第 3 期。
97. 夏义堃：《政府数据治理的国际经验与启示》，载《信息资源管理学报》2018 年第 3 期。
98. 陈萌：《澳大利亚政府数据开放的政策法规保障及对我国的启示》，载《图书与情报》2017 年第 1 期。
99. 徐玖玖：《从“数据”到“可交易数据”：数据交易法律治理范式的转向及其实现》，载《电子政务》2022 年第 12 期。

100. 黄宏生:《客观事实与法律事实的关系及意义》,载《福建论坛(人文社会科学版)》2007 年第 7 期。
101. 梁灯:《隐私计算定向广告应用的法律边界》,载《信息通信技术与政策》2021 年第 7 期。
102. 苏成慧:《论可交易数据的限定》,载《现代法学》2020 年第 5 期。
103. 鄢浩宇:《数据定价的机制构建与法律调节》,载《金融经济》2022 年第 9 期。
104. 赵子瑞:《浅析国内大数据交易定价》,载《信息安全与通信保密》2017 年第 5 期。
105. 李雪梅、赵小磊:《基于经济学视角的数据要素定价研究》,载《河南社会科学》2024 年第 1 期。
106. 陈筱贞:《大数据交易定价模式的选择》,载《新经济》2016 年第 18 期,
107. 王文平:《大数据交易定价策略研究》,载《软件》2016 年第 10 期。
108. 欧阳日辉、杜青青:《数据要素定价机制研究进展》,载《经济学动态》2022 年第 2 期。
109. 李永红、李金骜:《互联网企业数据资产价值评估方法研究》,载《经济研究导刊》2017 年第 14 期。
110. 赵丽、李杰:《大数据资产定价研究——基于讨价还价模型的分析》,载《价格理论与实践》2020 年第 8 期。
111. 左文进、刘丽君:《大数据资产估价方法研究——基于资产评估方法比较选择的分析》,载《价格理论与实践》2019 年第 8 期。
112. 韩秀兰、王思贤:《数据资产的属性、识别和估价方法》,载《统计与信息论坛》2023 年第 8 期。
113. 马颜昕:《公共数据授权运营的类型构建与制度展开》,载《中外法学》2023 年第 2 期。
114. 张阳:《数据的权利化困境与契约式规制》,载《科技与法律》2016 年第 6 期。
115. 梅夏英:《〈民法典〉对信息数据的保护及其解读》,载《山西大学学报(哲学社会科学版)》2020 年第 6 期。
116. 宁红丽:《无偿合同:民法学与社会学之维》,载《政法论坛》2012 年第 1 期。
117. 陈威如、余卓轩:《平台战略:正在席卷全球的商业模式革命》,中信出版社 2013 年版。
118. 傅鼎生:《义务的对价:双务合同之本质》,载《法学》2003 年第 12 期。
119. 姚黎黎:《互联网平台免费服务提供者义务之设定》,《重庆邮电大学学报(社会科学版)》2017 年第 6 期。
120. 孙占利、严丝雨:《跨境数据流动的国际规则动态与我国对策》,载《汕头大学学报(人文社会科学版》2021 年第 8 期。

121. 单寅、王亮：《跨境数据流动监管立足国际，看国内解法》，载《通信世界》2017 年第 14 期。
122. 邓志松、戴健民：《限制数据跨境传输的国际冲突与企业应对》，载《网络信息法学研究》2018 年第 1 期。
123. 娄鹤、陈国彧：《中国企业个人数据跨境传输最佳法律实践探讨》，载《信息安全与通信保密》2019 年第 8 期。
124. 刘云：《中美欧数据跨境流动政策比较分析与国际趋势》，载《中国信息安全》2020 年第 11 期。
125. 徐磊：《APEC 跨境商业个人数据隐私保护规则与实施》，载《商业时代》2014 年第 30 期。
126. 申佑：《国际法中的管辖权的冲突》，载《湖北成人教育学院学报》2004 年第 3 期。
127. 沈玉良等：《全球数字贸易规则研究》，复旦大学出版社 2018 年版。
128. 赵刚：《数据要素：全球经济社会发展的新动力》，人民邮电出版社 2021 年版。
129. 杨嵘均：《论网络空间草根民主与权力监督和政策制定的互逆作用及其治理》，载《政治学研究》2015 年第 3 期。
130. 丁未：《新媒体赋权：理论建构与个案分析——以中国稀有血型群体网络自组织为例》，载《开放时代》2011 年第 1 期。
131. 孟天广：《政府数字化转型的要素、机制与路径———兼论“技术赋能”与“技术赋权”的双向驱动》，载《治理研究》2021 年第 1 期。
132. 孟天广、张小劲：《大数据驱动与政府治理能力提升——理论框架与模式创新》，载《北京航空航天大学学报（社会科学版）》2018 年第 1 期。
133. 肖成俊、许玉镇：《大数据时代个人信息泄露及其多中心治理》，载《内蒙古社会科学（汉文版）》2017 年第 2 期。
134. 余丽、张涛：《美国数据有限性开放政策及其对全球网络安全的影响》，载《郑州大学学报（哲学社会科学版）》2019 年第 5 期。
135. 辛勇飞：《中国数据治理规则体系构建：现状、挑战与展望》，载《学术前沿》2023 年第 6 期。
136. 郭丰、秦越：《欧盟维护数字主权的理念与行动》，载《信息资源管理学报》2022 年第 4 期。
137. 梅宏：《数据治理之路：贵州实践》，中国人民大学出版社 2022 年版。
138. 赵海乐：《网络服务国家安全审查的国际投资法规制研究》，载《经贸法律评论》2022 年第 3 期。
139. 杨楠：《美国数据战略：背景、内涵与挑战》，载《当代美国评论》2021 年第 3 期。
140. 冉从敬、刘妍：《数据主权的理论谱系》，载《武汉大学学报（哲学社会科学版）》

2022年第6期。
141. 王申:《基于复合二元性的数据规制: 底层逻辑、顶层设计与制度构造》, 载《福建师范大学学报（哲学社会科学版）》2023年第2期。
142. 靳思远:《全球数据治理的DEPA路径和中国的选择》, 载《财经法学》2022年第6期。
143. 郭志远、潘燕杰:《大数据背景下网络空间治理的法治化研究》, 载《理论视野》2020年第8期。
144. 张翔:《大数据治理改革的制度逻辑: 基于“项目—技术”互动的视角》, 载《安徽师范大学学报（人文社会科学版）》2021年第2期。
145. 章红、王木森:《数制法治: 小微权力法治监督的逻辑与实践——基于浙江宁海小微权力清单“36条”数字化改革的分析》, 载《江汉论坛》2022年第12期。
146. 刘朝:《算法歧视的表现、成因与治理策略》, 载《人民论坛》2022年第2期。
147. 孔祥俊:《商业数据权: 数字时代的新型工业产权——工业产权的归入与权属界定三原则》, 载《比较法研究》2022年第1期。
148. 杨东、赵秉元:《数据产权分置改革的制度路径研究》, 载《行政管理改革》2023年第6期。
149. 彭辉:《数据权属的逻辑结构与赋权边界——基于“公地悲剧”和“反公地悲剧”的视角》, 载《比较法研究》2022年第1期。
150. 曾铮, 王磊:《数据要素市场基础性制度: 突出问题与构建思路》, 载《宏观经济研究》2021年第3期。
151. 雷震文:《以平台为中心的大数据交易监管制度构想》, 载《现代管理科学》2018年第9期。
152. 张阳:《大数据交易的权利逻辑及制度构想》, 载《太原理工大学学报（社会科学版）》2016年第5期。
153. 黄尹旭、杨东:《金融科技功能型治理变革》, 载《山东社会科学》2021年第7期。
154. 袁康、刘汉广:《公共数据治理中的政府角色与行为边界》, 载《江汉论坛》2020年第5期。
155. 胡业飞、陈美欣、张怡梦:《价值共创与数据安全的兼顾: 基于联邦学习的政府数据授权运营模式研究》, 载《电子政务》2022年第10期。
156. 刘叶婷、唐斯斯:《大数据对政府治理的影响及挑战》, 载《电子政务》2014年第6期。
157. 马兰:《金融数据跨境流动规制的核心问题和中国因应》, 载《国际法研究》2020年第3期。
158. 冉从敬、何梦婷、刘先瑞:《数据主权视野下我国跨境数据流动治理与对策研究》, 载

《图书与情报》2021 年第 4 期。

159. Coase R. Harry, “The Problem of Social Cost”, *Journal of Law and Economics*, Vol. 56: 3, (2013).
160. Long W. J. & Quek M. P., “Personal data privacy protection in an age of globalization: the US-EU safe harbor compromise”, *Journal of European Public Policy*, Vol. 9: 3, (2002).
161. Fontana G. et al., “Ensuring that the NHS realises fair financial value from its data”, *Lancet Digital Heath*, Vol. 2: 1, (2020).
162. Heckman J. R. et al., *A pricing model for data markets*, Proceedings of the iConference, (2015).
163. Bergemann D., Bonatti A., Smolin A., “The design and price of information”, *American Economic Review*, Vol. 108: 1, (2018).
164. Liang J., Yuan C., “Data Price Determinants Based on a Hedonic Pricing Model”, *Big Data Research*, Vol. 25, (2021).
165. Sajko M., Rabuzin K., Bača M., “How to calculate information value for effective security risk assessment”, *Journal of Information and Organizational Sciences*, Vol. 30: 2, (2006).
166. Richard Y. W. & Strong M. D., “Beyond accuracy: What data quality means to data consumers”, *Journal of management information systems*, Vol. 12: 4, (1996).
167. Moodly, D. L. & Walsh P., *Measuring the value of information: An asset valuation approach*, in European Conference on Information Systems (ECIS’ 99), (1999).
168. Tang R. et al. *The price is right*, in International Conference on Database and Expert Systems Applications, (2013).
169. Ghosh A. & Roth A., “Selling privacy at auction”, *Games and Economic Behavior*, Vol. 91, (2015).
170. Buchen W. P. & Kelly M., “The Maximum Entropy Distribution of an Asset Inferred from Option Prices”, *Journal of Financial and Quantitative Analysis*, Vol. 31: 1, (1996).
171. Zeithaml A. V., “Consumer perceptions of price, quality, and value: a means-end model and synthesis of evidence”, *Journal of Marketing*, Vol. 52: 3, (1988).
172. Balganesh S., “Qiasi-property: Like, But Not Quite Property,” *University of Pennsylvania Law Review*, Vol. 160, (2012).
173. Armen A. Alchain & William R. Allen, *Exchange and Production Competition, Coordination, and COntrol* (2nd ed), Wadsworth Publishing Press, (1977).
174. Barzel Y., *Economic Analysis of Property Rights*, Cambridge University Press, (1989).

后　记

书稿终于收笔之时，心中感慨万千。回顾这段充满挑战与探索的研究历程，有艰辛、有困惑，但更多的是收获和成长。

本书的写作，根植于对数字化时代数据要素核心价值的深入洞察，以及对其在市场化配置过程中法律保障缺失的深切忧虑。在信息科技迅猛发展的当下，数据已然成为推动经济增长和社会创新的关键驱动力。然而，数据要素的市场化配置并非一帆风顺，其中涉及诸多复杂的法律问题，如数据产权的界定、数据交易的规则、数据安全的保护等。这些问题若得不到妥善解决，不仅会阻碍数据要素市场的健康发展，还可能引发一系列的法律风险和社会问题。

针对此一先进且复杂的议题，必须广泛搜集国内外的文献资料，深入探究相关法律法规及政策文件，并密切关注数据要素市场的实际动态。在此过程中，对孙占利教授、姚志伟教授、邹郁卓博士、李振宇博士表示感谢，他们在日常的交流与讨论中，其观点和见解为本研究提供了新的思路和视角。同时，感谢研究生同学侯邦恒、黄舒琳、黄锐彬在资料的搜集与整理工作中给予团队的协助。

此外，对于那些在数据要素市场化配置领域中默默耕耘的理论与实践工作者们，我们亦需表达诚挚的谢意。他们的探索与尝试为本书的研究提供了丰富的素材与实例。

最终，期望本书能为关注数据要素市场化配置及其法律保障问题的读者们提供有价值的参考与启示。同时，也希望本书能激发更多学者与法律工作者对这一领域的兴趣与研究，共同致力于推动我国数据要素市场的健康发展，并为完善相关法律制度作出贡献。

尽管本书的撰写已暂告一段落，对数据要素市场化配置法律保障的探讨与思考却远未结束。随着技术的持续革新和社会的不断进步，该领域势必会不断出现新的问题与挑战，这要求学者们持续保持关注，并深入研究，以满足时代发展的需求。